竞技运动项目优势转移

肖 平 著

科 学 出 版 社

北 京

内 容 简 介

优势转移是本书中的一个核心概念，弄清楚优势转移，本书的逻辑主线便清晰可见。优势转移是经济学的概念，竞技项目优势转移客观存在于竞技体育之中，竞技项目优势转移总是与一定时期的社会、经济和竞技体育发展战略、体制机制、管理模式及项目自身资源等变量因素相关。

本书主要对竞技运动项目优势转移的一般规律和影响因素进行研究，通过竞技项目优势转移的表现特征，认识和把握竞技项目优势转移全局性的发展规律，提出未来社会和竞技体育发展及体制机制变革的战略思考与应对策略。

本书适用于竞技体育系统的管理人员、科研人员、教练员和运动员及体育院校的教师、研究生和本科生等。

图书在版编目（CIP）数据

竞技运动项目优势转移 / 肖平著. —北京：科学出版社，2021.6

ISBN 978-7-03-069164-4

Ⅰ. ①竞… Ⅱ. ①肖… Ⅲ. ①竞技体育—发展—研究—中国 Ⅳ. ①G812

中国版本图书馆 CIP 数据核字（2021）第 111396 号

责任编辑：张佳仪/责任校对：谭宏宇
责任印制：黄晓鸣/封面设计：殷 靓

科学出版社 出版
北京东黄城根北街 16 号
邮政编码：100717
http：//www.sciencep.com
南京文脉图文设计制作有限公司排版
广东虎彩云印刷有限公司印刷
科学出版社发行 各地新华书店经销

*

2021 年 6 月第 一 版 开本：B5（720×1000）
2022 年 9 月第四次印刷 印张：15 1/2
字数：252 000

定价：120.00 元

（如有印装质量问题，我社负责调换）

FOREWORD

前 言

选这么一个题目，对我而言是一座高峰，敢于攀登高峰，勇气来自以下几个方面。一是师从于上海体育学院徐本力教授，二是发端于当年博士论文的雏形，三是借助于国内外重大体育赛事裁判工作的平台，四是得益于运动训练学界“北有田麦久，南有徐本力”两位老师勇攀高峰的教诲及诸多专家学者的指导和帮助。在此我没有拘泥于传统的写作形式，将研究的重要性、创新性和实践价值等内容作为前言，而是开门见山地告诉读者我想说的话，主要是想记录自己写作当下的真实感受和心路历程，或许这样更容易走进读者的心里，与读者产生共鸣。

申报社科难，结项更难。正是有了国家社科基金项目立项和结项的基础，才逐渐夯实了本书的学术根基。在不断地积累和探索中，与其说我为社科项目付出了很多，不如说社科项目使我收获更多：一是形成了稳定的研究方向，围绕竞技体育可持续发展的体制机制创新、本质规律探索、表现特征分析、赛前训练调控、心理训练干预、发展战略应对等该领域的重点、难点问题进行了深入探讨，从而引发了一系列的问题与思考，这些问题的回答足以让人多年耕耘不辍。二是形成了阶段性研究成果，相关成果分别在全国体育科学大会、奥林匹克科学大会、亚洲运动会科学大会、中国体育博士高层论坛等形成专题报告，在交流与争鸣中不断审视研究方向、检验研究内容、触摸研究前沿、完善研究成果。三是形成了案例库教学素材，较早顺应了研究生教学模式，有效促进科研与教学二者相长。同时，在系统的学习和研究中，我对运动训练学理论有了更为深刻的认识。在讲授本科生《运动训练学》的课程中，我们使用的教材是高等教育出版社于 2006 年 7 月出版的《运动训练学》，在这一版本中，项群训练理论为最后一个章节（第十四章），但在实际教学中，如果按章节的顺序讲，其学理关系和逻辑关系是扭曲的。因此，我们将项群训练理论这一章提前至运动训练方法与手段（第五章）之后进行讲授，很多问题便迎刃而解。四是跳出体育来研究体育。我虽然不是专业运动员出身，但父亲是一名体育工作者，培养和输送了无数个专业运动员和体育专业大学生，曾荣获湖北省劳动模范称号。在他的熏陶下，我成长为一个身体素质较为全面的人，虽然身高不占优势，但家乡县城一中的跳高最高纪录依然由我保持。与身材高大但采用跨越式跳高技术的选手相比，父亲教会了我俯卧式跳高技术，这在当时既克服了没有海绵垫的困难，又因地制宜地利用简易的体操垫就可以学习较为先进的技术，直到现在我仍依稀记得蓝色聚丙烯腈纤维运动服右肩上磨损的斑白。这段训练经历足以说明体育已在我心中根深蒂固。面对国家社科基金项目这座高峰，我面临很多挑战，迫切需要博览群书，开阔视野。

在撰写本书过程中，有5个难点问题一直困扰着我，让我负重前行：一是什么是优势转移；二是对优势项目、潜优势项目、薄弱项目的概念界定；三是竞技运动项目优势定位方法的确定；四是我国竞技运动项目优势转移的表现特征；五是我国竞技运动项目优势转移的战略思考与应对。同时不得不说的是，数据的收集和统计难度也非常大，将选取多少届奥运会为研究时限，既有说服力又能够收集到较为完整的数据，也是一个反复斟酌的过程。最终，本书的研究选取了第23~29届共七届奥运会，即1984年洛杉矶奥运会至2008年北京奥运会。1984年，中国重回奥林匹克大家庭，并且实现了奥运会金牌零的突破。这一时期是我国改革开放快速发展的30年，也是我国竞技体育突飞猛进的30年。特别是北京奥运会中国体育代表团实现了无数个历史性的突破，获得的金牌及奖牌数均达到中国奥林匹克历史上巅峰值。因此，对这一时期我国的竞技体育进行研究具有重要意义和代表性。

本书重点将优势转移的概念做一个阐释和说明，因为它是打开这本书的钥匙。优势转移是一个核心概念，弄清楚优势转移，整个内容的逻辑主线便跃然纸上。优势转移是经济学领域的一个概念，主要是指具备优势的主体因各种要素的变化，优势产生转移或弱化的过程。不是主体甲的优势转移到主体乙，而是优势主体自身优势的转移或失去。经济学者需要解决的是分析优势转移的原因，创造条件对优势转移实施控制的过程。人们不禁要问，不具备优势的主体获得优势能不能称为优势转移？回答是肯定的，因为优势起源于控制。处于控制者的一方，将具有相对优势，处于受控制者的一方，将具有相对劣势。人们通常所指的优势，是一个广义的概念，主要是指比较不同的主体所得到的一种差异。对于正差异的一方称其具有优势，对负差异的一方称其有劣势。因此，优势转移的概念可以通俗地理解为，主体向正差异一方转移，或向负差异一方转移，这种动态变化的过程均称为优势转移。进一步讲，主体向正差异一方转移为正转移，主体向负差异一方转移为负转移。至此，将这一概念运用到竞技体育领域则不难理解，竞技运动项目在创造运动成绩时，系统各种内外因素的变化使竞技项目获得优势或失去优势，从而引起竞争实力发生改变的动态过程称为优势转移。

当国家社科基金项目以“良好”的鉴定等级结项时，所有的付出都在这一刻释然。或许这正是科研虽苦，人们仍然孜孜不倦的魅力所在。当再次面对竞技体育这座高峰，它的山脉与地貌已逐渐清晰。我在想，学者是怎样炼成的？这是不是学者们想给我的答案？只是这个过程太漫长，漫长到你来不及拿它作为晋升职称的筹码；也太辛苦，辛苦到你一次又一次对自己说：健康第一。书山有路勤为径，学海无涯苦作舟，我想每一个体育人在成长道路上都感同身受。在此，要特别感谢本书的合作者——华中科技大学体育学院孙俊波教授和中国人民解放军陆军勤务学院毛永明副教授在理论支撑、实战分析、战略制定等方面所做的重要贡献。感谢湖北大学余良华教授在优势项目概念界定中给予的指导和启发，充分显示出他曾作为高水平运动员——全国体育院校体操全能冠军对竞技体育的深刻认识和先知先觉。感谢我的研究生曾庆欢在数据的搜集、整理和分析方面所做的工作，以及魏小强、李雪健在文献整理方面的辛勤付出。

此刻，窗外万籁寂静，但“中国加油，武汉加油”光彩夺目，温暖而坚定。

肖　平

2020 年春节于武汉

CONTENTS
目 录

前言

第一章 概论 ········· 001

第一节 问题的提出 ········· 001

第二节 研究的目的与意义 ········· 002

第三节 选题的依据和背景 ········· 004

第四节 国内外研究现状综述 ········· 008

第五节 研究的基本思路与构想 ········· 011

第六节 研究操作性定义界定 ········· 016

第二章 竞技运动项目优势转移遵循事物发展的一般规律 ········· 021

第一节 竞技项目优势转移的相对性与动态性规律 ········· 021

第二节 竞技项目优势转移的可逆性规律 ········· 022

第三节 竞技项目优势转移的周期性与节奏性规律 ········· 023

第四节 竞技项目优势转移的渐变式与突变式规律 ········· 025

第五节 竞技项目优势转移中的自组织形成规律 ········· 027

第六节 竞技项目优势转移中的相互迁移规律 ········· 030

第七节 竞技项目优势转移中个体与群体的相互作用规律 ········· 033

第八节 竞技项目优势转移的创新规律 ········· 035

第三章 竞技运动项目优势定位方法的确定 ········· 038

第一节 竞技项目优势定位原则 ········· 038

第二节 竞技项目优势评定因素的确定 ········· 040

第三节 竞技项目优势定位的评定方法——竞技优势指数法 ········· 043

第四节 雅典奥运会和北京奥运会周期部分小项竞技优势定位及不同优势类别项目分布 ········· 046

第五节　雅典奥运会和北京奥运会周期部分分项（大项）竞技优势定位及不同优势类别项目分布 …………………………… 069
第六节　雅典奥运会和北京奥运会周期各项目优势定位的分析与思考 …………………………………………………… 090
第七节　体操分项在北京奥运会前后竞技优势定位的个案分析 …………………………………………………… 096

第四章　第23~29届奥运会我国竞技项目优势转移的演变与探析 ………… 101
第一节　第23~29届奥运会我国竞技项目优势转移的总体演变 ……… 101
第二节　我国优势项目优势形成的共性特征 ………………………… 107
第三节　我国举重项目优势形成的个案研究 ………………………… 114

第五章　竞技运动项目优势转移的表现特征 ……………………………… 131
第一节　竞技项目优势转移的表现特征概述 ………………………… 131
第二节　竞技项目优势转移的训练学特征 …………………………… 132
第三节　竞技项目优势转移与体制机制 ……………………………… 155
第四节　竞技项目优势转移与战略制订 ……………………………… 158
第五节　竞技项目优势转移与后备人才 ……………………………… 161
第六节　竞技项目优势转移与种族特征 ……………………………… 163
第七节　竞技项目优势转移与竞争异化 ……………………………… 169
第八节　竞技项目优势转移的性别特征 ……………………………… 173
第九节　影响竞技项目比赛过程中优势转移的相关因素 …………… 179

第六章　竞技运动项目优势转移的战略思考及应对 ……………………… 193
第一节　优势项目保持优势的战略思考及应对 ……………………… 193
第二节　潜优势项目获得优势的战略思考及应对 …………………… 196
第三节　薄弱项目向优势项目转移的战略思考及应对 ……………… 200
第四节　竞技体育优势转移的战略思考及应对 ……………………… 206

主要参考文献 …………………………………………………………… 238

第一章 概论

第一节 问题的提出

我国竞技体育经历了近30年的快速发展，已经是世界竞技体育一支不可或缺的力量。随着世界和中国社会经济的发展及竞技项目自身的发展，我国竞技项目优势发展和优势格局必然会发生变化。这就需要我们对竞技项目优势变化的新特点、新趋势、新常态进行专题研究，做好战略制订与战略准备。这对竞技体育的可持续发展、竞技项目的优势发展，以及实现中国从体育大国向体育强国的迈进具有历史和现实意义。目前，我国竞技运动项目，尤其是根据奥运会项目的竞技水平，国内学术界共识性地把它们分为优势项目、潜优势项目和薄弱项目3类。与任何事物的发展一样，竞技运动项目的发展也呈现出动态变化的特点，有的“长盛不衰”、有的“波澜起伏”、有的“后起居先”。竞技项目在创造成绩时，因系统各种内、外因素的变化而引起竞争实力的改变，优势的相对性与动态性使这三类项目处在一个的动态变化过程中。回顾我国竞技项目在历届奥运会比赛中面临各种各样的优势转移，其中一些项目优势的不良转移事件在比赛中反复发生，这对运动员竞赛成绩和项目发展产生极大影响。竞技项目优势转移客观存在于竞技体育之中，竞技项目的优势转移总是与一定时期的社会和竞技体育发展、赛制改革、管理模式及项目自身资源等变量因素相关。本研究主要对我国竞技运动项目优势转移的一般规律和影响因素进行研究，透过竞技项目优势转移的表现特征，认识和把握竞技项目优势转移全局性的发展规律，思考和制订未来竞技体育发展和体制机制变革的策略。

第二节　研究的目的与意义

一、研究竞技项目优势转移的动因是一个项目保持和获得优势的内在依据

事物发生和发展变化的规律与特点是任何一门学科都必须认真研究和探索的问题。竞技项目优势转移规律、特点与发展趋势是客观存在于竞技体育之中的事实。而且，这些规律与特点随着社会的进步与发展、经济水平的不断提高以及竞技体育实践的发展而不断发展变化。对竞技项目优势转移动因的研究，旨在制订竞技项目保持和夺得优势的发展战略及对策，是一个项目良性发展的内在依据。

二、基础性项目均衡发展是实现竞技体育大国向竞技体育强国迈进的基础

“得田径、游泳者，得天下”，中国在田径、游泳等基础大项上，与其他体育强国相比还有一定的差距，亮点不多，这也是我们大力发展“119 工程”（田径、游泳、水上项目共 119 块金牌）的原因。特别在田径项目上的优势也被一些小国家（牙买加、肯尼亚等国）削弱，优势明显下降。在游泳项目上，近几届奥运会我国已有历史性突破，新手成长很快，部分小项已具有较强的夺牌实力和竞争力。历届奥运会上，美国是这两个基础大项的最大受益者。在后奥运会时代，中国竞技体育应该以科学发展观，研究竞技体育各项目之间的均衡发展及可持续发展，从而带动全民健身的普及，实现中国从竞技体育大国向竞技体育强国迈进的目标。随着世界和中国社会经济的发展和竞技项目自身的发展，项目优势的格局随之变化并呈多样化的发展趋势，一些历史悠久的相对薄弱的项目（如田径）、潜优势项目（如游泳）及人们喜闻乐见的足球等都在重新探求各自的本质特征。一方面，说明了我们对一些薄弱项

目的本质特征缺乏深入的理解；另一方面，我们也应该认识到，我们以往对项目特征的筛选、辨别和判断的导向需要重新定位。这些都是对薄弱项目获得优势的基本判断。

三、社会快速发展和重大变革需要对竞技体育发展及竞技项目优势转移的新变化进行应对研究

竞技项目的优势转移总是与一定时期社会的经济、文化、教育、科技发展及竞技体育的发展战略、体制机制、可持续发展、资源配置科学化、市场化管理水平及项目自身资源等因素相关。社会和竞技体育的发展必然导致我国竞技项目优势转移的致因及规律发生变化，从而需要对这些项目优势转移的新特点、新趋势、新变化进行及时研究，并对相关问题进行理性思考及对策。

四、体育以其强大的影响力和亲和力牢牢把握着世界的话语权和决策权，是快速提升国家形象的重要途径之一

当今，经济全球化和高科技的迅猛发展，使各国在体育文化方面的联系和交流比以往任何时候都要紧密，产生的影响和作用也比以往任何时候都要广泛和深刻。体育文化在现如今世界各国的较量中，以其巨大的影响力发挥出了标杆效应，并因其影响作用的深度和广度而具有品牌联动效应，在发挥作用中，其因牢牢把握世界的话语权及决策权而具有权威性。体育被社会的、政治的、经济的、传媒的力量不断影响，关系日益密切，已经成为快速提升国家形象的方法之一。首先，体育作为一种独特的文化形态，是直接为国家外交服务的；其次，体育的发展离不开国家的方针政策的引导和支持；体育走向世界需要依托国家政治的力量及国家政治主体的共同努力；再次，体育文化可以通过提升国家精神气质来影响其政治价值观。体育文化和公共外交政策的关系，主要体现在体育文化无国界，可以被用来作为缓和关系及深度发展合作的工具和手段，从而达到改善和缓和国际关系的目的。

五、从体育大国到体育强国有很长的路要走，竞技体育依然是实现中华民族伟大复兴和中国梦的主旋律

体育强国的主要标志以体育的普及程度、全民的体质状况和运动技术水平来衡量，其中运动技术水平的高低影响最大。美国是体育强国，作为评价群众体育的重要指标——体育人口占全国人口的比例为64%；而挪威虽然体育人口占全国人口的67%，但却不是体育强国。我国是一个在国际上具有举足轻重影响的大国，但处于发展中国家，正致力于从体育大国向体育强国的奋斗之中。

改革开放以来，给竞技体育快速发展提供了前所未有的机遇。中国所走的这条从体育大国到体育强国的道路是具有世界历史意义的发展道路，这条从文化经济相对落后的发展中国家走向现代化的道路，毋庸置疑地为现代性的全球谱系增添了独特的乐章。竞技体育率先凸显了具有中国话语权的中国力量，若要深刻揭示隐含其中的社会意义，就必须从理论上把握和抓住时代发展的脉络，就像马克斯·韦伯在他的《社会科学方法论》中曾指出，“什么成为研究对象，这种研究在多大程度上延伸到因果联系的无限性之中，是由支配着研究者和他所处的时代的价值观念决定的”。因此，研究竞技项目优势转移及发展战略与对策具有历史和现实意义。

第三节　选题的依据和背景

一、相关领域理论与实践的发展为竞技项目获得优势提供依据

苏联根据训练活动的长期化、系统化及制订全年训练、多年训练计划的需要，提炼总结出训练周期学说，这是关于训练过程的结构与组织体系的科学理论；德国的格什勒和阿因德尔在中长跑训练发展的基础上总结出了世界纪录创造者扎托倍克（捷克）、哈尔彼格（德）等优秀中长跑运动员的训练经验，提出

并建立了间歇训练的经典理论和训练体系，首先对中长跑、游泳等各种周期性运动项目移植，其次对更多专项的训练产生了巨大的影响，促进了运动员竞技运动成绩水平的迅速提高；美国教练员从运动训练实践中进一步认识到力量素质对其他各运动素质的基础作用，发展等动训练、离心训练、间停训练等多种力量训练的理论与方法；各个专项训练理论的发展，尤其是从专项训练理论到一般训练理论的大飞跃，许多专项训练都移植和借鉴了那些开展较早、群众基础较好、竞技水平发展较快、普及程度较高的运动项目（如体操、田径、足球等）的训练方法、经验和理论；项群训练理论的提出，鲜明准确地概括了同一项群不同项目的共同规律，强化了运动训练理论与实践的关系，实现了训练理论原有的两个层次（一般训练理论与专项训练理论）之间的过渡。项群训练理论有利于竞技体育发展战略的制订，有利于同项群项目训练规律的探讨和揭示，有利于竞技运动项目的宏观管理，有利于竞技人才的流动，还有利于运动训练方法的创新、移植和发展。

二、竞技体育可持续发展的战略目标为竞技项目保持优势提供依据

1979 年，我国恢复在国际奥委会的合法地位以后，竞技体育运动的决策组织机构依据我国竞技体育的发展状况及社会、经济、政治的发展水平，提出以奥运会为最高层次的竞技体育战略，围绕这一“奥运会战略”，对运动竞赛制度等进行了一系列重大改革。以《奥运争光计划纲要（1994 年—2000 年）》和《2001—2010 年奥运争光计划纲要》为战略目标，为中国竞技体育发展指明了道路和方向。在举国体制的优越性下，保障《奥运争光计划纲要》的制订与实施，既有利于优化整合全国的体育资源，集中全国体育人的聪明才智，合理进行运动项目布局，保证竞技体育目标的最终实现，又有利于统一“奥运会战略”目标，理顺国家与社会、中央与地方的各种关系，调整训练体系各层次之间的关系，厘清训练与竞赛的各种关系。从而易于在相对短的时间内，集中全国最优秀的教练员、运动员、科研人员参加奥运会等世界大型比赛，以有限的财力、物力、人力集中力量，保持优势。

三、学习和研究优势项目成功经验，为其他项目向优势转化提供借鉴，赢得时间

从1984年洛杉矶奥运会至2008年北京奥运会的7届夏季奥运会，我国体操、跳水、乒乓球、举重、羽毛球、射击、女子柔道7项传统优势项目的运动员共斩获金牌112块，占143块金牌总数的78.3%。北京奥运会中，我国健儿能够拿回沉甸甸的51枚金牌，创造奇迹，成为中国奥运会团队中的“尖兵”。其中，体操9金、举重8金、跳水7金、射击5金、乒乓球4金、女子柔道3金、羽毛球3金，中国的7项传统优势项目共获得39金，约占中国金牌总数的76%，中国奥运会军团将强项的优势提升到前所未有的新高度。经过几代体育人的不懈努力，中国在传统优势项目上已经铸就了一支支传奇的“梦之队”，创造了一个个令世界惊叹的优异成绩。优势项目经过几十年的发展，形成了一整套系统工程，拥有了一套适合中国运动员特点的训练理念，在队伍管理、思想教育、训练竞赛、战略战术、技术创新、人才培养、信息情报等方面，都积累了丰富的经验，形成了各自独特的项目文化和历史沉淀。这些成熟的理论与实践成果，对推进一些潜优势项目向优势发展、在理论与实践操作上的作用和意义客观存在。

四、北京奥运会取得的无数个历史性突破为扩大优势提供发展自信

对中国来说,北京奥运会的关键词就是“突破”，在很多项目中，中国队都是首次拿到金牌，一些项目虽然和金牌失之交臂，却也真正诠释了奥林匹克“更高、更快、更强”的真谛。在北京奥运会的金牌榜上，中国体育代表团作为东道主历史性地超越了美国，升至金牌榜首位，且金牌总数首次突破50大关，远远超过了2004年雅典奥运会的32枚。此次中国共夺得了51枚金牌、21枚银牌和28枚铜牌，奖牌总数也首度达到100枚。虽然奖牌总数比美国队少了10枚，但中国健儿在2008年的北京奥运会上实现了无数个历史性的突破。

一是，获奖牌的项目数量实现了历史性的突破：与雅典奥运会相比，从18个大项、55个小项扩大至20个大项、81个小项。二是，获奖牌的项目类别实现

了历史性的突破：在 14 个大项、19 个小项上首次获得奖牌，女子曲棍球、艺术体操、女子赛艇双人单桨、男子摔跤、女子沙滩排球、男子 400 m 自由泳、男子拳击 91 以上公斤级、男子拳击 69 公斤级、女子帆船帆板、女子链球、女子马拉松、男子跆拳道 80 公斤级、男团射箭。三是，获金牌的项目类别实现了历史性的突破：在 7 个大项、10 个小项上首次获得奥运会金牌，女子体操团体、男子乒乓球团体、女子蹦床、女子射箭、女子帆板、女子赛艇四人双桨、男子拳击 48 公斤级、男子拳击 81 公斤级、男子佩剑、男子蹦床。四是，破纪录次数实现了历史性的突破：女子 200 m 蝶泳刘子歌、焦刘洋双双破世界纪录，女子射击杜丽在步枪三姿赛中破奥运会纪录，女子举重中刘春红、曹磊、陈艳青和陈燮霞破奥运会和世界纪录。五是，进入前八的项目实现了历史性的突破：与雅典奥运会相比，从 23 个大项、107 个小项扩大至 25 个大项、126 个小项，其中具有代表性的项目是双人花样游泳、女子铁饼、女单网球、现代五项、山地自行车、男子排球。

五、从体育大国到体育强国战略目标的制订为竞技体育可持续发展夯实基础

国际上一般将奥运会上金牌和奖牌总数位列前3名甚至是前 6 名的国家称为竞技体育强国。北京奥运会中，有中国、美国、俄罗斯、英国、德国和澳大利亚进入世界前 6 位。竞技体育强国仅是指一个国家在竞技体育方面的发展水平。按照这一界定，中国可以称得上是竞技体育强国，但从基础性、社会影响力、群众参与程度来看，中国与发达国家相比还有很大的差距。国家体育总局提出“119 工程”（田径、游泳、水上项目共 119 块金牌）的发展计划，认为我国在未来的竞技体育发展中必须突破这一瓶颈，这些项目上不去，中国就不能成为真正的竞技体育强国。体育强国是指一个国家在体育事业发展的各个领域，包括竞技体育、学校体育、群众体育、体育产业、体育文化、体育科技、体育场地等方面的总体发展水平。中国地大物博，人口占世界人口的 1/4，大力开展体育运动，提高人民健康水平无疑是大国体育之要务。中国作为体育大国，在群众体育基础、基础体育设施、群众参与体育锻炼情况、生活方式和生活质量等方面与发达国家相比还有一些差距。因

此，中国实现从体育大国到体育强国的转变任重道远，但从体育大国到体育强国战略目标的确立无疑为竞技体育科学、可持续发展夯实基础。

第四节　国内外研究现状综述

一、运动训练理论与实践发展对竞技项目优势转移的研究现状

德国的阿因德尔和格什勒总结了世界纪录创造者哈尔彼格(德)、列依弗（比)、扎托倍克（捷克)、海格（瑞典）等优秀中长跑运动员的训练经验，提出和建立了间歇训练的经典观点和训练体系，对游泳、中长跑等各种周期性运动项目，乃至更多专业的训练产生了深刻影响。许多专项训练中移植和借鉴了那些开展较早、普及程度较高、竞技水平发展较快的运动项目的训练经验、理论和方法。项群训练理论的提出和建立，为制订科学、合理的竞技体育发展战略和同群项目训练规律的探讨与揭示及选材和竞技人才流动提供路径。田麦久（1985 年、2000 年)、曹景伟（2000 年)、李益群（1991 年)、王大卫（1989 年)、张维国（1989 年)、杨善德（1993 年)、张洪潭（1990 年)、宋鸣（1990 年)、蔡江涛（1999 年）等专家学者均进行了系统应用研究，有些研究和预测已为训练实践所证实。

二、我国优势竞技项目保持优势的研究现状

在国家体育总局公布的《2008 年奥运会争光行动计划》确定了我国传统的 7 个优势项目，谢亚龙等（1990 年)、袁伟民（1996 年)、王鼎华（2002 年)、黄玉斌（2003 年)、俞继英等（2000 年)、杨树安（2002 年)、朱佩兰（2002 年)、华洪兴（2005 年)、李永波（2007 年）认为，举国体制、深刻认识项目的自身规律、掌握创新先进的技战术、狠抓管理教育、形成项目文化、重视后备人才的生产线、科学的“三从一大”训练原则等均是优势项目形成的主要经验。

三、影响竞技项目优势转移的相关因素研究现状

国内学者们从不同的角度对影响运动成绩及运动竞技状态的因素进行了研究。田麦久（1988 年）指出："运动成绩不仅取决于运动员本身在比赛中的表现，还有考虑对手在比赛中的表现及比赛结果的评定行为。"李益群（2002 年）提出："影响运动员比赛成绩的 3 个子系统，即运动员子系统、教练员子系统和比赛条件子系统。"刘建和（2000 年）认为："影响运动员发挥的稳定性的因素有内源性因素（含运动员竞技能力和教练员指挥能力）和外源性因素（含对手因素、竞赛现场因素及意外因素）。"吴寿章（2001 年）指出："影响世界大赛的制胜因素基本上有三类：第一类是实力；第二类是无形战斗力；第三类是外部的客观条件、裁判的因素、吃西餐问题、时差的问题、'科里奥利'现象等。"张俊青（2000 年）认为："偶然性因素导致比赛的失败，在现代竞技体育中屡见不鲜。"马红宇（2001 年）发现，教练员在对比赛失败进行归因时，经常提及时差调节不当、旅途疲劳未完全恢复、当地的气候和场地不适应、饮食不习惯、语言不通等因素。刘一民（1999 年）提出："裁判、观众、时差、器械、舆论和比赛对手等，这些因素的增加和改变都会不同程度地影响全队员的生理与心理状态，从而直接影响比赛中综合制胜力的稳定发挥。"石岩（2005 年）认为："运动员参赛风险由参赛选手风险、比赛环境风险、对手风险三大类组成，比赛环境方面的分析包括裁判员、教练员、观众、比赛时间与地点、气候条件、生活条件、交通条件、新闻媒体、社会支持、比赛规则变化；其中，参赛选手自身方面的分析与来自对手的风险都包括技战术、体能、心理、智能、竞技状态、应变能力、比赛经验、受伤与伤病、意外事件。"

国外学者的研究强调，决定运动成绩的因素除了个人条件以外还有环境条件，研究者对环境条件进行了具体分析。迪・马丁（1990 年）从个人条件和非个人条件两方面探讨了影响成绩的因素，其中非个人条件即指环境条件（包括社会条件及物质条件）。德国学者（1993 年）的研究表明，决定运动成绩的表现的先决条件是多种多样、因项而异的，不同的运动项目有其独特性和特殊性，即各专项运动所需要的先决条件因素不同，运动员因具备不同的独特条件而有个别差异。德国教材《运动竞赛之条件》（1993 年）中提到，影响竞技能力与

比赛成绩的外在因素主要有环境因素、媒体因素及观众因素。博姆帕（1990年）认为，最佳竞技状态的影响因素包括：①与比赛组织有关的因素（比赛条件，如强风和大雨、反常的温度、气候及海拔高低等自然因素，抽签的变化，不公平的裁判，敌对情绪的观众等）；②与运动员状态有关的因素（运动员的行为及生活方式）；③与训练和教练员有关的因素（训练计划或比赛安排不当，教练员在知识、态度、行为等方面存在不足）。

四、经济学领域中的优势转移研究现状

郭玉华等(2008 年）指出，跨国公司利用技术优势在外进行直接投资，在投资的过程中，技术优势通过模仿、竞争、价值链联系、人力资源流动和技术战略联盟等途径发生了转移。为了保持技术竞争优势，跨国公司采取技术锁定、独资化和跨国并购等多种方式对技术优势转移实施控制。孙清涌等（1999 年）指出，比较优势作为各国之间国际贸易格局形成的基础是千变万化的，它将随着生产要素的丰富程度、劳动生产率的变化而发生变化。有研究者认为，比较优势的转移是多种因素综合作用的结果。

综上，运动训练理论与实践发展对竞技项目优势转移的研究，主要体现在训练方法和手段的借鉴与移植，不影响自身优势的失去与获得，它只是为其他被借鉴与移植的项目获得某种优势提供可能。因此，研究的侧重点不同。优势项目保持优势的成功经验、影响竞技项目优势转移的相关因素分析及经济学领域中优势转移研究，分别在对研究我国竞技项目保持优势和失去优势等问题的认识上达成了某些一致，这些都表明在优势的良性转移与不良转移及应对问题上已经取得了一定的研究进展。这些研究为项目保持优势、防止优势不良转移问题研究提供了部分理论依据，从而奠定了良好的基础，部分研究是本研究的雏形，经济学领域中优势转移研究为本研究提供创新思路和理论依据。

本研究在查阅大量相关文献资料和走访国内一些体育学者、专家后发现，目前还未发现国内外将竞技项目优势转移作为一个整体研究对象，对竞技项目优势转移的现象缺少系统的理论研究，没有形成一个完整的理论构架。在竞技项目优势转移的动因及原因分析等方面还未见比较全面、系统的研究报道。尚未涉及转型时期我国竞技项目因系统各种内、外因素的变化所表现出的优势转

移的新变化及战略思考与应对的研究。本研究拟针对上述问题进行相关的理论探讨及实证研究。

第五节　研究的基本思路与构想

一、研究的基本思路与方法

（一）研究的基本思路

弄清楚优势转移，是弄清楚研究基本思路的关键。有研究认为，竞技项目在创造运动成绩时，系统各种内、外因素的变化使竞技项目获得优势或失去优势，从而引起竞争实力改变的动态变化过程称为优势转移，即竞技项目获得优势为正转移或良性转移，失去优势为负转移或不良转移。在这个基本认识下，本研究采用文献资料、案例分析、专家访问、问卷调查、观察法、数理统计、逻辑分析等方法，对我国奥运会优势项目、潜优势项目和薄弱项目优势转移的动因或致因及发展战略与对策进行研究。具体思路：一是通过查阅文献、专家访谈、观察法等了解我国竞技项目优势转移主要的动因；二是从事物优势转换的一般规律到竞技项目优势转移的个案研究，认识和把握竞技项目优势转移的动因或致因；三是设计专家、教练员问卷获得研究的观点、数据并结合已搜集、掌握的数据，进行统计；四是对统计结果进行分析、综合归纳，为研究发展战略及对策提供理论和实践依据；五是课题组充分讨论研究，撰写课题研究报告和专著。

（二）研究的方法

“方法”从语义学的解释，东方是“度量之法”（出自墨子的《天志》），西方则是“按照某种途径”（出自希腊文，是“沿着”“道路”的意思）。中国哲学认为，方法是一种规范标准；西方哲学认为，方法是一种工具和手段；自然科学认为，方法是一种程序和结构；社会科学认为，方法是一种理论应用和对自我的认识。现代科学意义上的方法是指人们为达到一定的目的（认识、变革或创造课题）所选取的手段、途径、工作和活动方式的总称。通常，研究方法从3个层面进行探讨。

一是，主张运用科学研究中最高层次的方法或根本方法即哲学方法来武装思维，其主要依据是马克思辩证唯物主义和历史唯物主义的方法论，它强调认识来源于实践，强调经验事实先于理论而存在，强调用发展的观点分析问题，它解释了认识的最普遍的规律，要求研究要立足于客观现实，在选择和解释事实时，应避免主观片面、遵循客观规律。

二是，应用一般研究方法，它是不同领域大量应用的常规方法，是哲学方法的具体体现，一方面为研究提供了有效地研究思路，另一方面又直接体现在某一项具体的研究方法中，它与哲学方法一样，具有普适性的特点。

三是，采用具体研究方法，它是针对某一领域运用的手段和技术，这些研究方法从总体上为本研究提供了组织、计划、设计和实施研究的基本原则，构成了完成一项研究的一般途径、路线或方法之间的关系。这些方法首先为本研究提供了指导研究的思想体系，其中包括基本研究假设、原则、研究逻辑和思路，同时增强了理论应用和对自我认识的意识和能力；其次提供了研究方式及贯穿研究全过程的程序和操作方式及具体的工具、手段和技巧等，对方法、体系结构的认识为确保研究在认识上的正确性和战略上的先进性提供保障。

二、研究的主要内容与重点难点

（一）研究的主要内容

（1）优势项目、潜优势项目、薄弱项目及优势转移相关概念界定。

（2）竞技项目优势转移的一般规律研究。

（3）我国历届（23~29届）奥运会优势、潜优势和薄弱项目变化发展的演变与探析。

（4）竞技运动项目优势定位方法的研究。

（5）认识和把握我国竞技项目优势转移的表现特征及规律。

（6）我国竞技项目优势转移的战略思考及应对策略。

（二）研究重点难点

1. 研究的重点　影响竞技项目优势转移的相关因素、探索我国竞技项目优势转移的本质特征及规律和对我国优势项目保持优势、潜优势和薄弱项目向优势项目良性转移等相关问题的理性思考与对策研究、我国竞技运动项目战略思考与应对策略。

2. *研究的难点*　竞技项目优势转移的概念界定、相关数据的搜集、竞技运动项目优势定位方法的研究、探索我国竞技项目优势转移的本质特征及规律、我国竞技运动项目优势转移的战略思考与应对策略研究。

三、研究的主要观点与创新点

（一）研究的主要观点

（1）竞技项目优势转移的现象普遍存在。竞技项目获得优势或失去优势都称为优势转移，优势转移又根据具体情况分为正转移（良性转移）或负转移（不良转移）。

（2）影响竞技项目优势转移的因素很多，除了遵循竞技体育及运动训练的本质规律，同样要遵循事物优势转换的一般规律。

（3）竞技项目优势转移主要通过竞技体育的体制机制、认识和把握项目本质特征及规律、运动员自身实力的改变和临场表现的变化、对手实力的改变及对手临场表现的变化、赛前训练的调控、运动员心理能力、教练员水平、伤病、环境等途径发生转移，并依据不同阶段、不同项目和运动员不同而不同。

（4）竞技项目的发展过程实际上就是一个项目发展优势、具备优势、控制优势的博弈过程，竞技项目优势转移错综复杂，与诸多因素密切相关。

（5）竞技项目优势转移总是与一定时期社会的政治经济和竞技体育发展的体制机制、战略制订及项目自身资源等变量因素相关。

（二）研究的创新点

（1）对优势项目、潜优势项目、薄弱项目做进一步界定和评定，提出优势转移的概念，并对其进行界定。

（2）用经济学原理对竞技项目优势转移（不良转移）实施控制是巩固和扩大优势的方法之一。

（3）初步确定我国竞技项目优势定位方法。

（4）认识和把握我国竞技项目优势转移的表现特征及规律。

（5）随着社会经济和竞技体育发展变化，影响我国竞技项目优势转移的因素会发生变化，对此提出战略思考及应对策略。

四、研究方法

（一）文献资料法

1. 体育学术期刊　访问中国知网、万方数据知识服务平台、维普网，检索中文体育期刊资料索引、国家体育总局体育信息中心的《中文体育文献数据库》（1994—2013年）。

2. 体育学术专著　主要有《运动训练学》《运动训练科学化探索》《中国优势竞技项目制胜规律》《乒乓长盛的训练学探索》《社会转型期我国竞技体育后备人才培养及其可持续发展》《体育人类学》《中国竞技体育制度创新》《竞技体育与奥运备战重要问题的研究》《竞技运动异化论》《运动竞赛学》《运动生理学》《运动心理学》《竞技举重运动》《体育管理学》《体育社会学》《竞赛心理咨询与心理训练》《竞技运动理论》《现代体育科学研究的理论与方法》及中国体育学博士文丛等。

3. 其他学科学术专著　主要有《毛泽东选集》《马克思恩格斯选集》《矛盾论》《哲学研究》《自然辩证法》《经济学》《社会学》《系统科学精要》《现代统计分析方法与应用》《系统论中的科学方法与哲学问题》《质的研究方法与社会科学研究》等。

（二）案例分析法

对我国部分优势项目、潜优势项目和薄弱项目发生优势转移的主要因素进行一般案例分析，选取具备有利研究条件的项目进行重点案例分析，为研究竞技项目优势转移的基本规律、制订发展战略及对策提供依据。

（三）专家访问法

有计划、有目的、有针对性地对有关竞技项目优势转移的问题，通过全国体育局长会议、中国体育科学学会、中国体育高层博士论坛、部分项目国家队、全国高级教练员培训班、体育院校等相关领域的15~20位专家学者进行半结构式的访问调查。主要访谈内容：

（1）我国竞技体育总体发展的基本历史。

（2）影响我国竞技运动项目优势转移的主要因素。

（3）推动我国潜优势项目和薄弱项目获得优势的动力因素。

（4）各类竞技项目变化发展的基本规律及特征。

（5）对竞技运动项目优势转移发展趋势的评价与分析。

（四）问卷调查法

根据本研究的目的和内容，设计调查问卷，调查对象主要为优势竞技项目的专家学者、教练员、裁判员、领队、官员等，总计120~150人。

（五）观察法

观摩重大比赛的直播、录像；驻队实地考察部分项目的训练与比赛；利用参与重大比赛（如奥运会、亚运会、青奥会、全运会、城运会）的裁判工作的机会进行考察和研究。

（六）数理统计法

运用SPSS统计软件，对所获取的数据进行统计、分析和处理，获得相关统计数据。

（七）逻辑分析法

1. 定义法　对优势项目、潜优势项目、薄弱项目、优势转移给出定义进行界定。

2. 分类法　依据国家体育总局公布的《2008年奥运会争光行动计划》中对优势项目的规定，结合本研究概念界定及竞技优势指数评定，作为本研究对竞技项目分类的依据。

3. 分析法　对竞技项目优势转移的主要动因进行分析，为我国竞技项目优势的获得与保持提出发展战略及对策，同时对后奥运会时代竞技体育发展的相关问题进行分析。

4. 归纳法　通过归纳有关数据资料，得出影响我国竞技项目优势转移的主要因素及相互关系，从而认识和把握竞技项目优势的获得与保持的基本规律及特征。

第六节　研究操作性定义界定

一、优势项目

（一）优势项目概念相关研究

1. 田麦久等的界定　田麦久等在 1989 年 1 月的全国体育布局工作会议上所做的《我国重点竞技项目设置与布简的宏观决策》报告中提及，依“竞技项目现有水平及进一步发展的可能”，可以将其分为优势项目、潜优势项目及待发展项目 3 类。该文将优势项目定义为“近年来在世界大赛中两次以上进入前 3 名的项目”。

2. 谢亚龙等的界定　谢亚龙等于 1992 年在《中国优势竞技项目的制胜规律》中指出，所谓优势竞技项目是指在重大国际比赛中多次取得优异成绩，并在未来竞争中具备有利条件的运动项目。

3. 梁晓龙等的界定　梁晓龙等于 2006 年在《举国体制》中指出，优势项目是指我国运动员在重大国际竞技体育比赛中，尤其是在奥运会比赛中，运动成绩表现出较稳定的特点，经常在国际竞技体育竞赛中，取得优异运动成绩的体育项目。

4. 学术界关于优势项目界定的共识　这一类没有对优势项目进行明确概念界定，而是以共识性的认定进行表述。近 20 年来，我国运动员在奥运会上获取金牌的项目非常稳定，主要集中在传统的优势项目上，这些项目有举重、体操、跳水、射击、乒乓球、羽毛球等。值得一提的是，有学者认为对优势项目的界定没有太大必要，认为它们只是工作概念，只是有利于应用操作方便。

5.《2008 年奥运会争光行动计划》中的界定　国家体育总局公布的《2008 年奥运会争光行动计划》中确定了我国 7 个优势项目，即举重、体操、跳水、射击、乒乓球、羽毛球和女子柔道。其中，乒乓球、羽毛球和跳水属于整体优势。

6. 帕雷托分析法对优势项目的界定　依据经济学中评价系统态势的方法——帕雷托分析法对优势项目来进行界定，认定将某一国家在奥运会中获取奖牌数量占其累积百分数大于70%的运动项目群定为该国的优势竞技项目群。

我们认为，以上6种关于优势项目的概念界定都存在不同程度的局限性。

谢亚龙的观点认为我国的一些其他项目，如技巧运动、女子国际象棋、武术等非奥运会比赛项目都可以列为优势项目，但它们不能在世界体育最高舞台上扮演重要角色。该观点对“国际重大竞技比赛”的解释较为模糊，不够具体；有些项目时而成功、时而跌落，并不能反映它们的真实实力，其后备力量、教练员梯队建设、制胜因素的把握、技术创新、科研团队、先进训练管理体系等方面还没有被完整地建立起来，并没有真正地成为优势项目。梁晓龙在谢亚龙观点的基础上特别指出“在奥运会比赛中”，予以具体。田麦久的观点指出2次进入前3名就定为优势项目，从现在来看标准太低，不适用于实际状况。学术界共识和国家体育总局公布的《2008年奥运会争光行动计划》对优势项目的界定都不属于明确的概念界定。帕雷托分析法相较更为系统和客观。但是，其结果广泛、笼统，不便于科学研究。因此，我们认为现阶段有必要对优势项目重新或进一步界定。

（二）本研究优势项目概念界定

本研究调查结果表明，有55%的专家认为，优势项目是指在某个4年奥运会周期中的多次世界级重大国际竞技体育比赛中，稳定地表现出高水平运动成绩，并在相邻两届奥运会中取得1枚以上金牌的奥运会项目。

根据文献研究和专家调查，可以将“优势项目”的概念重新定义为：在一个奥运会4年周期中的三大世界级赛事（奥运会、世界锦标赛和世界杯总决赛）中的运动成绩，能稳定地保持优势水平，且在未来体育竞赛中，特别是在奥运会中，整体水平具备明显的制胜条件的竞技运动项目，并能在本届奥运会中取得1枚以上金牌的奥运会项目（表1-1）。

表 1-1　对优势项目概念界定的专家调查结果

调查选项	专家、学者选择百分比
A. 在某个 4 年奥运会周期中的多次世界级重大国际竞技体育比赛中，稳定地表现出高水平运动成绩，并在相邻两届奥运会中取得 1 枚以上金牌的奥运会项目	55%
B. 在某个 4 年奥运会周期中的多次重大国际竞技体育比赛中，稳定地表现出高水平运动成绩，并在奥运会中取得过奖牌的奥运会项目	30%
C. 在某个 4 年奥运会周期中的多次世界级重大国际竞技体育比赛中，稳定地表现出高水平运动成绩的奥运会项目	15%

二、潜优势项目

（一）潜优势项目概念相关研究

田麦久等在 1989 年 1 月的全国体育工作会议上所做的《我国重点竞技项目设置与布局的宏观决策》报告中提出，将潜优势项目定义为“主客观两方面具有较好的发展条件、有望较快地提高竞技水平并进入世界先进行列的项目”。国家体育总局按照以上这种相似的理解，在北京奥运会前，将我国潜优势项目（大项和分项）暂定为中国女排、男子击剑团体、女子射箭团体、女子足球及田径、游泳、划船、跆拳道、女子摔跤、女子网球、自行车、帆船、拳击、蹦床、花样滑冰、女子短道速滑等项目中的小项。

（二）本研究潜优势项目概念界定

这是一个在优势项目框架下派生出来的新概念，它客观地存在着，不依赖我们的主观意志转移。本研究调查结果表明，有 63% 的专家认为潜优势项目是指，在某个 4 年奥运会周期中的多次重大国际竞技体育比赛中有明显进步，已达到较高水平运动成绩，并在这些比赛中有可能获得奖牌的奥运会项目。

综上分析，本研究将潜优势项目界定为，在一个奥运会 4 年周期中的三大世界级赛事（奥运会、世界锦标赛和世界杯总决赛）中，运动成绩有明显进步，已达到较高水平，并在这些比赛中获得过奖牌项目及有发展潜力的奥运会项目（表 1-2）。

表 1-2 对潜优势项目概念的调查结果

调查选项	专家、学者选择百分比
A. 在某个 4 年奥运会周期中的多次重大国际竞技体育比赛中有明显进步，已达到较高水平运动成绩，并在这些比赛中有可能获得奖牌的奥运会项目	63%
B. 在某个 4 年奥运会周期中已达到较高水平运动成绩，并在奥运会中获得过 1 次以上奖牌（不含金牌），在奥运会前的多次重大国际竞技体育比赛中，获 2 次以上奖牌（含金牌）的奥运会项目	37%

三、薄弱项目

（一）薄弱项目概念相关研究

田麦久等在 1989 年 1 月的全国体育布局工作会议上所做的《我国重点竞技项目设置与布简的宏观决策》报告中将薄弱项目定义为“目前水平不高，进入世界大赛获奖行列中难度较大的项目”。

（二）本研究薄弱项目概念界定

薄弱项目是一个新概念，它是指：在一个奥运会 4 年周期中的三大世界级赛事（奥运会、世界锦标赛和世界杯总决赛）中，水平不高，进入获奖行列难度较大且未曾经取得过奖牌，在未来竞争中不具备制胜条件的项目。这些项目包括在三大世界级比赛中未曾取得奖牌的所有运动项目。国家体育总局提出的“119 工程”大多数项目属于薄弱项目或运动小项，要在未来大力发展它们。

对以上三个概念的研究与界定，虽然有本研究的观点与创新，但仅用于在系统研究中引起学者的争鸣与思考。

四、优势转移

对我国竞技项目优势转移概念的界定，首先要弄清楚几个问题。第一，哪些项目具备优势？第二，具备优势的主体失去优势，是不是优势转移？第三，不具备优势的主体获得优势，能不能称为优势转移？

关于第一个问题，访问专家中有 61% 的专家认为，作为整体研究应该包括优势项目、潜优势项目和薄弱项目的优势小项，相关文献中学者们也是把它们作为优势竞技项目归类研究。本研究也认为优势是一个相对概念，是指不同的主体在比较之间得到的一种差异，如我国潜优势项目和薄弱项目的优势小项在亚洲和其他地区具有优势，在奥运会上也常常占有一定优势，因此，优势竞技项目把优势项目、潜优势项目和薄弱项目的优势小项归类于具备优势的主体是有依据的。

关于第二个问题，在访问经济学专家和查阅相关文献得知，经济学领域的优势转移虽然没有明确的概念，但主要是指具备优势的主体因各种要素的变化，优势产生转移或弱化的过程，不是主体甲的优势转移到主体乙，而是优势主体自身优势的转移或失去，经济学者需要解决的是分析优势转移的原因，创造条件对优势转移实施控制的含义。按照这个理解，第二个问题的答案是肯定的。

关于第三个问题，我们试图从优势的起源寻找依据。优势起源于控制，控制是两个利益相关主体之间的有方向的联系的统称。联系有很多种，既有有向联系，又有无向联系。有向联系表明指向明确，即从 A 到 B；无向联系表明指向不明确，即既可以从 A 到 B，又可以从 B 到 A。有向联系可称为控制，这种联系的强度也就是控制的强度。控制的强度大，则具有相对优势，控制的强度小，则具有相对劣势。人们通常所说的“优势”，是一个广义的概念，主要是指比较不同的主体所得到的一种差异，对于正差异的一方，我们称其具有优势，对于负差异的一方，我们称其具有劣势。由此可以看出，优势转移的概念可以通俗地理解为：不同的主体向正差异一方转移或向负差异的一方转移的这种动态变化过程称为优势转移，即主体向正差异一方转移为正转移，向负差异的一方转移为负转移。至此，第三个问题是成立的。

因此，本研究优势转移操作性定义可以界定为，竞技运动项目在创造运动成绩时，因系统各种内、外因素的变化，使竞技项目获得优势或失去优势，从而引起竞争实力发生改变的动态过程。这里，竞技项目获得优势为正转移或良性转移，失去优势为负转移或不良转移。

第二章
竞技运动项目优势转移遵循事物发展的一般规律

第一节　竞技项目优势转移的相对性与动态性规律

优势是相对的，这种相对性体现在 3 个层面：第一层，优势来源于控制，控制往往是双向的。一个主体控制另外一个主体，某种程度上也是被控制，但因为双向控制的强度不同，所以总体来看控制还是有方向的。第二层，优势不是单一的，是一个综合的概念。解释来说，即一个主体相对于另外一个主体的优势，不是某一个优势单独的作用，而是不同优势叠加的结果。第三层，优势必须至少有两个或两个以上的主体，它可分为直接优势和间接优势两种，无论是哪一种，都是在不同主体之间进行比较获得的，也就是相对性。

优势又是动态的，这种动态性表现在优势的核心竞争力作为支撑优势主体长期发展的主动力，具有较强的稳定性，其生命周期也远远超过了一般事物的生命周期。随着时间的推移，优势主体的核心竞争力必然会发生动态演变的过程，经历产生、成长、成熟乃至衰亡等阶段，它的生命周期又可以划分为以下几个阶段：无竞争力阶段、一般竞争力阶段、初级核心竞争力阶段、成熟核心竞争力阶段、核心竞争力弱化阶段和核心竞争力新生阶段。优势主体的核心竞争力在形成以后，就面临再培育和再提升的问题。一个国家、一个区域或一个组织乃至一个人在寻求自我生存和发展的过程中，实际上要赢得生存和发展的主动权，就必须了解自己究竟具有什么优势。要扬长避短，尽可能使自身处于良性循环的发展态势上。辩证地看待自身所拥有的优势，物质世界总是发展和变化的，已使发展主体所拥有的任何优势都成为暂时的、有限的和相对的。

每个竞技项目都有其各自的制胜因素即核心竞争力，作为主宰竞技项目是否有优势的核心竞争力随着各种内外因素的变化和影响，也必然会发生动态演变，呈现出竞技项目发展的相对性和动态性。本研究的专家调查结果也表明，78%的专家认为，受各种内外因素的影响，项目的优势是相对的、不断变化的（表 2-1）。

表 2-1　对竞技项目的优势发展规律的调查结果

调查选项	专家、学者选择百分比
A. 一旦升为优势项目，其优势就会相对稳定	22%
B. 受各种内外因素的影响，项目的优势是相对的、不断变化的	78%
C. 一旦成为优势项目后，就必然要变为潜优势项目或薄弱项目，这是不以人的意志而转移的客观规律，是不可改变的	0

第二节　竞技项目优势转移的可逆性规律

所有的优势都是相对于劣势而言的，由于竞技比赛中胜负变化的不定性和复杂性，优势与劣势总是处于一种变化的、动态的、可逆的、相互转化的过程当中。改变和创造运动成绩系统各种内、外因素的变化，都有可能造成竞争实力的改变，继而最终导致竞技场上胜负的转换。劣势在一定条件下可以变成优势，优势在一定条件下也可能变为劣势。因此，项目的优势转移具有可逆性。但是，优势也是相对稳定的，它不是一种稍纵即逝或者仅仅偶然出现的状态。运动员（队）只要具备优势项目所必需的条件，也就具备了与世界先进水平抗衡的竞技实力，所以优势一旦形成，就可以使优势具备者在一定时期内居于竞争的有利地位。有研究表明，它们 3 个层次之间相互联系、相互影响、相互转化，处在一个相对稳定的动态中（图 2-1）。从优势的相对性、动态性、可逆性来辩证地看待项目所拥有的优势。

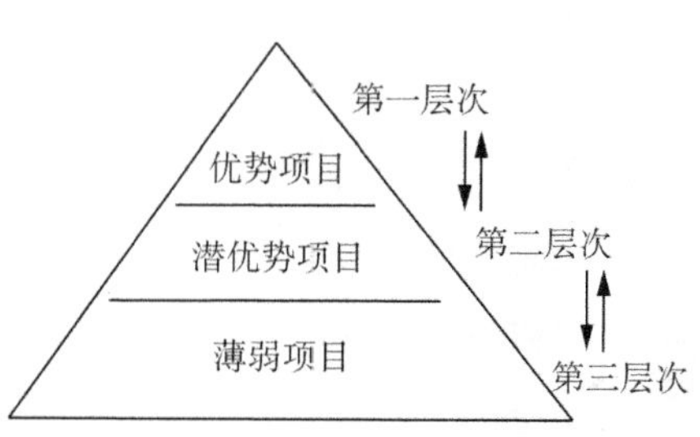

图 2-1　3 个层次项目间关系示意图

优势项目处在第一层次时，如果安于现状，缺乏顽强拼搏精神、团队精神和创新精神，或出现决策层或后勤保障等问题，都将有可能导致优势项目转变为潜优势项目。雅典奥运会上其他国家在体操项目中的进步已经给中国体操队上了一课，当然也不排除诸如运动员新老交替等客观规律的影响。同样，处在第二层、第三层的潜优势项目和薄弱项目也会因条件的改变而变化，雅典奥运会正在悄悄地打破这种格局，所获得奖牌中，有 15 块金牌、9 块银牌、6 块铜牌是从未获得过的，共计有 24 块奖牌在 9 个大项、24 个小项上实现了历史性的突破。北京奥运会共在 16 个大项、25 个小项上取得了 32 个成绩突破，突破性项目所获奖牌为 24 块，约占中国队全部奖牌数的 1/4；在 7 个大项、10 个小项上首次获得奥运会金牌，也是历史性的突破。中国在奥运会中各个方位的进步使那些备选的潜优势项目或薄弱项目成为真正的优势项目、潜优势项目的可能性增大。女子排球、田径、游泳、划船、女子网球、跆拳道、女子摔跤等小项也不断突破，成为优势项目或潜优势项目。跳马一直被认为是中国体操女队的弱势项目，但“程菲跳”的诞生对中国队有着非同一般的意义。现如今世界体坛风云变幻莫测，影响运动员运动成绩的不确定因素日趋复杂多样，优势项目在短时期内有可能丧失优势，潜优势项目也有可能一跃转化成为优势项目，甚至薄弱项目也有可能惊天逆转一鸣惊人。因此，优势项目、潜优势项目和薄弱项目是一个相对概念，深刻认识三者之间互相转化的动态变化规律，是我国竞技体育可持续发展的理性认识。3 个层次项目的界定与动态关系问题，对我国竞技体育运动项目，特别是奥运会项目的竞技能力和发展布局予以总体的动态性分类。这项成果为我国竞技体育决策者在保持优势项目方面，积极发展潜优势项目成为优势项目、薄弱项目成为潜优势项目的问题上，提供了理论支持，有利于对竞技体育项目整体实力进行客观评价以及讨论合理布局的归属问题等。

第三节　竞技项目优势转移的周期性与节奏性规律

周期是指周而复始、循环往复的事物发展过程，呈现出事物发展周期性、螺旋式的特点。周期不是回到原点，是在新的更高阶段上的回复，是形式上的恢复、内容上的发展。竞技项目的周期性是指竞技项目训练表现为循环往复周而复始这种特点的一个训练过程。这种周期性训练是指按照准备期、比赛期和休整期（过渡期）3 种基本训练方式，以周而复始、循环往复、逐步提高的方式所进行的训练。竞技项目周期性理论形成是随竞技体育和训练实践的发展而逐步形成的。芬兰学者拉乌尔·毕卡拉首先提出将全年训练按照季节划分为预备、春训、夏训和秋冬训这 4 个阶段。这是一种按季节的变化作为分期的依据。苏联学者格兰登则提出了与现代训练全年周期较相近的全年训练周期结构，即将全年训练划分为准备期、比赛期和过渡期这 3 个阶段。在 20 世纪 40 年代末至 50 年代初，苏联的奥卓林进一步完善了全年训练计划，使全年训练更加具体化，并提出了“周循环”“阶段循环”“全年专门化”“全年循环”的观点。现代训练周期划分的基本理论是由苏联著名运动训练学学者马特维也夫在 20 世纪 60 年代末至 70 年代初提出来的：第一，认定运动员竞技状态的形成是一个具有周期阶段性特点的过程，必须经过获得—保持—消失这几个阶段，并且把竞技状态和训练的过程划分为与之相对应的准备期、比赛期和过渡期（或休整期），3 个时期贯穿整个训练的过程。第二，依据不同时期的训练特点提出了一套在训练内容、训练目标及训练手段上的训练基础理论，具体内容有：在不同的训练时期负荷量和负荷强度的比例关系的差异性、专项身体训练与一般训练的不同安排理论、各个训练周期之间具有一定的周期性的变化规律、各个训练周期不是简单的重复而是在前一周期的基础上进一步提高、训练周期不等于年度周期等，是一个很大的系统工程（它包括了从多年、年度、阶段、周、课等各种不同的训练周期，各周期之间的功能层层相连，形成一个完整的多层次的训练周期结构系统）。

节奏是指事物周期性变化的内在规律和动态变化的特点。竞技项目优势发展的周期性、节奏变化规律是现代训练分期理论确立的最主要依据。一是依据了包括运动员竞技状态的形成与发展的周期性变化规律，将各个训练过程的训练周期均分成“准备性周期”“基本性周期”“比赛性周期”“休整性周期”“过渡性周期”。二是依据了运动员自身各竞技能力的生物节奏变化规律，各周期中具体的节奏性安排也在一定程度上依据了运动员竞技能力的生物节奏变化规律，即表现最大竞技能力的时间。三是依据了训练适应性的形成规律和负荷与恢复的交互安排的基本规律。运动训练最重要的任务是要尽可能地对运动员实施大负荷训练，以提高其竞技能力的水平。大负荷训练前提是良好的恢复过程，因而负荷与恢复交替安排，反映了一定的周期性的、节律性的变化，也成为周期训练理论确立的一个主要依据。四是依据了重大比赛日程安排，各周期在实际安排中又往往以重大比赛为核心的各种比赛的周期性安排规律，并在很大程度上受其制约。五是依据了气候、季节等自然条件的周期性变化规律，太阳黑子的多种周期性的变化规律会直接影响地球大气环流的相应周期性变化，而大气环流的周期性变化又会影响季节、气候的变化，再加上由于太阳和地球之间的公转和自转的关系，从而使地球出现一年四季的变化，而这些无形的变化又使人的竞技能力发生相应的周期性变化，具体表现在一年中在春季和秋季会出现两次竞技状态的高峰，而夏季和冬季又会出现竞技状态的低潮。因此，气候、季节自然成为训练周期安排中一个十分重要的因素，应加以重视和考虑。六是依据了学习、工作、生活的周期性安排规律。

第四节　竞技项目优势转移的渐变式与突变式规律

一般事物的发展变化可以分为渐变式和突变式两种形式。渐变又分为质的渐变和量的渐变，质的渐变是指新质的逐渐积累和旧质的逐渐衰减，这是质变的一种形式；突变则是质变的另一种形式，是指渐进过程的中断，不用经过任何过渡阶段就能从一种质态变化到另一种质态；而量的渐变是指量的增加或减少，也称为量变。事物的进化是渐变和突变共同作用的结果。没有渐变的积累，就不可能发生突变，没有突变的作用，就不会有进化的跃进。渐变中蕴藏着突变，突变中包含着渐变。运动员竞技能力的提高与变化是渐变和突变共同作用的结果，竞技状态的变化有 3 种方式：渐进型、渐进-突变型和跳跃型。从现代训练的发展趋势看，渐进-突变型和跳跃型将占主导地位。

竞技项目发展的渐变式和突变式转移规律主要体现在以下 4 个方面。

一是训练适应规律。训练适应规律是反映运动员机体在外界环境（比赛环境、自然环境与训练），尤其是训练负荷的刺激作用下所产生的生物学方面的动态平衡（即主要是能量的补充与消耗的动态平衡），按照刺激、反应、适应、再刺激、再反应、再适应这样一个不断适应的规律变化过程，并通过长期训练以获得的能够适应比赛需求的各种机体运动能力的生物适应性。训练适应由以下几个方面构成：按竞技能力可将训练适应分为有生理功能的训练适应，形态、解剖的训练适应，神经、心理的训练适应，健康的训练适应及运动能力的训练适应；按时间可将训练适应分为短时训练适应和中长期训练适应。短时训练适应主要指机体接受训练刺激后，在短时间里所形成的暂时性的训练适应，这种训练适应是对外部训练刺激的一种应激性反应，是不稳定的。中长期训练适应主要指机体通过经常的、长期的（如一定的阶段训练、年度训练等）、连贯的训练刺激后，机体在各方面所形成的较为稳定的训练适应。无论是短时训练适应的形成还是中长时期训练适应的形成，都有一个刺激的相对适宜的程度和相对适宜的持续时间。过大或过小、过长或过短的外部训练刺激都难以形成最佳的训练适应。

二是训练过程的动态性规律。运动员的运动寿命一般 10 ~ 15 年甚至更长，一般可以分为 6 个阶段，即启蒙训练阶段、一般基础训练阶段、专项基础训练阶段、专项提高阶段、专项最高竞技阶段及竞技保持阶段，形成了一个系统、连贯并具有严格逻辑顺序的运动训练功能结构系统。从世界优秀运动员多年运动成绩变化的趋势中发现，成绩变化是有一定的系统性变化规律的，大致分为 3 个阶段：第一阶段（15 岁以前），每年运动成绩都有较大增长；第二阶段（15 ~ 30 岁），男女运动员之间运动成绩的增长具有明显的不同周期性、波浪形变化规律，并按照男运动员每隔 2 年、女运动员每隔 1 年的多年成绩增长节奏变化；第三阶段（30 岁以后），运动成绩增长速度停顿，成绩下降，成绩提高的周期性被破坏，出现了个体的养异性。这说明运动员的运动寿命和成绩的提高过程是一个长期过程，必须进行长期、系统、连贯的安排。从世界优秀运动员多年运动成绩变化的趋势中发现，成绩变化是渐变与突变不断交织的过程。一般来说，竞技能力的提高开始增长很快，之后则是幅度较小的渐进式提高，到专项提高阶段成绩提高加快，并首次达到高水平运动成绩，出现成绩的突变式上升，到专项最高竞技阶段，竞技状态达最高水平。

三是系统化训练规律。系统化的训练规律是指运动员在运动训练全程必须对运动员实施长期、系统、连贯、有序的训练控制，以获得最大的训练累积效益。贯彻系统化训练原则必须保证各训练过程安排的连续性、相互间的有机联系和交叉衔接。主要的衔接方式有分段衔接、交叉式衔接、突变式衔接，在这3种方式中，交叉式衔接和突变式衔接是反映系统化训练的最佳衔接方式。认识系统化训练规律需要我们激励运动员树立长期艰苦训练的动机，明确多年训练中运动员竞技状态的节奏性变化规律（快速提高→稳步提高→突变式提高→稳步提高→逐步下降），控制好多年系统训练中的竞技状态变化规律。根据各训练内容、手段、方法和负荷的内在系统性联系规律，以及在各训练过程表现的程序性规律，实施程序化训练。按由易到难、由简到繁、由浅入深的原则，合理地安排训练内容、方法与手段。在多年和全年不间断系统训练中，必须保证有足够的训练日和训练次数，要从多年到每次训练课都使各种训练安排相互连贯地衔接起来，保持不间断的训练，以产生一系列稳定、良好的训练适应性的长期积累。

四是恢复理论。训练需要长期的、系统的积累，它是一个渐进的、动态的变化发展过程。在此基础上，有恢复才能促进突变和跨越式发展。人体疲劳往往表现在各个器官系统上，恢复也应该对应在各个器官功能的恢复上，如能量的恢复、肌肉系统的恢复、心血管系统的恢复、心理和精神状态的恢复等。人体肌肉工作主要通过3个供能系统，即无氧非乳酸供能系统、无氧乳酸供能系统和有氧供能系统，不同的供能方式恢复的时间也是不一样的。有研究表明，有氧能力的恢复时间最长（72 h），其次为无氧能力（48~72 h），速度力量能力最短（48 h）。不同功能能力、不同训练内容和手段、不同的负荷及其消耗的能量物质不同所产生的超量恢复的时间不同，一般来讲，磷酸肌酸最快（2~3 min），其次为肌糖原（1~46 h）、蛋白质（6~48 h），脂肪最慢（48 h）。因而，在制订训练计划时，应根据这种恢复过程的异时性特点的不同及运动项目的主要供能系统的特点，避免过度疲劳的产生，实现机体训练水平的不断发展与提高。

第五节　竞技项目优势转移中的自组织形成规律

组织是指系统内的有序结构及这种有序结构形成的过程。如果不存在外部指令，系统会默认相互默契的某种规则，各尽其责而又协调地自动形成有序结构，即为自组织。如果一个系统靠外部指令而形成组织，即为他组织。自组织基于对物种起源、生物进化和社会发展等过程的深入观察和研究，一些新兴的横断学科从不同的角度对自组织的概念给予了解说，为我们深入理解自组织提供视角。

一是从系统论的观点来看，自组织是指一个系统在内在机制的驱动下，自行从简单向复杂、从粗糙向细致方向发展，不断地提高自身的复杂度和精细度的过程。

二是从热力学的观点来看，自组织是指一个系统通过与外界交换物质、能量和信息，而不断地降低自身的熵含量，提高其有序度的过程。

三是从统计力学的观点来看，自组织是指一个系统自发地从最可几状态（指最多或出现的概率最大）向概率较低的方向迁移的过程。

四是从进化论的观点来看，自组织是指一个系统在遗传-变异-优胜劣汰机制的作用下，其组织结构和运行模式不断地自我完善，从而不断提高其对于环境的适应能力的过程。

五是从泛进化理论的观点来看，自组织是指一个开放系统的结构稳态从低层次系统向高层次系统的构造过程，因系统的物质、能量和信息的量度增加，而形成如生物系统的分子系统、细胞系统到器官系统乃至生态系统的组织化度增加，基因数量和种类自组织化和基因时空表达调控等从而导致生物的进化与发育过程。

自组织的核心理论认为，一个远离平衡态的开放系统，当系统的某一参量变化达到一定阈值时，通过涨落发生突变就有可能从原有的混沌无序状态转变为在时间、空间和功能上的有序状态。这种远离平衡态的有序结构，需要不断与外界交换能量和物质才能够维持，并保持一定的稳定性，不再因外界微小的扰动而消失。自组织的形成一般需要以下 4 个条件。

一是系统必须开放。只有开放的系统才能与外界交换物质和能量，实现正负热量平衡，从而使系统实现从无序到有序、从简单到复杂的演化。

二是远离平衡态。远离平衡态是系统出现有序结构的必要条件。开放系统在外界作用下离开平衡态，开放逐渐加大，外界对系统的影响逐渐变强，将系统逐渐从近平衡区逐渐推向远离平衡的非线性区，只有这时，才有可能形成有序结构，否则即使开放，也无济于事。

三是非线性相互作用。组成系统的子系统之间存在着相互作用，一般来讲，这些相互作用是非线性的，不满足叠加原理。在用于描述一个系统的一套确定的物理变量中，该系统的一个变量最初的变化所造成的此变量或其他变量的相应变化是不成比例的。正因为这样，由子系统形成系统时，会涌现出新的性质。

四是涨落。涨落是指对系统稳定状态的偏离，它是实际存在的一切系统的固有特征。对于远离平衡态的非平衡态系统，随机的小涨落有可能被迅速放大，使系统由不稳定状态跃迁到一个新的有序状态，从而形成耗散结构。

系统的开放性、远离平衡态、非线性和涨落是形成自组织的重要条件，也是自组织系统的重要特性。根据自组织理论，开放系统在系统内外两方面因素的复杂非线性的相互作用下，内部要素的某些偏离系统稳定状态的涨落可能得以放大，从而在系统中产生更大范围的、更强烈的长程相关性（指系统可预测性越强），使系统自动地从无序到有序，从低级有序到高级有序。该理论揭示，如果一个开放系统，内部各要素之间相互作用，满足非线性关系并远离平衡态，在涨落的诱发下，能够使系统从无序到有序，从而形成一个具有整体结构与属性的系统，它从更高层次和更深层面揭示系统管理的科学性。自组织现象无论在自然界还是在人类社会中都普遍存在。一个系统的自组织功能越强，其保持和产生新功能的能力也就越强。自组织理论的研究对象主要是复杂自组织系统（生命系统、社会系统）的形成和发展机制问题，即在一定条件下，系统是如何自动地由无序走向有序，由低级有序走向高级有序的过程。其实，任何一个组织都必须具备自组织的一个基本要素，否则就失去了存在的基础和发展的动力。

运用自组织理论对体育系统进行研究，将有助于我们更为深刻地了解和把握竞技体育管理的特性，提高管理效益和科学性。竞技体育系统具有典型的自组织特征，具体表现在：一是竞技体育是一个开放的系统，它不断地与外界进行物质、能量和信息的交换，通过反馈进行自控和自调，以达到适应外界环境变化的目的，从而使系统结构不断完善、系统的管理不断提高；二是竞技体育系统具有典型的非线性特征，竞技体育是一个大的系统，正是由于各种非线性的影响，它的功能大于其各组成要素功能机械相加的总和；三是竞技体育系统远离平衡态，表现在管理者和被管理者都是由不同个性和能力的人组成，这种差异形成系统远离平衡态的属性，而且差异越大越偏离平衡态，这种差异促使人们之间的竞争，进而使他们向着有序方向转化；四是竞技体育系统受内外因素影响，外因素是指体育系统以外的因素（如国家政策、体制机制、社会变迁等），内因素则指体育系统的内部因素（如教练员、运动员、管理人员等），这些都将对系统的运行过程产生影响，从而导致其偏离正常的运行轨道，继而出现涨落现象。所有这些因素中，一旦当系统内外有利因素占据主导地位时，系统就会向有利于达到目标的方向迅速发展，当然，当系统内外不利因素占据主导地位时，系统则会向偏离目标的方向蔓延。竞技体育系统时常会受到内外因素的影响而出现涨落现象。因此，在学习与运用中应该把握以下几点：一是竞技体育系统应该积极与外界进行信息、物质的交流，打破传统封闭式的管理，使之成为一个开放式的自组织系统；二是使系统远离平衡态，如果系统长期处于近平衡态，那么它就会处于僵死状态；三是使系统成为非线性系统，物质内在的非线性系统可以说是自组织的内在动力，非线性能在被管理者之间相互建立重要的交互作用，我们需要时刻关注非线性因素交互作用而出现的复杂性，也要充分合理利用这些非线性作用建立非线性管理机制，从为高效地实现管理目标；四是有效地利用涨落而使系统达到有序，涨落是形成自组织的动力机制，通过涨落使系统脱离原来的不稳定平衡态，甚至使系统发生突变，从而使系统得以实现从无序到有序的转变、从低级向高级的有序进化。竞技体育系统不可避免要受到系统内外因素的影响，这些因素形成了系统发展过程中的涨落，通过涨落及能量的递增，系统有可能会发生突变即非平衡相变，从原来混沌无序的状态转变为一种在空间上、时间上和功能上焕然一新的有序状态。我们要充分利用涨落机制，形成积极的干预机制，最大化实现竞技体育的发展目标。

第六节　竞技项目优势转移中的相互迁移规律

学习迁移也称为训练迁移，是进行科学研究的基础理论问题，也是提高学习和训练效率的重要方式。它存在于人的各种学习、工作和生活活动之中。我国古代学者没有明确提出学习迁移的概念，但却在最早发现了迁移现象，并将其运用于教学和学习实践，如“举一反三”“温故知新”“由此及彼”“闻一知十”“触类旁通”等。所谓学习迁移有广义和狭义之分，广义的学习迁移是指一种学习对另一种学习的影响，狭义的学习迁移是指将学的经验即包括知识、技能、方法等改变后重新运用于新的情境，即实现迁移。学习迁移根据学习的效果划分为正迁移和负迁移，前者表现一种已经获得的技能对新技能的学习起促进作用，有利于新技能的掌握；后者表现为过去获得的技能对新技能的学习起阻碍作用，使新技能的学习发生困难。一般来说，负迁移（也称干扰）是暂时的，经过训练可以消除。西方关于学习迁移理论的研究有两百年的历史，已形成了完整的理论体系，有关学习迁移的代表性的学说主要有 7 种。

一是形式训练说：主要认为人的心理是由许多不同的官能所组成。这些官能包括注意、记忆、知觉、想象、推理、判断等。这一学说还认为，教学能对学生产生训练作用主要在于训练形式，而不在于训练内容。教学活动属于记忆的形式，不管它的内容如何，总是有助于训练记忆能力。教材具有推理活动的形式，也就有助于训练推理能力。

二是相同要素说：主要认为之所以发生学习迁移，是由于练习课题与迁移课题之间有相同的要素；两者之间相同要素越多，则迁移量也越大，反之，如果两者之间的相同要素越少，则迁移量也越小。

三是经验泛化说：又称共同原则说，主要认为只要学习者对他的学习经验进行了概括，就可以完成从一个情境到另一个情境的迁移。也就是说，学生掌握了原理、原则，就能对新学习情境产生迁移的作用。

四是分析概括说：主要认为学习的迁移在于通过综合的分析揭示出两个课题之间本质上相同或类似的条件，产生对解决方法的概括。这种综合的分析及其所导致的概括是学习迁移的本质。

五是关系说：又称转换说，主要认为迁移不是对相同要素作反应，而是对关系作反应。迁移的选择不是比较刺激的绝对性质，而是由两种刺激的相对关系所规定。

六是学习定势说：就学习而论，一个学生的学习迁移，往往受他的学习意图或学习心向影响，这就是学习定势的作用。先行学习为后续学习准备了迁移的条件，或使后续学习处于准备状态中，这就有利于迁移。在先行学习中改进学习的一般方法，学会如何学习也能起到定势的作用，从而有利于学习迁移。

七是能力说：主要认为先行学习中已具备了何种能力，后续学习中需要何种能力，都是学习迁移的根据。如果后续学习所需要的能力已在先行学习中学到了，或学到了一部分，这就容易产生迁移的效果。

国内外关于学习迁移理论的研究，对于今天进一步探讨学习迁移问题仍有指导意义。现代迁移理论中奥苏伯尔的认知结构同化理论体现了认知心理学在迁移问题上的新贡献。在他看来，一切新的有意义的学习都是在原有学习的基础上产生的，不受学习者原有知识结构影响的有意义学习是不存在的。也就是说，一切有意义的学习必然包含迁移。这不仅说明了迁移的普遍性，而且指出了迁移的本质；不仅重视了迁移的分析概括过程，而且阐明了迁移发生的同化心理机制；不仅承认知识学习在迁移中的必要性，也肯定了迁移中智力的运用。

迁移与竞技项目的学习和提高是息息相关的，该理论对于我们解释和解决训练中的学习与迁移问题提供了很大的帮助。在竞技项目训练中，我们迫切希望把学习某一技能的效果，能够顺利地运用到和这一种技能相类似的其他新技能的领域中，从而产生连贯性的长期效果。这就属于学习迁移的问题。迁移是训练过程客观存在的重要规律。它在训练过程中具有客观性、普遍性和重复有效性的特点。训练实践中常见运动员掌握了某一运动技能后，会影响另一技能的学习和掌握。运动技能之间相互影响的现象称为运动技能的转移。技能转移的形式主要有良好转移、不良转移、直接转移、间接转移等。从动作本身分析产生技能转移的原因，是因为有些动作结构基本相同或较为相似，并在要素的要求上也基本相同。就运动员来讲，因为已掌握了某些运动技能并具有一定的技能储备，学习新技能时将与新刺激有关的已有的暂时性神经联系激活，并参与新联系的建立和对旧联系的改组中，继而使已有的神经联系不断扩大，对学习新技能产生影响。如果是积极的影响，那么会促进新技能的学习与掌握，反之如是消极的影响，那么会对新技能的掌握与学习起到妨碍作用。训练中应创造出必要的条件，使技能转移朝着良好的方向发展。

运动技能转移现象在运动技能学习中是普遍存在并贯穿训练始终的，运用技能转移也是技术训练的一个重要手段。体操、跳水、花样游泳和蹦床等项目间的迁移关系已充分证明它们都属于技能类项群，是以动作的难、美取胜的，存在技能迁移。以蹦床为例，蹦床与体操运动相近，只是蹦床在网上运动，体操在垫子上。中国的蹦床运动起步晚，直至 1997 年才被国家体育总局列为正式竞赛项目。我们在体操项目上有传统优势，技巧能力比较强，因此许多体操运动员转而进行了蹦床训练，体操的基础训练可以在蹦床项目上发挥极大的作用，因此蹦床项目自开展开始就进入了蓬勃发展的阶段。2003 年，中国代表团首次参加世界锦标赛就取得了女子团体亚军。2004 年雅典奥运会，中国蹦床运动员黄珊汕获得 1 枚个人铜牌，2005 年蹦床世界锦标赛，获得男女子网上团体冠军。在 2008 年北京奥运会上万人瞩目的女子蹦床决赛中，预赛第一的 20 岁的中国小将何雯娜以 37.80 的高分为中国蹦床队夺得具有重要意义的 1 枚金牌；在男子决赛中，中国选手陆春龙以 41.00 分再次拿下 1 枚金牌，同时董栋以 40.60 获得铜牌。黄珊汕、何雯娜、陆春龙、董栋这 4 名运动员均是体操项目出身，中国蹦床队在北京奥运会上取得的辉煌耀眼的成绩引起了人们的重视，从此对蹦床项目关注的人也越来越多，练蹦床的人也将越来越多，这样蹦床运动员选材的范围也会越来越广，也就更加容易出成绩、出金牌。竞技项目之间运动技能相互转移的规律对竞技体育人才的投入与产出、后备人才的储备与流动、优势项目优势的控制及向其他项目优势转移等具有重要意义。因此，科学训练就必须遵循这个规律，充分认识再生能力极强的基本技能，是实现普遍迁移的基础。有效地利用技能之间相同因素的迁移原则，提高迁移能力。

第七节　竞技项目优势转移中个体与群体的相互作用规律

人类社会所具有的个体与群体的关系之独特性表现为以下几个方面。首先，个人在自我意识和大脑认知方面的分立进化，促使个体彼此能相对独立地存在。其次，个体之间通过商业交换方式互动交往，一方面使得个体彼此由于分工而更加独立，但另一方面也由于借助商业交换和分工协作而彼此更加依赖。再次，个人意识和大脑认知的进化在促使个体更加独立的同时，也促进了个体之群体意识的发展从而对个体超越群体的单子化趋势形成引力。因此，人类社会中的个体与群体关系的复杂结构，是认识人类社会进化过程的重要命题，也是完成人类进化之“独立证明”所必须解释的复杂问题。

当涉及个人与群体关系时，可以发现：首先，作为群体成员的个人，其行为深受群体其他成员的影响。其次，由个人组成的群体在行动时（群体行动），并非个人行动的简单加和，而是群体成员相互作用的结果。任何一个群体都要想办法形成对成员的凝聚力，强化对成员的凝聚和吸引。个人与群体的关联源自社会生活本身的特性。个人在许多时候都需要通过维护群体的形象和利益来维护自我的尊严与权利。群体内部一般都有其成员必须遵守的行为标准，它是保证群体协调一致的有力工具。个人对群体的隶属关系，是个人获得价值感、认同感和归属感的重要来源。群体规范能否达到预期的目的，取决于规范内容能否符合群体成员的意愿，越被成员共同认定的规范，越有可能被成员遵守。

个体与群体的辩证关系，在事物的发展中表现得最为充分。事物的发展虽然在表现上有个体与群体两条线索，但有主次之分。个体确定事物的质，而群体是其量上的规模，所以，个体发展线索是一条主线。事物是否发生进步，主要是个体确定的类的本质特征是否发生变化。因此，研究事物的发展，必须抓住个体形式的发展线索，才是正确的、可靠的。如果把群体形式作为主线，便无法解释群体形式为什么转变、如何进行转变，因为群体形式转变的动因恰巧又是由个体决定的。个体的发展虽是事物发展的主线，但它的发展一点也离不开群体及其发展。实际上，事物的发展是个体线索与群体线索扭合在一起实现的。个体的发展只有在群体中才能实现，单个个体无论如何也实现不了发展。所以，研究事物的发展，既要努力剖析个体及其发展线索，也要探索它与群体发展线索的关系以及群体发展的法则，同时要注意分清事物的个体与群体，分别对待，从而正确地认识与改造事物；要注意分清事物发展所处的阶段，通过以不同的方式去促进个体与群体的发展，达到形成事物全面发展的结果。

我国优势项目多年来都非常重视队伍中领军人物的培养及“传、帮、带”的优良传统，如郎平、李宁、姚明、邓亚萍、王楠、伏明霞、郭晶晶、程菲等一大批各个项目群体中的灵魂人物，无数次带领队伍实现了自我和集体的卓越价值。竞技体育是集群性的社会活动，运动员以组、队形式共同训练，每个运动员通过与同伴交流、合作从而明显地提高训练的积极性和训练效果。一支运动队的众多成员在群体训练中相互帮助、互相促进，达到共同提高。一起训练的队友也是事业发展中的竞争对手，群体之间形成良好地“比、学、赶、帮、超”的训练氛围，从而更加严格要求自己、更加自觉地投入训练，群体中的个体得到普遍提高。同样，一支队伍的核心人物或领军人物以其优良的训练作风、精湛的技术水平、成熟的性格特征等带动和影响整只队伍的整体进步。集体项目中更是表现出每一个优秀的个体集合在一起才能造就出一支卓越的团队，每一支卓越的团队吸引着每一个个体为了共同的目标和愿景努力拼搏。竞技体育的运动训练从某种意义上讲，就是一个发现天才、张扬个性、超越极限的事业。遵循竞技体育事物发展中个体与群体辩证统一的关系，注重个体与群体两条线索扭合发展。

第八节　竞技项目优势转移的创新规律

创新指的是人类为了满足自身的需要，不断开拓对客观世界及自身的认知与行为的过程和结果的活动。具体来说，创新是指人们为了某一目的，在遵循事物发展规律的前提下，对事物的某部分甚至整体进行改革，继而使其得以更新换代、不断发展的活动。创新是人类历史发展的原始动力，是人类生存进步的客观需要，是经济发展的唯一路径，也是人类社会文明与进步的必然选择。创新是推动客观事物发展的一个基本动力，也是竞技体育发展、运动成绩提高的基本动力。现代竞技体育正处在多学科综合利用的新阶段，现代竞技体育已经成为现代科技的橱窗，不断创新推动竞技体育快速发展。现代竞技体育比赛越来越激烈，战术创新、技术创新、科技创新、观念创新、方法创新等是运动员实现突破的重要路径。众所周知，跳高技术的创新极大地提高了跳高成绩。跳高技术从滚式、剪式、跨越式、俯卧式发展到背越式，每一次创新都是跳高运动发展时期的一个显著特点。背越式技术以其动作简单且更合乎运动学、运动生物力学原理，更能挖掘人体的极限运动能力而被绝大多数运动员采用。

对竞技运动创新过程中的内在规律性认识，有以下几点共识。

一、螺旋式、循环式上升规律

一切事物的变化发展均依赖事物内部和外部动因的矛盾作用。事物就是在各种内外动因的矛盾作用下不断的螺旋式、循环式地向前发展。各个运动项目由于自身的特点不同，在创新动因方面也有所区别。依运动项目的动作结构分类的3个主要项群的创新动因结构不同而不同。

1. *单一动作结构项群* 由于该项群各项目的技术动作结构单一，变化较小，主要靠挖掘发展运动员的潜在体能与改进技术来实现新的突破。技战术创新的迫切性相对不如多元动作结构项群。创新动因来源于探索更为合理的技术，以最大限度发挥运动员的潜能。

2. *多元固定组合项群* 其竞赛特点是以技术动作难易、新旧及完成情况等因素实现竞争的，规则对创新有着直接的影响。例如，体操项目有关独创性技术动作的加分规定等，迫使教练员为比赛中夺取高分而不断创新高难动作。创新被视为该项群的“生命”。

3. *多元变异组合项群* 其竞赛特点表现为竞争激烈，攻防矛盾日益激化，即进攻与防守间的矛盾运动是该项群技战术创新的基本动因。这种循环往复的抗争形式，促进了新的技战术不断涌现。

二、系列引发规律

在科学技术领域中,一项技术革命往往会引发一系列多方位的技术变革。主要有先导创新和思维联想两种创新方式。先导创新是指通过对大量的技战术创新案例的研究发现，在技战术创新领域中同样存在一项创新出现后引发一系列技战术创新现象。例如，排球中近体快攻时间差技术被移植到不同的进攻点，而且为位置差、空间差、多重掩护进攻等战术的创新提供了契机。思维联想是指通过思维联想引发创新连锁反应，具体有两种类型。一类是同一创新主体的创新思维被连续引发，并在短期内实现同一项目的技战术创新，产生一系列新的设想。有调查表明，92.86%的创新者均在一个创新设想出现后，继而产生连锁反应而创新出更多的技战术。例如，反吊大回环技术创新成功后，在短时间里连续创新出14个新难动作组成的反吊与大回环创新系列技术。另一类是不同创新主体受同一先导创新的启发，而实现一个甚至多个项目不同的创新。例如，空中飘动扣球的创新技术出现后，连续引发了一系列不同创新者利用空间差设计排球系列进攻战术。

三、矛盾相克规律

任何一个新的事物被创新出来后，必然是有另一种创新来降服它。具体表现为进攻与防守、突破与反突破、限制与反限制的矛盾统一体间的相互对立、相互依存、相互克制及相互促进。在多元变异组合项群中，如篮球、排球、足球、乒乓球、羽毛球、网球、手球、冰球、曲棍球等项目在比赛中随时需要根据对手所采取的技战术情况进行相应的技战术应对。实践表明，在竞技运动中会出现各种复杂的矛盾关系和运动，推动了竞技体育的创新。谁取得了创新成功，谁就获得了先行一步的权力和优势。谁率先将创新成果投入实际的训练和比赛之中，谁就获得了出奇制胜的优势。

本研究的专家调查表明（表 2-2）：66%的专家认为，创新的过程就是一个创新→稳定→再创新→再稳定的有节奏的发展过程，同时 34%的专家认为，竞技项目通过坚持不断地、持续地创新获得自身优势发展。

表 2-2　竞技项目通过创新获得自身优势发展的认识调查结果

调查选项	专家、学者选择百分比
A. 不断地、持续地创新	34%
B. 创新→稳定→再创新→再稳定，有节奏地发展	66%
C. 视项目发展需要随机进行创新	0

创新是竞技项目获得领先地位的核心要素。适合于运动训练实践中运用的创新技法很多，通常有复合法、逆向法、递进法、仿生法、组合法、移植法、综合法和智力激励法等。我国优势项目如乒乓球、体操、羽毛球、跳水的发展过程都是不断创新的过程。运动训练中的创新遍及训练活动的各个方面，无论是运动技能的发展、运动战术的发展、训练理论的发展、训练方法与测试手段的发展、体制机制的发展，还是器材、设备、营养、药物等的发展，都与创新紧密相连。从一定意义上来说，只有坚持不断创新，才能促进竞技项目形成优势、把握优势及有实力站在该运动项目的制高点上。

第三章
竞技运动项目优势定位方法的确定

第一节　竞技项目优势定位原则

一、竞技项目优势定位目标的专一性与多元性原则

对竞技运动项目进行优势水平的定位,其目的是推动竞技运动项目的发展和竞技运动水平的提高，这是最高目标。要达到这一最高目标，必须要完成许多分支的、局部的、阶段性的目标，这些目标最终都必须围绕着提高竞技运动水平这一总目标服务。我们进行项目优势水平的定位，就是为了使我们能更清楚地判断我国不同的奥运会竞技项目现有的优势水平、存在的问题及需要进一步完善的地方，并在此基础上提出各类竞技项目向各自更高的层次发展的可行性。

由于项目优势地位是一个非常复杂的系统，从不同的角度看有不同的规律性。因此，我们在研究项目优势定位时，既要考虑到奥运会举办前的项目优势地位状况，也要对奥运会结束后项目优势地位的动态变化做出新的评价，从对比中找出在下一届奥运会周期的发展战略和对策。不仅如此，不少竞技运动项目中，男女项目的优势水平往往有明显的差异，至今我国仍未完全摆脱竞技运动项目水平中存在的阴盛阳衰的局面，但在有些小项、分项和大项中，我国男子项目也表现出明显的优势地位。例如，体操项目多年来一直是“阳盛阴衰”。因而，将男女混合在一起进行优势地位评定，往往掩盖了不同性别表现出不同优势的状况。我们在进行项目优势的定位时，又必须将男女项目分别进行优势定位。因此，在把握项目优势地位目标专一性的同时，也要对项目优势地位的

多元性进行考虑和分析。

二、竞技项目优势定位的动态性与相对稳定性原则

对项目优势的相关概念及统计方式方法,应力求科学、准确并保持相对的稳定性。概念的改变必然带来计算方法的改变和对优势评价的改变。由于竞技运动项目的演变是一个长期、多年的过程,如果经常改变相应的概念和方法,对项目优势状况就无法准确判定。对竞技运动项目优势定位,应该有一个统一的、规范的概念和计算方法。近些年来,国家体育总局确定的我国竞技运动项目中的优势项目、潜优势项目和薄弱项目,并没有通过一个统一的概念和统计方法来确定,而是通过一般的定性分析和简单的数量分析确定的,因此,需要有一个系统的研究和论证为决策部门提供科学依据。

三、竞技项目优势定位的可比性和可持续性原则

目前,在我国竞技运动项目优势定位的问题上,还存在一些不可比和持续性差的问题,主要表现在以下几方面。

一是,由于我国各个集体运动项目进展及奥运会成绩提高迅速,优势项目的水平有了明显的提升和扩大,而优势又是一个相对的概念,是对我国各竞技运动项目之间水平的一种比较和评定,现在把评定标准定位在奥运会 4 年周期中参加三大世界级赛事的比赛成绩的表现水平,随着我国竞技运动水平的提升,进入优势范围的竞技运动项目也越来越多。那么,这些优势项目的参照系就变得不清晰了,优势项目的优势度也不明显了。

二是,比赛过程是一个受各种因素扰动的复杂过程,有些因素的影响是可以通过运动员自身的适应能力和训练水平的提高加以调控,有些扰动因素是运动员无法抗拒和改变的,如气候,裁判的错判、漏判、误判,伤病等因素。当运动员比赛过程中碰到这些问题时,即使是一个非常优秀的世界级水平的运动员,比赛成绩也会大幅度下降甚至被迫退出比赛。然而,也有些运动员由于种种因素的影响,在比赛中超水平发挥,表现出自己从未有过的高水平成绩,这种昙花一现的短期所取得的优势成绩,并不能说明这一项目已

经成为优势项目。这样我们在进行优势水平的评定时，就会出现一种不可比的状况。

三是，无论是优势项目、潜优势项目还是薄弱项目，运动成绩或是竞技状态都不可能呈直线上升或直线下降的趋势，往往表现出一定的涨落现象。例如，中国女排新老队员交替时水平下降，经过一个奥运会周期之后，古巴等国的女排队也相继进入新老队员交替时期，他们的水平有所下降，但此时中国女排因度过了新老队员交替时期，总体水平上升了，从而夺得了雅典奥运会冠军。

竞技水平的涨落现象属于正常的竞技优势水平起伏过程，那么我们如何定位类似女排的优势项目地位？因此，对项目优势定位问题如何做到具有可比性和可持续性是一个十分困难的课题。本研究对此做了一定的研究，但还不能很好地解决这一问题，还有待在以后的研究中逐步深入，加以解决。

第二节　竞技项目优势评定因素的确定

一、竞技项目优势评定的时间区间范围

调查结果显示(表 3-1)，“从某一届奥运会 4 年周期中的第一年开始至某届奥运会结束为止”和“从上一届奥运会年开始至本届奥运会年结束为止”这两种时间区间各有 50%的支持率，说明在时间区间范围的确定上，这二者各有一定的科学性和合理性。A 的时间区间能较好地反映某一个奥运会年周期结束时的项目优势地位，这对进一步研究下一个奥运会周期的战略规划具有更加重要的意义。B 的时间区间主要反映某届奥运会召开前竞技项目的优势地位，有利于制订该届奥运会年的战略决策。为此，本研究将区别于其他评定方法，对这两种方案都进行评定。以北京奥运会为例，即一方面对奥运会前的项目优势地位做出评定，另一方面对北京奥运会后的项目优势地位做出评定。

表 3-1　对竞技项目优势评定的时间区间范围的调查结果
（以北京奥运会为例）

调查选项	专家、学者选择百分比
A. 从某一届奥运会 4 年周期中的第一年开始至某届奥运会结束止（即从雅典奥运会后的 2005 年起到 2008 年北京奥运会结束止）	50%
B. 从上一届奥运会年开始至本届奥运会年结束止（即从 2004 年雅典奥运会年开始到 2008 年北京奥运会年止）	50%
C. 应将某届奥运会前与该届奥运会后分开评定，在奥运会前评定时，应从上届奥运会年开始至本届奥运会开幕前止（即从 2004 年雅典奥运会年起到 2008 年北京奥运会开幕前止），而该届奥运会后评定时，则应从上届奥运会年开始至本届奥运会结束止（即从 2004 年雅典奥运会起到 2008 年北京奥运会结束止）	0

二、竞技项目优势评定的项目层次

奥运会的项目有3个层次的划分，即 28 个大项、38 个分项、301 个小项。本研究认为，应该在 3 个层次上分别进行评定。例如，从总体成绩上看，我国田径项目应属薄弱项目，但因刘翔的出色表现，在北京奥运会前，男子跨栏小项则应该属优势小项。由于工作量太大，收集资料困难，本研究将暂以部分奥运会大项、分项和多数小项做一试探性的统计和优势地位评定。本研究的调查结果表明（表 3-2），66%的专家学者认为，应在奥运会大项、分项和小项 3 个层次上全面评定。

表 3-2　对竞技项目优势评定的项目层次的调查结果

调查选项	专家、学者选择百分比
A. 只在 28 个奥运会大项上评	25%
B. 只在 38 个奥运会分项上评	4%
C. 只在 301 个奥运会小项上评	2%
D. 应在奥运会大项和分项 2 个层次上分别评	3%
E. 应在奥运会大项、分项和小项 3 个层次上全面评定	66%

三、竞技项目优势评定的赛事级别

对一个项目优势地位的评定主要以其在重大比赛中的成绩为依据，田麦久教授确立的“竞技水平指数法”是以各竞技运动项目在奥运会（4 年一届）、世界锦标赛（每年一届）和世界杯总决赛（2 年一届）三大世界级赛事中的成绩表现为准。从本研究调查结果看（表 3-3），有 85%的专家学者支持这一方案。本研究将以这三大赛事的成绩进行统计和评定。

表 3-3　对竞技项目优势评定的赛事级别的调查结果

调查选项	专家、学者选择百分比
A. 世界级三大比赛（奥运会、世界锦标赛、世界杯总决赛）	85%
B. 仅依据奥运会	15%
C. 除世界级三大比赛外，还应增加洲际综合性运动会（如亚运会）	0

四、竞技项目优势评定的名次

统计前3名可以反映该项目成绩的优势地位，但无法反映其整体实力和后备力量的整体优势，而统计前 6 名或前 8 名，则能从两方面反映该项目的竞技实力。从本研究调查结果看（表 3-4），有 63%的专家学者支持这一方案。但鉴于资料收集困难，本研究将以前 3 名的成绩进行统计和评定。

表 3-4　对什么名次范围内进行优势评定统计和评定的调查结果

调查选项	专家、学者选择百分比
A. 三大世界级比赛前 3 名	37%
B. 三大世界级比赛前 6 或前 8 名	63%
C. 奥运会按前 6 或前 8 名，奥运会以外其他重大比赛按前 3 名	0

五、竞技项目优势评定的性别区分

长期以来，我国各竞技运动项目成绩和优势地位的性别差异较大，近年来虽有改善但仍未改变“阴盛阳衰”的状况，有些项目对于女子来说是优势项目，而对于男子来说却是薄弱项目。不区分性别进行统计评定是不够准确的。从本研究调查结果看（表3-5），也有61%的专家学者支持男女分别统计和评定的方案。尽管工作量和资料收集困难，本研究还是力求按男女分开进行统计和评定。

表3-5　竞技项目优势评定是否区分性别的调查结果

调查选项	专家、学者选择百分比
A. 男女应分别评定	61%
B. 将男女合在一起总体评定	19%
C. 既要分开评，又要合起来评	20%

第三节　竞技项目优势定位的评定方法——竞技优势指数法

对我国竞技运动项目进行深入的研究,并进行分类指导，制订不同竞技水平运动项目的发展战略和对策，就必须对不同阶段我国竞技运动项目的优势水平进行一个客观的评定和分类。目前，这类评定方法主要有百分比评定法和奖牌数评定法，本研究设计了竞技优势指数法，在征求教练员和专家的意见中（表3-6），51%的专家学者都倾向直接利用在三大赛事中的具体比赛成绩作为评定标准。但是用运动成绩，即根据所获金牌和奖牌数的不同来进行评定，在统计学上是无法进行比较的，必须将其变为统一的指数来进行评定才具有可比性。在我们的调查中，也有40%的专家学者支持采用竞技优势指数法进行评定。因此，本研究采用竞技优势指数法对历届奥运会项目进行优势评定。

表3-6　对选择3种优势评定方法的调查结果

调查选项	专家、学者选择百分比
A. 百分率评定法：通过对一个国家在奥运会中获取奖牌数量占其累积百分比大于70%的运动项目群为该国优势项目群（巴托雷法）	9%

（续表）

调查选项	专家、学者选择百分比
B. 竞技优势指数法：通过将比赛中所获名次按规定的分值，统计出所获各次的总分，再算出竞技优势指数，据此进行评定（指数法）	40%
C. 奖牌数评定法：根据该项目在奥运会和赛前世界重大比赛中所获金牌和奖牌数直接进行评定（奖牌数法）	51%

一、竞技优势指数的概念

竞技优势指数是用于评定一个国家（地区）竞技运动项目实力水平的指标，是指该项目当前一个阶段中运动员所达到的相对稳定的总体竞技水平。不同级别的比赛，竞技优势会有不同的具体寓意。一般来说，围绕某一次奥运会，竞技优势可以有两种不同的表述方案。

（一）某届奥运会前评定

针对备战某届奥运会，某一项目的竞技优势主要是自前一届奥运会起，到该届奥运会召开之前，该项目在前一届奥运会和本届奥运会 4 年周期中的世界锦标赛、世界杯总决赛中所表现出来的竞技水平。具体地说，主要以在这三大世界级赛事中所取得的名次为判定的依据，计算和评定该项目在参加本届奥运会前的优势地位。例如，在备战 2008 年北京奥运会的过程中，要参照运动员在 2004 年雅典奥运会及 2005~2008 年中的世界锦标赛、世界杯总决赛上所获得的参赛名次计算判定。

（二）某届奥运会后评定

某届奥运会结束之后，某一项目的竞技优势主要是指该届奥运会 4 年周期的第一年开始（即上一届奥运会结束之后的第一年）至该届奥运会结束的 4 年中，该项目在世界锦标赛、世界杯总决赛和该届奥运会中所表现出来的竞技水平。其目的主要是为该次奥运会之后参加下一届奥运会提供战略决策的依据。例如，为备战 2012 年伦敦奥运会，我们必须要了解在北京奥运会后各竞技运动项目的优势地位状况。为此要参照运动员在 2005~2008 年参加世界锦标赛、世界杯总决赛和 2008 年奥运会所获得的参赛名次进行计算，并判定出其优势地位。

二、竞技优势指数的计算方法

将某项目运动员在一个奥运会4年周期内参加三大世界级赛事（奥运会、世界锦标赛和世界杯总决赛）的名次（前 3 名）按统一标准换算成得分，进而计算出该项目的竞技优势指数（E）。

依据 5 分制计算体系，参照一般竞技项目计算团体总分的原则，按金牌赋值与银牌赋值的差值最高，即金牌计 5 分，银牌计 3 分，铜牌计 2 分。计算公式为

各竞技小项竞技优势指数计算公式：$E(\text{小项}) = M/(5 \times NxZ)$

各竞技分项竞技优势指数计算公式：$E(\text{分项}) = M/(5 \times NxZ)$

各竞技大项竞技优势指数计算公式：$E(\text{大项}) = M/(5 \times NxZ)$

其中，E 为本奥运会周期某设奖小项竞技优势指数，在各分项或大项中，该指数则是多个小项 E 值的平均值。即相当于一个小项的 E 值。N 为本奥运会周期某奖项的参加比赛的总次数。Z 为该统计项目（小项、分项、大项）中包含的小项数，在小项、分项、大项均为一个项目时的统计时，$Z=1$。M 为本奥运会周期某设奖项的比赛前 3 名总得分，通过以下公式可得：

$$M = 5M_a + 3M_b + 2M_c$$

其中，M_a为在本届奥运会周期三大赛事中所得冠军的次数，M_b为在本届奥运会周期三大赛事中所得亚军的次数，M_c为在本届奥运会周期三大赛事中所得季军的次数。

对于每次比赛的一个设奖小项目，取得一块金牌时，$E=1$；再加一块银牌时，$E=1.6$；若再取得一块铜牌，则 $E=2.0$。

根据我国奥运会周期中，不同项目中国运动员参加三大世界级赛事的比赛成绩，若按上述方法计算出各个项目的 E。比较分析表明，在 0.40 及其以上的数列中，有以下几种关键性的节点，即 0.40、0.80 和 1.00。

$E=0.40$ 时，说明我国运动员在上述奥运会周期该项目的 N 次世界大赛中，获得过前 3 名的成绩。

$E=0.80$ 时，说明我国运动员在上述奥运会周期该项目的 N 次世界大赛中，

获得过以下优秀成绩：参赛 2 次获 1 金 1 银和 2 银 1 铜；参赛 3 次获 2 金 1 铜、1 金 1 银 2 铜、4 银和 2 银 3 铜；参赛 4 次获 2 金 2 银、2 金 3 铜、1 金 3 银 1 铜和 1 金 1 银 4 铜。

$E=1.00$ 时，意味着我国运动员在上述奥运会周期该项目世界大赛中，曾获得 1 枚金牌，或曾获得 1 枚银牌或 1 枚铜牌。

$E>1.00$ 时，意味着我国运动员在上述奥运会周期该项目世界大赛中，能够获得优于 1 枚金牌的比赛成绩，具有明显的实力优势。

据此，我们将我国在一个奥运会 4 年周期中某个运动项目的小项参加三大赛事中的竞技优势指数 $E>1.00$（含 1）的项目定义为“A 类非常优势项目”；将 $0.80\leqslant E<0.99$ 的项目定义为“B 类一般优势项目”，将 $0.40\leqslant E<0.80$ 的项目定义为“潜优势项目”，其他则定义为“薄弱项目”。对在本奥运会周期世界三大赛中从未进过前 3 名的运动员，在奥运会上获得金牌、银牌或铜牌的项目定义为“黑马项目”。

第四节　雅典奥运会和北京奥运会周期部分小项竞技优势定位及不同优势类别项目分布

本研究根据所收集到的有关雅典和北京奥运会8年周期中，各小项竞技优势变化的情况，对这些小项在两个奥运会周期中所参加的三大世界级赛事（奥运会、世界锦标赛和世界杯总决赛）中的成绩进行了统计分析，在此基础上对各小项的 E 值和项目优势类别进行了定位。为进一步对两个奥运会周期中各小项、分项和大项优势地位的变化，两届奥运会前后 E 值的变化，以及两个奥运会周期和两次奥运会前后的项目优势状况的变化进行全面、系统地分析，提供从定性到定量分析的科学依据。

一、雅典奥运会

（一）雅典奥运会前部分参赛小项的优势定位（以 E 值排列）

据统计，雅典奥运会我国共派出 407 名运动员参加了 26 个大项，203 个小项的比赛。奖牌共计获得 63 枚，其中金牌 32 枚，银牌 17 枚，铜牌 14 枚。金牌分布在 13 个大项，奖牌分布在 18 个大项，55 个小项。而进入前八名的项目分布在 23 个大项，107 个小项。在本研究过程中，由于时间和资料检索条件限制，雅典奥运会前的三大赛仅检索到 69 个小项，但基本涵盖了雅典奥运会的获奖项目，具有一定的权威性，因而这一统计结果和所作出的综合分析具有一定的科学性和参考价值。

2000~2004 年雅典奥运会 4 年周期中，我国部分参赛小项在奥运会前的项目优势定位具体见表 3-7、数据汇总表见表 3-8。

表 3-7　2000~2004 年雅典奥运会 4 年周期中，我国部分参赛小项在奥运会前的项目优势定位

编号	奥运会小项	*E* 值	优势地位评定	雅典奥运会参赛名次
优势项目共 28 项；其中 A 类项目 20 项，B 类项目 8 项				
1	女子羽毛球单打	1.93	A 类非常优势项目	1、3
2	女子乒乓球双打	1.87	A 类非常优势项目	1、3
3	女子羽毛球双打	1.87	A 类非常优势项目	1、2
4	男子乒乓球双打	1.73	A 类非常优势项目	1、2
5	女子乒乓球单打	1.73	A 类非常优势项目	1
6	女子 3 m 跳板	1.32	A 类非常优势项目	1、2
7	男子 10 m 跳台	1.24	A 类非常优势项目	1、3
8	男子 10 m 气步枪	1.21	A 类非常优势项目	1、3
9	男子乒乓球单打	1.15	A 类非常优势项目	2、3
10	男子体操双杠	1.08	A 类非常优势项目	
11	男子羽毛球单打	1.07	A 类非常优势项目	
12	羽毛球混双	1.00	A 类非常优势项目	1
13	女子双人 10 m 跳台	1.00	A 类非常优势项目	1
14	男子乒乓球团体	1.00	A 类非常优势项目	
15	女子乒乓球团体	1.00	A 类非常优势项目	
16	男子体操团体	1.00	A 类非常优势项目	
17	女子柔道 78 公斤级	1.00	A 类非常优势项目	2、3
18	女子柔道 78 以上公斤级	1.00	A 类非常优势项目	3
19	女子跆拳道 67 以上公斤级	1.00	A 类非常优势项目	1
20	男子 10 m 移动靶	1.00	A 类非常优势项目	

（续表）

编号	奥运会小项	*E* 值	优势地位评定	雅典奥运会参赛名次
21	男子双人 3 m 跳板	0.92	B 类一般优势项目	
22	女子 10 m 跳台	0.92	B 类一般优势项目	1
23	女子举重 63 公斤级	0.90	B 类一般优势项目	
24	男子双人 10 m 跳台	0.88	B 类一般优势项目	1
25	男子 3 m 跳板	0.84	B 类一般优势项目	1
26	女子双人 3 m 跳板	0.84	B 类一般优势项目	1
27	女子飞碟双多向个人	0.80	B 类一般优势项目	
28	女子 10 m 移动靶	0.80	B 类一般优势项目	
		潜优势项目共 26 项		
29	男子举重 56 公斤级	0.75	潜优势项目	2
30	女子举重 48 公斤级	0.75	潜优势项目	2
31	男子鞍马	0.75	潜优势项目	1
32	男子举重 69 公斤级	0.65	潜优势项目	1
33	女子举重 58 公斤级	0.65	潜优势项目	1
34	女子举重 75 以上公斤级	0.60	潜优势项目	1
35	女子柔道 63 公斤级	0.60	潜优势项目	
36	女子举重 53 公斤级	0.55	潜优势项目	
37	男子跳马	0.55	潜优势项目	
38	女子举重 69 公斤级	0.50	潜优势项目	1
39	女子举重 75 公斤级	0.50	潜优势项目	
40	女子高低杠	0.50	潜优势项目	
41	女子 10 m 气手枪	0.50	潜优势项目	
42	女子 10 m 气步枪	0.50	潜优势项目	1
43	女子 25 m 手枪	0.50	潜优势项目	
44	女子 100 m 蛙泳	0.50	潜优势项目	1
45	女子 200 m 自由泳	0.50	潜优势项目	
46	女子平衡木	0.50	潜优势项目	
47	男子羽毛球双打	0.47	潜优势项目	
48	男子 110 m 栏	0.46	潜优势项目	1
49	男子举重 62 公斤级	0.45	潜优势项目	
50	女子个人佩剑	0.40	潜优势项目	

（续表）

编号	奥运会小项	E 值	优势地位评定	雅典奥运会参赛名次
51	女子多向飞碟	0.40	潜优势项目	
52	女子个人佩剑	0.40	潜优势项目	
53	女子体操个人全能	0.40	潜优势项目	
54	女子体操团体	0.40	潜优势项目	
		薄弱项目共 15 项		
55	女子 4×100 m 混合泳	0.35	薄弱项目	
56	男子击剑花团	0.30	薄弱项目	2
57	男子 10 m 气手枪	0.30	薄弱项目	1
58	女子柔道 52 公斤级	0.27	薄弱项目	1
59	女子链球	0.25	薄弱项目	
60	男子举重 77 公斤级	0.25	薄弱项目	
61	男子拳击 48 公斤级	0.20	薄弱项目	
62	女子 4×200 m 自由泳	0.20	薄弱项目	
63	女子双向飞碟	0.20	薄弱项目	2
64	男子举重 85 公斤级	0.15	薄弱项目	
65	女子佩剑团体	0.15	薄弱项目	
66	女子 10 000 m 跑	0.13	薄弱项目	
67	女子击剑重团	0.10	薄弱项目	
68	女子 50 m 步枪三姿赛	0	薄弱项目	3
69	男子飞碟双多向	0	薄弱项目	2

表 3-8　2000~2004 年雅典奥运会 4 年周期中，我国部分参赛小项在奥运会前的数据汇总表

	优势项目	潜优势项目	薄弱项目
项目数量	28	26	15
E 值总值	30.37	13.73	2.85
E 值均值	1.09	0.53	0.19
北京奥运会上的奖牌数	27（15 金 5 银 7 铜）	10（8 金 2 银 0 铜）	6（2 金 3 银 1 铜）
男子项目	12.5	7	6
女子项目	15.5	19	9

注：0.5 表示男女混合项目。

（二）雅典奥运会后部分参赛小项的优势定位

本研究的评定方法表明，雅典奥运会后的 *E* 值的计算方法是：将雅典奥运会成绩、雅典奥运会前 4 年的世界锦标赛和世界杯总决赛三大赛中的奖牌综合在一起计算出来的。这一值反映了在雅典奥运会举办前我国奥运会项目所具有的竞技优势水平的状况，反映了备战 2008 年北京奥运会前我国所处的竞技优势水平。2000~2004 年雅典奥运会 4 年周期中，我国部分参赛小项在奥运会后竞技优势定位具体见表 3-9、数据汇总表见表 3-10。

表 3-9　2000~2004 年雅典奥运会 4 年周期中，我国部分参赛小项在奥运会后竞技优势定位

编号	奥运会小项	*E* 值	优势地位评定	雅典奥运会参赛名次
优势项目共 29 项；A 类项目共 18 项，B 类项目共 11 项				
1	女子羽毛球单打	1.96	A 类非常优势项目	1、3
2	女子乒乓球双打	1.77	A 类非常优势项目	1、3
3	女子羽毛球双打	1.83	A 类非常优势项目	1、2
4	女子乒乓球单打	1.70	A 类非常优势项目	1
5	女子乒乓球单打	1.70	A 类非常优势项目	1
6	男子乒乓球双打	1.60	A 类非常优势项目	1、2
7	女子 3 m 跳板	1.32	A 类非常优势项目	1、2
8	男子 10 m 气步枪	1.25	A 类非常优势项目	1、3
9	男子 10 m 跳台	1.21	A 类非常优势项目	1、3
10	男子乒乓球单打	1.05	A 类非常优势项目	2、3
11	男子举重 62 公斤级	1.05	A 类非常优势项目	
12	羽毛球混双	1.02	A 类非常优势项目	1
13	女子双人 10 m 跳台	1.00	A 类非常优势项目	1
14	男子乒乓球团体	1.00	A 类非常优势项目	
15	女子乒乓球团体	1.00	A 类非常优势项目	
16	女子柔道 78 公斤级	1.00	A 类非常优势项目	2、3

（续表）

编号	奥运会小项	E 值	优势地位评定	雅典奥运会参赛名次
17	女子跆拳道 67 以上公斤级	1.00	A 类非常优势项目	1
18	女子举重 48 公斤级	1.00	A 类非常优势项目	2
19	女子双人 3 m 跳板	0.93	B 类一般优势项目	1
20	女子 10 m 跳台	0.92	B 类一般优势项目	1
21	男子双人 10 m 跳台	0.92	B 类一般优势项目	1
22	男子体操双杠	0.90	B 类一般优势项目	
23	女子飞碟双多向个人	0.85	B 类一般优势项目	
24	男子鞍马	0.85	B 类一般优势项目	1
25	男子 3 m 跳板	0.84	B 类一般优势项目	1
26	男子羽毛球单打	0.80	B 类一般优势项目	
27	男子举重 69 公斤级	0.80	B 类一般优势项目	1
28	女子柔道 78 以上公斤级	0.80	B 类一般优势项目	3
29	男子双人 3 m 跳板	0.80	B 类一般优势项目	
		潜优势项目共 26 项		
30	女子举重 63 公斤级	0.78	潜优势项目	
31	男子体操团体	0.75	潜优势项目	
32	女子举重 58 公斤级	0.75	潜优势项目	1
33	女子 10 m 移动靶	0.72	潜优势项目	
34	女子 100 m 蛙泳	0.70	潜优势项目	1
35	男子举重 56 公斤级	0.70	潜优势项目	2
36	男子 10 m 移动靶	0.70	潜优势项目	
37	女子 10 m 气步枪	0.62	潜优势项目	1
38	女子举重 75 以上公斤级	0.60	潜优势项目	1
39	男子 110 m 栏	0.60	潜优势项目	1
40	女子个人佩剑	0.55	潜优势项目	
41	男子跳马	0.55	潜优势项目	
42	女子柔道 63 公斤级	0.50	潜优势项目	
43	女子举重 53 公斤级	0.50	潜优势项目	

（续表）

编号	奥运会小项	*E* 值	优势地位评定	雅典奥运会参赛名次
44	女子举重 69 公斤级	0.50	潜优势项目	1
45	女子举重 75 公斤级	0.50	潜优势项目	
46	女子 200 m 自由泳	0.50	潜优势项目	
47	男子羽毛球双打	0.47	潜优势项目	
48	女子柔道 52 公斤级	0.47	潜优势项目	1
49	女子 4×100 m 混合泳	0.46	潜优势项目	
50	女子高低杠	0.40	潜优势项目	
51	女子 10 m 气手枪	0.40	潜优势项目	
52	女子 4×200 m 自由泳	0.40	潜优势项目	
53	女子 25 m 手枪	0.40	潜优势项目	
54	女子 10 000 m 跑	0.40	潜优势项目	
55	女子体操个人全能	0.40	潜优势项目	
		薄弱项目共 14 项		
56	女子平衡木	0.35	薄弱项目	
57	女子多向飞碟	0.35	薄弱项目	
58	女子体操团体	0.30	薄弱项目	
59	男子击剑花团	0.30	薄弱项目	2
60	男子拳击 48 公斤级	0.30	薄弱项目	
61	女子双向飞碟	0.30	薄弱项目	2
62	男子 10 m 气手枪	0.25	薄弱项目	1
63	女子链球	0.25	薄弱项目	
64	男子举重 77 公斤级	0.20	薄弱项目	
65	男子举重 85 公斤级	0.15	薄弱项目	
66	女子佩剑团体	0.15	薄弱项目	
67	女子击剑重团	0.08	薄弱项目	
68	女子 50 m 步枪三姿赛	0.07	薄弱项目	3
69	男子飞碟双多向	0.07	薄弱项目	2

表 3-10　2000~2004 年雅典奥运会 4 年周期中，我国部分参赛小项在奥运会后的数据汇总表

	优势项目	潜优势项目	薄弱项目
项目数量	29	26	14
E 值总值	32.87	14.32	4.56
E 值均值	1.13	0.55	0.33
北京奥运会上的奖牌数	31（18 金 6 银 7 铜）	8（7 金 1 银 0 铜）	5（1 金 3 银 1 铜）
男子项目	13.5	6	6
女子项目	15.5	20	8

注:0.5 表示男女混合项目。

（三）雅典奥运会前、后优势项目比较

我国部分参赛小项在雅典奥运会前、后优势状况比较具体见表 3-11。

表 3-11　我国部分参赛小项在雅典奥运会前、后优势状况比较

编号	奥运会小项	雅典奥运会前优势指数 E_1	优势地位评定	雅典奥运会后优势指数 E_2	优势地位评定	优势指数差值 E_2-E_1
1	女子羽毛球单打	1.93	A 类非常优势项目	1.96	A 类非常优势项目	0.03
2	女子乒乓球双打	1.87	A 类非常优势项目	1.77	A 类非常优势项目	-0.10
3	女子羽毛球双打	1.87	A 类非常优势项目	1.83	A 类非常优势项目	-0.04
4	男子乒乓球双打	1.73	A 类非常优势项目	1.60	A 类非常优势项目	-0.13
5	女子乒乓球单打	1.73	A 类非常优势项目	1.70	A 类非常优势项目	-0.03
6	女子 3 m 跳板	1.32	A 类非常优势项目	1.32	A 类非常优势项目	0
7	男子 10 m 跳台	1.24	A 类非常优势项目	1.21	A 类非常优势项目	-0.03
8	男子 10 m 气步枪	1.21	A 类非常优势项目	1.25	A 类非常优势项目	0.04
9	男子乒乓球单打	1.15	A 类非常优势项目	1.05	A 类非常优势项目	-0.10

（续表）

编号	奥运会小项	雅典奥运会前优势指数 E_1	优势地位评定	雅典奥运会后优势指数 E_2	优势地位评定	优势指数差值 E_2-E_1
10	男子体操双杠	1.08	A 类非常优势项目	0.90	A 类非常优势项目	−0.18
11	男子羽毛球单打	1.07	A 类非常优势项目	0.80	A 类非常优势项目	−0.27
12	羽毛球混双	1.00	A 类非常优势项目	1.02	A 类非常优势项目	0.02
13	女子双人 10 m 跳台	1.00	A 类非常优势项目	1.00	A 类非常优势项目	0
14	男子乒乓球团体	1.00	A 类非常优势项目	1.00	A 类非常优势项目	0
15	女子乒乓球团体	1.00	A 类非常优势项目	1.00	A 类非常优势项目	0
16	男子体操团体	1.00	A 类非常优势项目	0.75	B 类一般优势项目	−0.25
17	女子柔道 78 公斤级	1.00	A 类非常优势项目	1.00	A 类非常优势项目	0
18	女子柔道 78 以上公斤级	1.00	A 类非常优势项目	0.80	B 类一般优势项目	−0.20
19	女子跆拳道 67 以上公斤级	1.00	A 类非常优势项目	1.00	A 类非常优势项目	0
20	男子 10 m 移动靶	1.00	A 类非常优势项目	0.70	B 类一般优势项目	−0.30
21	男子双人 3 m 跳板	0.92	B 类一般优势项目	0.80	潜优势项目	−0.12
22	女子 10 m 跳台	0.92	B 类一般优势项目	0.92	潜优势项目	0
23	女子举重 63 公斤级	0.90	B 类一般优势项目	0.78	潜优势项目	−0.12
24	男子双人 10 m 跳台	0.88	B 类一般优势项目	0.92	B 类一般优势项目	0.04
25	男子 3 m 跳板	0.84	B 类一般优势项目	0.84	潜优势项目	0
26	女子双人 3 m 跳板	0.84	B 类一般优势项目	0.93	A 类非常优势项目	0.09
27	女子飞碟双多向个人	0.80	B 类一般优势项目	0.85	B 类一般优势项目	0.05
28	女子 10 m 移动靶	0.80	B 类一般优势项目	0.72	B 类一般优势项目	−0.08

（续表）

编号	奥运会小项	雅典奥运会前优势指数 E_1	优势地位评定	雅典奥运会后优势指数 E_2	优势地位评定	优势指数差值 E_2-E_1
29	男子举重 56 公斤级	0.75	潜优势项目	0.70	B 类一般优势项目	−0.05
30	女子举重 48 公斤级	0.75	潜优势项目	1.00	A 类非常优势项目	0.25
31	男子鞍马	0.75	潜优势项目	0.85	B 类一般优势项目	0.10
32	男子举重 69 公斤级	0.65	潜优势项目	0.80	B 类一般优势项目	0.15
33	女子举重 58 公斤级	0.65	潜优势项目	0.75	B 类一般优势项目	0.10
34	女子举重 75 以上公斤级	0.60	潜优势项目	0.60	B 类一般优势项目	0
35	女子柔道 63 公斤级	0.60	潜优势项目	0.50	潜优势项目	−0.10
36	女子举重 53 公斤级	0.55	潜优势项目	0.50	潜优势项目	−0.05
37	男子跳马	0.55	潜优势项目	0.55	B 类一般优势项目	0
38	女子举重 69 公斤级	0.50	潜优势项目	0.50	潜优势项目	0
39	女子举重 75 公斤级	0.50	潜优势项目	0.50	潜优势项目	0
40	女子高低杠	0.50	潜优势项目	0.40	潜优势项目	−0.10
41	女子 10 m 气手枪	0.50	潜优势项目	0.40	潜优势项目	−0.10
42	女子 10 m 气步枪	0.50	潜优势项目	0.62	B 类一般优势项目	0.12
43	女子 25 m 手枪	0.50	潜优势项目	0.40	潜优势项目	−0.10
44	女子 100 m 蛙泳	0.50	潜优势项目	0.70	潜优势项目	0.20
45	女子 200 m 自由泳	0.50	潜优势项目	0.50	B 类一般优势项目	0
46	女子平衡木	0.50	潜优势项目	0.35	潜优势项目	−0.15
47	男子羽毛球双打	0.47	潜优势项目	0.47	B 类一般优势项目	0
48	男子 110 m 栏	0.46	潜优势项目	0.60	潜优势项目	0.14
49	男子举重 62 公斤级	0.45	潜优势项目	1.05	A 类非常优势项目	0.60
50	女子个人佩剑	0.40	潜优势项目	0.55	潜优势项目	0.15
51	女子多向飞碟	0.40	潜优势项目	0.35	潜优势项目	−0.05
53	女子体操个人全能	0.40	潜优势项目	0.40	薄弱项目	0

（续表）

编号	奥运会小项	雅典奥运会前优势指数 E_1	优势地位评定	雅典奥运会后优势指数 E_2	优势地位评定	优势指数差值 E_2-E_1
54	女子体操团体	0.40	潜优势项目	0.30	薄弱项目	-0.10
55	女子 4×100 m 混合泳	0.35	薄弱项目	0.46	潜优势项目	0.11
56	男子击剑花团	0.30	薄弱项目	0.30	B 类一般优势项目	0
57	男子 10 m 气手枪	0.30	薄弱项目	0.25	薄弱项目	0.05
58	女子柔道 52 公斤级	0.27	薄弱项目	0.47	薄弱项目	0.20
59	女子链球	0.25	薄弱项目	0.25	薄弱项目	0
60	男子举重 77 公斤级	0.25	薄弱项目	0.20	薄弱项目	-0.05
61	男子拳击 48 公斤级	0.20	薄弱项目	0.30	薄弱项目	0.10
62	女子 4×200 m 自由泳	0.20	薄弱项目	0.40	薄弱项目	0.20
63	女子双向飞碟	0.20	薄弱项目	0.30	薄弱项目	0.10
64	男子举重 85 公斤级	0.15	薄弱项目	0.15	薄弱项目	0
65	女子佩剑团体	0.15	薄弱项目	0.15	薄弱项目	0
66	女子 10 000 m 跑	0.13	薄弱项目	0.40	薄弱项目	0.27
67	女子击剑重团	0.10	薄弱项目	0.08	薄弱项目	-0.02
68	女子 50 m 步枪三姿赛	0	薄弱项目	0.07	薄弱项目	0.07
69	男子飞碟双多向	0	薄弱项目	0.07	薄弱项目	0.07

二、北京奥运会

据统计，我国共有 639 运动员参加了 28 个大项、38 个分项和 262 个小项的比赛，是历届奥运会中参赛最多的。我国在可能拿到的 262 枚奖牌中，已经拿到了 100 枚奖牌，进入前 8 名的项目分布在 26 大项中的 127 个小项。而 100 枚奖牌则共分布在 38 个分项中的 26 个大项中的 81 个小项。本研究过程中，由于时间和资料检索的条件限制，北京奥运会前的三大赛事仅检索到近 65 个小项，北京奥运会检索到占获奖的 81 个小项的 80%。虽然离理想的 81 枚奖牌还有一定的差距，但 80%的获奖牌小项的检索率还是有一定的权威度的，而且绝大部分的优势小项也基本都包含在统计范围之内，因而这一统计结果和所做出的相应的综合分析，还是有一定的科学性和实际参考价值的。

以下是本研究对北京奥运会前和北京奥运会后的奥运会竞技项目优势状况所做出的统计和分析。通过这些统计数据和相应的分析，我们可以了解北京奥运会前和北京奥运会后我国奥运会竞技运动项目优势分布的基本状况，并在此基础上，比较深入研究我国竞技运动项目优势转移的情况，总结出一些有规律性的转移趋向，为今后备战奥运会提供参考。

（一）北京奥运会前部分参赛小项竞技优势定位

同样，本研究将北京奥运会前的 4 年周期优势地位的计算方法是：将雅典奥运会、北京奥运会周期中各年的世界锦标赛和世界杯总决赛三大赛中的奖牌综合起来计算出来的 *E* 值。这一值反映了在北京奥运会举办前我国 65 个奥运会小项所具有的竞技优势水平的现状，反映了备战 2008 年北京奥运会前我国所处的竞技优势水平。

2004~2008 年北京奥运会 4 年周期中，我国部分参赛小项在北京奥运会前竞技优势定位见表 3-12，数据汇总表见表 3-13。

表 3-12　2004~2008 年北京奥运会 4 年周期中，我国部分参赛小项在奥运会前竞技优势定位

编号	奥运会小项	*E* 值	优势地位评定	北京奥运会参赛名次
优势项目共 36 项；其中 A 类项目共 14 项，B 类项目共 22 项				
1	女子羽毛球双打	1.87	A 类非常优势项目	1、3
2	女子乒乓球单打	1.77	A 类非常优势项目	1、2、3
3	女子乒乓球双打	1.67	A 类非常优势项目	
4	女子羽毛球单打	1.60	A 类非常优势项目	1、2
5	女子 3 m 跳板	1.56	A 类非常优势项目	1、3
6	男子乒乓球双打	1.47	A 类非常优势项目	
7	男子乒乓球单打	1.43	A 类非常优势项目	1、2、3
8	男子举重 62 公斤级	1.36	A 类非常优势项目	1
9	男子鞍马	1.20	A 类非常优势项目	1
10	男子双杠	1.19	A 类非常优势项目	1
11	男子羽毛球单打	1.17	A 类非常优势项目	1、3

（续表）

编号	奥运会小项	*E* 值	优势地位评定	北京奥运会参赛名次
12	女子 10 m 跳台	1.16	A 类非常优势项目	1、3
13	体操男子团体	1.07	A 类非常优势项目	1
14	男子举重 69 公斤级	1.04	A 类非常优势项目	1
15	女子双人 3 m 跳板	1.00	B 类一般优势项目	1
16	女子双人 10 m 跳台	1.00	B 类一般优势项目	1
17	女子举重 58 公斤级	1.00	B 类一般优势项目	1
18	男子乒乓球团体	1.00	B 类一般优势项目	
19	女子乒乓球团体	1.00	B 类一般优势项目	
20	女子柔道 78 公斤级	1.00	B 类一般优势项目	1
21	女子柔道 78 以上公斤级	1.00	B 类一般优势项目	1
22	女子跆拳道 67 以上公斤级	1.00	B 类一般优势项目	1
23	男子 10 m 气步枪	1.00	B 类一般优势项目	2
24	女子 10 m 气步枪	1.00	B 类一般优势项目	
25	男子 10 m 气手枪	1.00	B 类一般优势项目	1
26	男子 3 m 跳板	1.00	B 类一般优势项目	1、3
27	男子 10 m 跳台	1.00	B 类一般优势项目	2
28	女子举重 48 公斤级	0.92	B 类一般优势项目	1
29	男子双人 10 m 跳台	0.92	B 类一般优势项目	1
30	男子双人 3 m 跳板	0.80	B 类一般优势项目	1
31	男子吊环	0.80	B 类一般优势项目	1、2
32	女子举重 53 公斤级	0.80	B 类一般优势项目	
33	女子举重 63 公斤级	0.80	B 类一般优势项目	
34	男子拳击 48 公斤级	0.80	B 类一般优势项目	
35	男子 110 m 栏	0.80	B 类一般优势项目	
36	女子 25 m 手枪	0.80	B 类一般优势项目	
潜优势项目共 16 项				
37	女子举重 75 公斤级	0.75	潜优势项目	1
38	女子举重 75 以上公斤级	0.70	潜优势项目	

（续表）

编号	奥运会小项	E 值	优势地位评定	北京奥运会参赛名次
39	羽毛球混双	0.70	潜优势项目	3
40	男子 50 m 步枪三姿赛	0.70	潜优势项目	1
41	女子柔道 52 公斤级	0.67	潜优势项目	1
42	男子体操个人全能	0.67	潜优势项目	1
43	女子跳马	0.67	潜优势项目	3
44	男子举重 56 公斤级	0.64	潜优势项目	
45	女子高低杠	0.63	潜优势项目	1、3
46	男子举重 77 公斤级	0.60	潜优势项目	2
47	女子体操团体	0.60	潜优势项目	1
48	男子羽毛球双打	0.57	潜优势项目	2
49	女子举重 69 公斤级	0.55	潜优势项目	1
50	女子飞碟双多向个人	0.50	潜优势项目	
51	男子飞碟双多向	0.50	潜优势项目	3
52	女子 50 m 步枪三姿赛	0.40	潜优势项目	1
		薄弱势项目共 13 项		
53	女子 100 m 蛙泳	0.33	薄弱项目	
54	女子 10 000 m 跑	0.33	薄弱项目	
55	男子举重 85 公斤级	0.32	薄弱项目	1
56	女子 10 m 气手枪	0.30	薄弱项目	1
57	女子个人佩剑	0.30	薄弱项目	
58	女子多向飞碟	0.30	薄弱项目	
59	女子双向飞碟	0.30	薄弱项目	
60	女子击剑重团	0.25	薄弱项目	
61	女子 4×200 m 自由泳	0.2	薄弱项目	
62	男子击剑花团	0.15	薄弱项目	
63	女子 200 m 自由泳	0.13	薄弱项目	
64	女子链球	0.13	薄弱项目	3
65	女子柔道 63 公斤级	0.12	薄弱项目	

注：因资料收集问题，有部分小项目暂未能列入统计。

表 3-13 2004~2008 年北京奥运会 4 年周期中，我国部分参赛小项在奥运会前的数据汇总表

	优势项目	潜优势项目	薄弱项目
项目数量	36	16	13
E 值总值	40	9.85	3.16
E 值均值	1.11	0.62	0.24
北京奥运会上的奖牌数	37（24 金 6 银 7 铜）	14（8 金 2 银 4 铜）	3（2 金 0 银 1 铜）
男子项目	18	6.5	2
女子项目	18	9.5	11

注:0.5 表示男女混合项目。

（二）北京奥运会后部分获奖牌小项的竞技优势定位

同样，本研究将北京奥运会后的 4 年周期优势地位的计算方法是：将北京奥运会和北京奥运会周期中参加每年的世界锦标赛和世界杯总决赛三大赛中的奖牌综合起来计算出来的，也即 *E* 值。这一值反映了在北京奥运会后我国 65 个小项所具有的竞技优势水平的变化，反映了备战 2008 年北京奥运会后我国所处的竞技优势水平。

2004~2008 年北京奥运会 4 年周期中，我国部分参赛小项在北京奥运会后竞技优势定位见表 3-14、数据汇总表见表 3-15。

表 3-14 2004~2008 年北京奥运会 4 年周期中，我国部分参赛小项在奥运会后竞技优势定位

编号	奥运会小项	*E* 值	优势地位评定	北京奥运会参赛名次
优势项目共 34 项；其中 A 类项目共 24 项，B 类项目共 10 项				
1	女子羽毛球单打	1.96	A 类非常优势项目	1、2
2	女子羽毛球双打	1.90	A 类非常优势项目	1、3
3	女子乒乓球单打	1.80	A 类非常优势项目	1、2、3
4	男子乒乓球双打	1.60	A 类非常优势项目	
5	女子乒乓球双打	1.60	A 类非常优势项目	
6	女子 3 m 跳板	1.58	A 类非常优势项目	1、3
7	男子乒乓球单打	1.53	A 类非常优势项目	1、2、3

（续表）

编号	奥运会小项	*E* 值	优势地位评定	北京奥运会参赛名次
8	男子羽毛球单打	1.40	A 类非常优势项目	1、3
9	女子 10 m 跳台	1.32	A 类非常优势项目	1、3
10	男子鞍马	1.32	A 类非常优势项目	1
11	体操男子团体	1.27	A 类非常优势项目	1
12	男子双杠	1.20	A 类非常优势项目	1
13	男子举重 62 公斤级	1.15	A 类非常优势项目	1
14	男子 3 m 跳板	1.08	A 类非常优势项目	1、3
15	男子举重 69 公斤级	1.05	A 类非常优势项目	1
16	女子双人 3 m 跳板	1.00	A 类非常优势项目	1
17	女子双人 10 m 跳台	1.00	A 类非常优势项目	1
18	女子举重 58 公斤级	1.00	A 类非常优势项目	1
19	男子乒乓球团体	1.00	A 类非常优势项目	
20	女子乒乓球团体	1.00	A 类非常优势项目	
21	女子柔道 78 公斤级	1.00	A 类非常优势项目	1
22	男子双人 3 m 跳板	1.00	A 类非常优势项目	1
23	男子拳击 48 公斤级	1.00	A 类非常优势项目	
24	女子举重 75 公斤级	1.00	A 类非常优势项目	1
25	男子 10 m 跳台	0.96	B 类一般优势项目	2
26	男子双人 10 m 跳台	0.92	B 类一般优势项目	1
27	男子吊环	0.92	B 类一般优势项目	1、2
28	女子举重 53 公斤级	0.85	B 类一般优势项目	
29	女子举重 63 公斤级	0.85	B 类一般优势项目	
30	女子 10 m 气步枪	0.80	B 类一般优势项目	
31	女子举重 48 公斤级	0.80	B 类一般优势项目	1
32	女子高低杠	0.80	B 类一般优势项目	1、3
33	男子体操个人全能	0.80	B 类一般优势项目	1
34	女子体操团体	0.80	B 类一般优势项目	1
		潜优势项目共 19 项		
35	女子跳马	0.70	潜优势项目	3
36	男子举重 56 公斤级	0.70	潜优势项目	

（续表）

编号	奥运会小项	*E* 值	优势地位评定	北京奥运会参赛名次
37	女子 50 m 步枪三姿赛	0.70	潜优势项目	1
38	女子柔道 78 以上公斤级	0.67	潜优势项目	1
39	女子柔道 52 公斤级	0.67	潜优势项目	1
40	男子羽毛球双打	0.67	潜优势项目	2
41	男子举重 77 公斤级	0.65	潜优势项目	2
42	女子举重 75 以上公斤级	0.65	潜优势项目	
43	女子跆拳道 67 以上公斤级	0.60	潜优势项目	1
44	女子 25 m 手枪	0.60	潜优势项目	
45	羽毛球混双	0.60	潜优势项目	3
46	男子 110 m 栏	0.55	潜优势项目	
47	女子举重 69 公斤级	0.55	潜优势项目	1
48	男子 10 m 气步枪	0.50	潜优势项目	2
49	男子 50 m 步枪三姿赛	0.50	潜优势项目	1
50	男子飞碟双多向	0.50	潜优势项目	3
51	男子 10 m 气手枪	0.40	潜优势项目	1
52	女子飞碟双多向个人	0.40	潜优势项目	
53	男子举重 85 公斤级	0.40	潜优势项目	1
		薄弱项目共 12 项		
54	女子多向飞碟	0.30	薄弱项目	
55	女子 200 m 自由泳	0.30	薄弱项目	
56	女子链球	0.27	薄弱项目	3
57	女子击剑重团	0.25	薄弱项目	
58	女子 100 m 蛙泳	0.20	薄弱项目	
59	女子 10 000 m 跑	0.20	薄弱项目	
60	女子个人佩剑	0.15	薄弱项目	
61	女子柔道 63 公斤级	0.12	薄弱项目	
62	女子双向飞碟	0.10	薄弱项目	
63	男子击剑花团	0.10	薄弱项目	
64	女子 10 m 气手枪	0.08	薄弱项目	1
65	女子 4×200 m 自由泳	0.08	薄弱项目	

注：因资料收集问题，有部分小项目暂未能列入统计。

表 3-15 2004~2008 年北京奥运会 4 年周期中，我国部分参赛小项在奥运会后的数据汇总表

	优势项目	潜优势项目	薄弱项目
项目数量	34	19	12
E 值总值	39.26	11.01	2.07
E 值均值	1.15	0.58	0.17
北京奥运会上的奖牌数	38（25 金 5 银 8 铜）	14（8 金 3 银 3 铜）	2（1 金 0 银 1 铜）
男子项目	16	9.5	1
女子项目	18	9.5	11

注:0.5 表示男女混合项目。

（三）北京奥运会前、后部分参赛小项的优势定位及优势状况比较

我国部分参赛小项在北京奥运会前、后优势状况比较具体见表 3-16。

表 3-16 我国部分参赛小项在北京奥运会前、后优势状况比较

编号	奥运会小项	北京奥运会前优势指数 E_1	优势地位评定	北京奥运会后优势指数 E_2	优势地位评定	优势指数差值 E_2-E_1
1	女子羽毛球双打	1.87	A 类非常优势项目	1.90	A 类非常优势项目	0.03
2	女子乒乓球单打	1.77	A 类非常优势项目	1.80	A 类非常优势项目	0.03
3	女子乒乓球双打	1.67	A 类非常优势项目	1.60	A 类非常优势项目	-0.07
4	女子羽毛球单打	1.60	A 类非常优势项目	1.96	A 类非常优势项目	0.36
5	女子 3 m 跳板	1.56	A 类非常优势项目	1.58	A 类非常优势项目	0.02
6	男子乒乓球双打	1.47	A 类非常优势项目	1.60	A 类非常优势项目	0.13
7	男子乒乓球单打	1.43	A 类非常优势项目	1.53	A 类非常优势项目	0.10
8	男子举重 62 公斤级	1.36	A 类非常优势项目	1.15	A 类非常优势项目	-0.19
9	男子鞍马	1.20	A 类非常优势项目	1.32	A 类非常优势项目	0.12

（续表）

编号	奥运会小项	北京奥运会前优势指数 E_1	优势地位评定	北京奥运会后优势指数 E_2	优势地位评定	优势指数差值 E_2-E_1
10	男子双杠	1.19	A 类非常优势项目	1.20	A 类非常优势项目	0.01
11	男子羽毛球单打	1.17	A 类非常优势项目	1.40	A 类非常优势项目	0.23
12	女子 10 m 跳台	1.16	A 类非常优势项目	1.32	A 类非常优势项目	0.16
13	体操男子团体	1.07	A 类非常优势项目	1.27	A 类非常优势项目	0.20
14	男子举重 69 公斤级	1.04	A 类非常优势项目	1.05	A 类非常优势项目	0.01
15	女子双人 3 m 跳板	1.00	A 类非常优势项目	1.00	A 类非常优势项目	0
16	女子双人 10 m 跳台	1.00	A 类非常优势项目	1.00	A 类非常优势项目	0
17	女子举重 58 公斤级	1.00	A 类非常优势项目	1.00	A 类非常优势项目	0
18	男子乒乓球团体	1.00	A 类非常优势项目	1.00	A 类非常优势项目	0
19	女子乒乓球团体	1.00	A 类非常优势项目	1.00	A 类非常优势项目	0
20	女子柔道 78 公斤级	1.00	A 类非常优势项目	1.00	A 类非常优势项目	0
21	女子柔道 78 以上公斤级	1.00	A 类非常优势项目	0.67	潜优势项目	−0.33
22	女子跆拳道 67 以上公斤级	1.00	A 类非常优势项目	0.60	潜优势项目	−0.40
23	男子 10 m 气步枪	1.00	A 类非常优势项目	0.50	潜优势项目	−0.50
24	女子 10 m 气步枪	1.00	A 类非常优势项目	0.80	B 类一般优势项目	−0.20
25	男子 10 m 气手枪	1.00	A 类非常优势项目	0.40	潜优势项目	−0.60
26	男子 3 m 跳板	1.00	A 类非常优势项目	1.08	A 类非常优势项目	0.08
27	男子 10 m 跳台	1.00	A 类非常优势项目	0.96	B 类一般优势项目	−0.04

（续表）

编号	奥运会小项	北京奥运会前优势指数 E_1	优势地位评定	北京奥运会后优势指数 E_2	优势地位评定	优势指数差值 E_2-E_1
28	女子举重 48 公斤级	0.92	B 类一般优势项目	0.80	B 类一般优势项目	−0.12
29	男子双人 10 m 跳台	0.92	B 类一般优势项目	0.92	B 类一般优势项目	0
30	男子双人 3 m 跳板	0.80	B 类一般优势项目	1.00	A 类非常优势项目	0.20
31	男子吊环	0.80	B 类一般优势项目	0.92	B 类一般优势项目	0.12
32	女子举重 53 公斤级	0.80	B 类一般优势项目	0.85	B 类一般优势项目	0.05
33	女子举重 63 公斤级	0.80	B 类一般优势项目	0.85	B 类一般优势项目	0.05
34	男子拳击 48 公斤级	0.80	B 类一般优势项目	1.00	A 类非常优势项目	0.20
35	男子 110 m 栏	0.80	B 类一般优势项目	0.55	潜优势项目	−0.25
36	女子 25 m 手枪	0.80	B 类一般优势项目	0.60	潜优势项目	−0.20
37	女子举重 75 公斤级	0.75	潜优势项目	1.00	A 类非常优势项目	0.25
38	女子举重 75 以上公斤级	0.70	潜优势项目	0.65	潜优势项目	−0.05
39	羽毛球混双	0.70	潜优势项目	0.60	潜优势项目	−0.10
40	男子 50 m 步枪三姿赛	0.70	潜优势项目	0.50	潜优势项目	−0.20
41	女子柔道 52 公斤级	0.67	潜优势项目	0.67	潜优势项目	0
42	男子体操个人全能	0.67	潜优势项目	0.80	B 类一般优势项目	0.13
43	女子跳马	0.67	潜优势项目	0.70	潜优势项目	0.03
44	男子举重 56 公斤级	0.64	潜优势项目	0.70	潜优势项目	0.06
45	女子高低杠	0.63	潜优势项目	0.80	B 类一般优势项目	0.17
46	男子举重 77 公斤级	0.60	潜优势项目	0.65	潜优势项目	0.05
47	女子体操团体	0.60	潜优势项目	0.80	B 类一般优势项目	0.20
48	男子羽毛球双打	0.57	潜优势项目	0.67	潜优势项目	0.10
49	女子举重 69 公斤级	0.55	潜优势项目	0.55	潜优势项目	0

（续表）

编号	奥运会小项	北京奥运会前优势指数 E_1	优势地位评定	北京奥运会后优势指数 E_2	优势地位评定	优势指数差值 E_2-E_1
50	女子飞碟双多向个人	0.50	潜优势项目	0.40	潜优势项目	-0.10
51	男子飞碟双多向	0.50	潜优势项目	0.50	潜优势项目	0
52	女子 50 m 步枪三姿赛	0.40	潜优势项目	0.70	潜优势项目	0.30
53	女子 100 m 蛙泳	0.33	薄弱项目	0.20	薄弱项目	-0.13
54	女子 10 000 m 跑	0.33	薄弱项目	0.20	薄弱项目	-0.13
55	男子举重 85 公斤级	0.32	薄弱项目	0.40	潜优势项目	0.08
56	女子 10 m 气手枪	0.30	薄弱项目	0.80	B 类一般优势项目	0.50
57	女子个人佩剑	0.30	薄弱项目	0.15	薄弱项目	-0.15
58	女子多向飞碟	0.30	薄弱项目	0.30	薄弱项目	0
59	女子双向飞碟	0.30	薄弱项目	0.10	薄弱项目	-0.20
60	女子击剑重团	0.25	薄弱项目	0.25	薄弱项目	0
61	女子 4×200 m 自由泳	0.2	薄弱项目	0.08	薄弱项目	-0.12
62	男子击剑花团	0.15	薄弱项目	0.10	薄弱项目	-0.05
63	女子 200 m 自由泳	0.13	薄弱项目	0.30	薄弱项目	0.17
64	女子链球	0.13	薄弱项目	0.27	薄弱项目	0.14
65	女子柔道 63 公斤级	0.12	薄弱项目	0.12	薄弱项目	0

注：因资料收集问题，有部分小项目暂未能列入统计。

三、我国竞技项目雅典奥运会后和北京奥运会 4 年周期中优势的定位与比较

我国竞技项目（小项）雅典奥运会周期和北京奥运会周期 E 值比较具体见表 3-17。

表 3-17 我国竞技项目（小项）雅典奥运会周期和北京奥运会周期 E 值比较

编号	奥运会小项	雅典奥运会周期竞技优势指数 E_1	雅典奥运会名次	北京奥运会周期竞技优势指数 E_2	北京奥运会名次	优势指数差值 E_2-E_1
1	男子乒乓球单打	1.15	2、3	1.43	1、2、3	0.28
2	男子乒乓球双打	1.73	1、2	1.47		-0.26

（续表）

编号	奥运会小项	雅典奥运会周期竞技优势指数 E_1	雅典奥运会名次	北京奥运会周期竞技优势指数 E_2	北京奥运会名次	优势指数差值 E_2-E_1
3	女子乒乓球双打	1.87	1、3	1.67		−0.20
4	女子乒乓球单打	1.73	1	1.77	1、2、3	0.04
5	男子 3 m 跳板	0.84	1	1.00	1、3	0.16
6	男子 10 m 跳台	1.24	1、3	1.00	2	−0.24
7	男子双人 3 m 跳板	0.92		0.80	1	−0.12
8	男子双人 10 m 跳台	0.88	1	0.92	1	0.04
9	女子 3 m 跳板	1.32	1、2	1.56	1、3	0.24
10	女子 10 m 跳台	0.92	1	1.16	1、3	0.24
11	女子双人 3 m 跳板	0.84	1	1.00	1	0.16
12	女子双人 10 m 跳台	1.00	1	1.00	1	0
13	男子羽毛球单打	1.07		1.17	1、3	0.10
14	女子羽毛球单打	1.93	1、3	1.60	1、2	−0.33
15	男子羽毛球双打	0.47		0.57	2	0.10
16	女子羽毛球双打	1.87	1、2	1.87	1、3	0
17	羽毛球混双	1.00	1	0.70	3	−0.30
18	男子举重 77 公斤级	0.25		0.60	2	0.35
19	女子举重 53 公斤级	0.55		0.80		0.25
20	女子举重 63 公斤级	0.90		0.80		−0.10
21	女子举重 69 公斤级	0.50	1	0.55	1	0.05
22	女子举重 75 以上公斤级	0.60	1	0.70		0.10
23	男子举重 56 公斤级	0.75	2	0.64		−0.11
24	男子举重 69 公斤级	0.65	1	1.04	1	0.39
25	男子举重 62 公斤级	0.45		1.36	1	0.91
26	女子举重 58 公斤级	0.65	1	1.00	1	0.35
27	女子举重 48 公斤级	0.75	2	0.92	1	0.17
28	女子举重 75 公斤级	0.50		0.75	1	0.25
29	男子举重 85 公斤级	0.15		0.32	1	0.17
30	男子乒乓球团体	1.00		1.00		0
31	女子乒乓球团体	1.00		1.00		0
32	女子柔道 78 公斤级	1.00	2、3	1.00	1	0
33	女子柔道 78 以上公斤级	1.00	3	1.00	1	0

（续表）

编号	奥运会小项	雅典奥运会周期竞技优势指数 E_1	雅典奥运会名次	北京奥运会周期竞技优势指数 E_2	北京奥运会名次	优势指数差值 E_2-E_1
34	女子柔道 63 公斤级	0.60		0.12		0.06
35	女子柔道 52 公斤级	0.27	1	0.67	1	0.40
36	女子跆拳道 67 以上公斤级	1.00	1	1.00	1	0
37	男子击剑花团	0.30	2	0.15		−0.15
38	女子击剑重团	0.10		0.25		0.15
39	女子个人佩剑	0.40		0.30		−0.10
40	女子佩剑团体	0.15		0		−0.15
41	女子 100 m 蛙泳	0.50	1	0.33		−0.17
42	女子 4×200 m 自由泳	0.20		0.20		0
43	女子 200 m 自由泳	0.50		0.13		−0.37
44	女子 4×100 m 混合泳	0.35		0		−0.35
45	女子 10 000 m	0.13		0.33		0.20
46	男子 110 m 栏	0.46	1	0.80		0.34
47	女子链球	0.25		0.13	3	−0.12
48	男子拳击 48 公斤级	0.20		0.80		0.60
49	男子 10 m 气步枪	1.21	1、3	1.00	2	−0.21
50	男子 10 m 移动靶	1.00		0		−1.00
51	女子 10 m 气手枪	0.50		0.30	1	−0.20
52	女子 10 m 气步枪	0.50	1	1.00		0.50
53	女子多向飞碟	0.40		0.30		−0.10
54	女子双向飞碟	0.20	2	0.30		0.10
55	男子 10 m 气手枪	0.30	1	1.00	1	0.70
56	女子 50 m 步枪三姿赛	0	3	0.40	1	0.40
57	女子 25 m 手枪	0.50		0.80		0.30
58	女子飞碟双多向个人	0.80		0.50		−0.30
59	男子飞碟双多向	0	2	0.50	3	0.50
60	女子 10 m 移动靶	0.80		0		−0.80
61	男子 50 m 步枪三姿赛	0		0.70	1	0.70

注：因资料收集问题，有部分小项目暂未能列入统计；奖牌数统计是按资料公布的完整参赛项目数统计的。

第五节　雅典奥运会和北京奥运会周期部分分项（大项）竞技优势定位及不同优势类别项目分布

一、乒乓球分项

（一）雅典奥运会前、后统计

我国乒乓球分项雅典奥运会前、后参加三大赛事获奖情况见表3-18、表3-19。其中，表3-18中的E值为1.59，即乒乓球分项在雅典奥运会前的竞技优势定位为优势，表3-19中的E值为1.34，即乒乓球分项在雅典奥运会后的竞技优势定位为优势。

表3-18　我国乒乓球分项雅典奥运会前参加三大赛事获奖情况

奖牌	性别	2000年	2001年		2002年		2003年		2004年			合计	E值
		奥运会	世界锦标赛	世界杯总决赛	世界锦标赛	世界杯总决赛	世界锦标赛	世界杯总决赛	世界锦标赛	世界杯总决赛	奥运会		
金牌	男	2	3	0	—	0	1.5	1	—	1	—		
	女	2	3	1	—	1	2.5	1	—	1	—		
	小计	4	6	1	—	1	4	2	—	2	—	20	0.57
银牌	男	1	2	1	—	1	1.5	0	—	0	—		
	女	2	2	0	—	1	2.5	1	—	1	—		
	小计	3	4	1	—	2	4	1	—	1	—	16	0.55
铜牌	男	1	1	0	—	0	3	1	—	1	—		
	女	0	2	0	—	0	3	1	—	0	—		
	小计	1	3	0	—	0	6	2	—	1	—	13	0.47
合计	男	4	6	1		1	6	2	—	2	—		
	女	4	7	1		2	8	3	—	2	—		
	小计	8	13	2	—	3	14	5	—	4	—	49	1.59

表 3-19　我国乒乓球分项雅典奥运会后参加三大赛事获奖情况

奖牌	性别	2000 年 奥运会	2001 年 世界锦标赛	2001 年 世界杯总决赛	2002 年 世界锦标赛	2002 年 世界杯总决赛	2003 年 世界锦标赛	2003 年 世界杯总决赛	2004 年 世界锦标赛	2004 年 世界杯总决赛	2004 年 奥运会	合计	E 值
金牌	男		3	0	—	0	1.5	1	—	1	1		
	女		3	1	—	1	2.5	1	—	1	2		
	小计		6	1	—	1	4	2	—	2	3	19	0.54
银牌	男		2	1	—	1	1.5	0	—	0	1		
	女		2	0	—	1	2.5	1	—	1	0		
	小计		4	1	—	2	4	1	—	1	1	14	0.40
铜牌	男		1	0	—	0	3	1	—	1	1		
	女		2	0	—	0	3	1	—	0	1		
	小计		3	0	—	0	6	2	—	1	2	14	0.40
合计	男		6	1	—	1	6	2	—	2	3		
	女		7	1	—	2	8	3	—	2	3		
	小计		13	2	—	3	14	5	—	4	6	47	1.34

（二）北京奥运会前、后统计

我国乒乓球分项北京奥运会前、后参加三大赛事获奖情况见表 3-20、表 3-21。其中，表 3-20 中的 E 值为 1.66，即乒乓球分项在北京奥运会前的竞技优势定位为优势，表 3-21 中的 E 值为 1.73，即乒乓球分项在北京奥运会后的竞技优势定位为优势。

表 3-20　我国乒乓球分项北京奥运会前参加三大赛事获奖情况

奖牌	性别	2004 年 奥运会	2005 年 世界锦标赛	2005 年 世界杯总决赛	2006 年 世界锦标赛	2006 年 世界杯总决赛	2007 年 世界锦标赛	2007 年 世界杯总决赛	2008 年 世界锦标赛	2008 年 世界杯总决赛	2008 年 奥运会	合计	E 值
金牌	男	1	2.5	0	—	1	2.5	2	—		—		
	女	2	2.5	1	—	1	2.5	2	—		—		
	小计	3	5	1	—	2	5	4	—	—	—	20	0.66
银牌	男	1	1.5	1	—	1	2.5	0	—		—		
	女	0	2.5	1	—	1	2.5	1	—		—		
	小计	1	4	2	—	2	5	1	—	—	—	15	0.50

（续表）

奖牌	性别	2004年	2005年		2006年		2007年		2008年			合计	E值
		奥运会	世界锦标赛	世界杯总决赛	世界锦标赛	世界杯总决赛	世界锦标赛	世界杯总决赛	世界锦标赛	世界杯总决赛	奥运会		
铜牌	男	1	3	1	—	0	1.5	1	—		—		
	女	1	3	0	—	0	2.5	1	—		—		
	小计	2	6	1	—	0	4	2	—	—	—	15	0.50
合计	男	3	7	2		2	6.5	3	—		—		
	女	3	8	2		2	7.5	4	—		—		
	小计	6	15	4	—	4	14	7	—	—	—	50	1.66

表 3-21　我国乒乓球分项北京奥运会后参加三大赛事获奖情况

奖牌	性别	2004年	2005年		2006年		2007年		2008年			合计	E值
		奥运会	世界锦标赛	世界杯总决赛	世界锦标赛	世界杯总决赛	世界锦标赛	世界杯总决赛	世界锦标赛	世界杯总决赛	奥运会		
金牌	男		2.5	0	—	1	2.5	2	—		2		
	女		2.5	1	—	1	2.5	2	—		2		
	小计		5	1	—	2	5	4	—	—	4	21	0.70
银牌	男		1.5	1	—	1	2.5	0	—		1		
	女		2.5	1	—	1	2.5	1	—		1		
	小计		4	2	—	2	5	1	—	—	2	16	0.53
铜牌	男		3	1	—	0	1.5	1	—		1		
	女		3	0	—	0	2.5	1	—		1		
	小计		6	1	—	0	4	2	—	—	2	15	0.50
合计	男		7	2		2	6.5	3	—		4		
	女		8	2		2	7.5	4	—		4		
	小计		15	4	—	4	14	7	—	—	8	52	1.73

二、跳水分项

（一）雅典奥运会前、后统计

我国跳水分项雅典奥运会前、后参加三大赛事获奖情况见表3-22、表3-23。其中，表3-22中的 E 值为1.28，即跳水分项在雅典奥运会前的竞技优势定位为优势，表3-23中的 E 值为1.26，即跳水分项在雅典奥运会后的竞技优势定位为优势。

表 3-22　我国跳水分项雅典奥运会前参加三大赛事获奖情况

奖牌	性别	2000 年	2001 年		2002 年		2003 年		2004 年			合计	E 值
		奥运会	世界锦标赛	世界杯总决赛	世界锦标赛	世界杯总决赛	世界锦标赛	世界杯总决赛	世界锦标赛	世界杯总决赛	奥运会		
金牌	男	3	3	—	—	3	0	—	—	3	—		
	女	2	4	—	—	3	3	—	—	2	—		
	小计	5	7	—	—	6	3	—	—	5	—	26	0.65
银牌	男	2	1	—	—	2	2	—	—	2	—		
	女	3	1	—	—	2	1	—	—	1	—		
	小计	5	2	—	—	4	3	—	—	3	—	17	0.43
铜牌	男	0	0	—	—	1	2	—	—	1	—		
	女	0	0	—	—	1	2	—	—	1	—		
	小计	0	0	—	—	2	4	—	—	2	—	8	0.20
合计	男	5	4	—		6	4	—	—	6	—		
	女	5	5	—		6	6	—	—	4	—		
	小计	10	9	—	—	12	10	—	—	10	—	51	1.28

表 3-23　我国跳水分项雅典奥运会后参加三大赛事获奖情况

奖牌	性别	2000 年	2001 年		2002 年		2003 年		2004 年			合计	E 值
		奥运会	世界锦标赛	世界杯总决赛	世界锦标赛	世界杯总决赛	世界锦标赛	世界杯总决赛	世界锦标赛	世界杯总决赛	奥运会		
金牌	男		3	—	—	3	0	—	—	3	3		
	女		4	—	—	3	3	—	—	2	3		
	小计		7	—	—	6	3	—	—	5	6	27	0.68
银牌	男		1	—	—	2	2	—	—	2	0		
	女		1	—	—	2	1	—	—	1	2		
	小计		2	—	—	4	3	—	—	3	2	14	0.35
铜牌	男		0	—	—	1	2	—	—	1	1		
	女		0	—	—	1	2	—	—	1	0		
	小计		0	—	—	2	4	—	—	2	1	9	0.23
合计	男		4	—		6	4	—	—	6	4		
	女		5	—		6	6	—	—	4	5		
	小计		9	—	—	12	10	—	—	10	9	50	1.26

（二）北京奥运会前、后统计

我国跳水分项北京奥运会前、后参加三大赛事获奖情况见表 3-24、表 3-25。其中，表 3-24 中的 E 值为 1.35，即跳水分项在北京奥运会前的竞技优势定位为优势，表 3-25 中的 E 值为 1.35，即跳水分项在北京奥运会后的竞技优势定位为优势。

表 3-24 我国跳水分项北京奥运会前参加三大赛事获奖情况

奖牌	性别	2004 年	2005 年		2006 年		2007 年		2008 年			合计	E 值
		奥运会	世界锦标赛	世界杯总决赛	世界锦标赛	世界杯总决赛	世界锦标赛	世界杯总决赛	世界锦标赛	世界杯总决赛	奥运会		
金牌	男	3	2	—	—	4	3	—	—	3	—		
	女	3	3	—	—	4	4	—	—	4	—		
	小计	6	5	—	—	8	7	—	—	7	—	33	0.83
银牌	男	0	1	—	—	1	1	—	—	2	—		
	女	2	1	—	—	1	2	—	—	2	—		
	小计	2	2	—	—	2	3	—	—	4	—	13	0.32
铜牌	男	1	1	—	—	0	1	—	—	0	—		
	女	0	1	—	—	1	0	—	—	0	—		
	小计	1	2	—	—	1	1	—	—	0	—	5	0.20
合计	男	4	4	—	—	5	5	—	—	5	—		
	女	5	5	—	—	6	6	—	—	6	—		
	小计	9	9	—	—	11	11	—	—	11	—	51	1.35

表 3-25 我国跳水分项北京奥运会后参加三大赛事获奖情况

奖牌	性别	2004 年	2005 年		2006 年		2007 年		2008 年			合计	E 值
		奥运会	世界锦标赛	世界杯总决赛	世界锦标赛	世界杯总决赛	世界锦标赛	世界杯总决赛	世界锦标赛	世界杯总决赛	奥运会		
金牌	男		2	—	—	4	3	—	—	3	3		
	女		3	—	—	4	4	—	—	4	4		
	小计		5	—	—	8	7	—	—	7	7	34	0.85
银牌	男		1	—	—	1	1	—	—	2	1		
	女		1	—	—	1	2	—	—	2	0		
	小计		2	—	—	2	3	—	—	4	1	12	0.30

（续表）

奖牌	性别	2004年	2005年		2006年		2007年		2008年			合计	E值
		奥运会	世界锦标赛	世界杯总决赛	世界锦标赛	世界杯总决赛	世界锦标赛	世界杯总决赛	世界锦标赛	世界杯总决赛	奥运会		
铜牌	男		1	—	—	0	1	—	—	0	1		
	女		1	—	—	1	0	—	—	0	2		
	小计		2	—	—	1	1	—	—	0	3	7	0.20
合计	男		4	—	—	5	5	—	—	5	5		
	女		5	—	—	6	6	—	—	6	6		
	小计		9	—	—	11	11	—	—	11	11	53	1.35

三、羽毛球分项

（一）雅典奥运会前、后统计

我国羽毛球分项雅典奥运会前、后参加三大赛事获奖情况见表3-26、表3-27。其中，表3-26中的E值为1.87，即羽毛球分项在雅典奥运会前的竞技优势定位为优势，表3-27中的E值为1.67，即羽毛球分项在雅典奥运会后的竞技优势定位为优势。

表3-26　我国羽毛球分项雅典奥运会前参加三大赛事获奖情况

奖牌	性别	2000年	2001年		2002年		2003年		2004年			合计	E值
		奥运会	世界锦标赛	世界杯总决赛	世界锦标赛	世界杯总决赛	世界锦标赛	世界杯总决赛	世界锦标赛	世界杯总决赛	奥运会		
金牌	男	1.5	0.5	—	—	—	1	—	—	—	—		
	女	2.5	2.5	—	—	—	2	—	—	—	—		
	小计	4	3	—	—	—	3	—	—	—	—	10	0.67
银牌	男	0	0	—	—	—	0.5	—	—	—	—		
	女	1	2	—	—	—	2.5	—	—	—	—		
	小计	1	2	—	—	—	3	—	—	—	—	6	0.40
铜牌	男	1	1	—	—	—	3.5	—	—	—	—		
	女	2	3	—	—	—	1.5	—	—	—	—		
	小计	3	4	—	—	—	5	—	—	—	—	12	0.80

（续表）

奖牌	性别	2000年	2001年		2002年		2003年		2004年			合计	E值
		奥运会	世界锦标赛	世界杯总决赛	世界锦标赛	世界杯总决赛	世界锦标赛	世界杯总决赛	世界锦标赛	世界杯总决赛	奥运会		
合计	男	2.5	1.5	—		—	5	—	—	—	—		
	女	5.5	7.5	—		—	6	—	—	—	—		
	小计	8	9	—	—	—	11	—	—	—	—	28	1.87

表 3-27　我国羽毛球分项雅典奥运会后参加三大赛事获奖情况

奖牌	性别	2000年	2001年		2002年		2003年		2004年			合计	E值
		奥运会	世界锦标赛	世界杯总决赛	世界锦标赛	世界杯总决赛	世界锦标赛	世界杯总决赛	世界锦标赛	世界杯总决赛	奥运会		
金牌	男		0.5	—	—	—	1	—	—	—	0.5		
	女		2.5	—	—	—	2	—	—	—	2.5		
	小计		3	—	—	—	3	—	—	—	3	9	0.60
银牌	男		0	—	—	—	0.5	—	—	—	0		
	女		2	—	—	—	2.5	—	—	—	1		
	小计		2	—	—	—	3	—	—	—	1	6	0.40
铜牌	男		1	—	—	—	3.5	—	—	—	0		
	女		3	—	—	—	1.5	—	—	—	1		
	小计		4	—	—	—	5	—	—	—	1	10	0.67
合计	男		1.5	—		—	5	—	—	—	0.5		
	女		7.5	—		—	6	—	—	—	4.5		
	小计		9	—	—	—	11	—	—	—	5	25	1.67

（二）北京奥运会前、后统计

我国羽毛球分项北京奥运会前、后参加三大赛事获奖情况见表 3-28、表 3-29。其中，表 3-28 中的 E 值为 1.60，即羽毛球分项在北京奥运会前的竞技优势定位为优势，表 3-29 中的 E 值为 1.71，即羽毛球分项在北京奥运会后的竞技优势定位为优势。

表 3-28　我国羽毛球分项北京奥运会前参加三大赛事获奖情况

奖牌	性别	2004 年	2005 年		2006 年		2007 年		2008 年			合计	E 值
		奥运会	世界锦标赛	世界杯总决赛	世界锦标赛	世界杯总决赛	世界锦标赛	世界杯总决赛	世界锦标赛	世界杯总决赛	奥运会		
金牌	男	0.5	0	2.5	2	1	1	—	—		—		
	女	2.5	2	2.5	2	2	2	—	—		—		
	小计	3	2	5	4	3	3	—	—	—	—	20	0.67
银牌	男	0	1.5	0	1	1.5	0.5	—	—		—		
	女	1	2.5	2	2	2.5	1.5	—	—		—		
	小计	1	4	2	3	4	2	—	—	—	—	16	0.53
铜牌	男	0	0	0	1	1	2.5	—	—		—		
	女	1	1	0	2	0	3.5	—	—		—		
	小计	1	1	0	3	1	6	—	—	—	—	12	0.40
合计	男	0.5	1.5	2.5	4	3.5	4	—	—		—		
	女	4.5	5.5	4.5	6	4.5	7	—	—		—		
	小计	5	7	7	10	8	11	—	—	—	—	48	1.60

表 3-29　我国羽毛球分项北京奥运会后参加三大赛事获奖情况

奖牌	性别	2004 年	2005 年		2006 年		2007 年		2008 年			合计	E 值
		奥运会	世界锦标赛	世界杯总决赛	世界锦标赛	世界杯总决赛	世界锦标赛	世界杯总决赛	世界锦标赛	世界杯总决赛	奥运会		
金牌	男		0	2.5	2	1	1	—	—		1		
	女		2	2.5	2	2	2	—	—		2		
	小计		2	5	4	3	3	—	—	—	3	20	0.67
银牌	男		1.5	0	1	1.5	0.5	—	—		1		
	女		2.5	2	2	2.5	1.5	—	—		1		
	小计		4	2	3	4	2	—	—	—	2	17	0.57
铜牌	男		0	0	1	1	2.5	—	—		1.5		
	女		1	0	2	0	3.5	—	—		1.5		
	小计		1	0	3	1	6	—	—	—	3	14	0.47
合计	男		1.5	2.5	4	3.5	4	—	—		3.5		
	女		5.5	4.5	6	4.5	7	—	—		4.5		
	小计		7	7	10	8	11	—	—	—	8	51	1.71

四、举重分项

（一）雅典奥运会前、后统计

我国举重分项雅典奥运会前、后参加三大赛事获奖情况见表3−30、表3−31。其中，表3−30中的 *E* 值为0.92，即举重分项在雅典奥运会前的竞技优势定位为优势，表3−31中的 *E* 值为0.94，即举重分项在雅典奥运会后的竞技优势定位为优势。

表3−30　我国举重分项雅典奥运会前参加三大赛事获奖情况

奖牌	性别	2000年	2001年		2002年		2003年		2004年			合计	*E* 值
		奥运会	世界锦标赛	世界杯总决赛	世界锦标赛	世界杯总决赛	世界锦标赛	世界杯总决赛	世界锦标赛	世界杯总决赛	奥运会		
金牌	男	1	0	—	2	—	2	—	—	—	—		
	女	4	2	—	3	—	5	—	—	—	—		
	小计	5	2	—	5	—	7	—	—	—	—	19	0.53
银牌	男	1	1	—	2	—	2	—	—	—	—		
	女	0	2	—	2	—	1	—	—	—	—		
	小计	1	3	—	4	—	3	—	—	—	—	11	0.31
铜牌	男	1	0	—	0	—	0	—	—	—	—		
	女	0	1	—	1	—	0	—	—	—	—		
	小计	1	1	—	1	—	0	—	—	—	—	3	0.08
合计	男	3	1	—	4	—	4	—	—	—	—		
	女	4	5	—	6	—	6	—	—	—	—		
	小计	7	6	—	10	—	10	—	—	—	—	33	0.92

表3−31　我国举重分项雅典奥运会后参加三大赛事获奖情况

奖牌	性别	2000年	2001年		2002年		2003年		2004年			合计	*E* 值
		奥运会	世界锦标赛	世界杯总决赛	世界锦标赛	世界杯总决赛	世界锦标赛	世界杯总决赛	世界锦标赛	世界杯总决赛	奥运会		
金牌	男		0	—	2	—	2	—	—	—	2		
	女		2	—	3	—	5	—	—	—	3		
	小计		2	—	5	—	7	—	—	—	5	19	0.53

（续表）

奖牌	性别	2000年	2001年		2002年		2003年		2004年			合计	E值
		奥运会	世界锦标赛	世界杯总决赛	世界锦标赛	世界杯总决赛	世界锦标赛	世界杯总决赛	世界锦标赛	世界杯总决赛	奥运会		
银牌	男		1	—	2	—	2	—	—	—	2		
	女		2	—	2	—	1	—	—	—	1		
	小计		3	—	4	—	3	—	—	—	3	13	0.36
铜牌	男		0	—	0	—	0	—	—	—	0		
	女		1	—	1	—	0	—	—	—	0		
	小计		1	—	1	—	0	—	—	—	0	2	0.05
合计	男		1	—	4	—	4	—	—	—	4		
	女		5	—	6	—	6	—	—	—	4		
	小计		6	—	10	—	10	—	—	—	8	34	0.94

（二）北京奥运会前、后统计

我国举重分项北京奥运会前、后参加三大赛事获奖情况见表3-32、表3-33。其中，表3-32中的*E*值为1.10，即举重分项在北京奥运会前的竞技优势定位为优势，表3-33中的*E*值为1.23，即举重分项在北京奥运会后的竞技优势定位为优势。

表3-32　我国举重分项北京奥运会前参加三大赛事获奖情况

奖牌	性别	2004年	2005年		2006年		2007年		2008年			合计	E值
		奥运会	世界锦标赛	世界杯总决赛	世界锦标赛	世界杯总决赛	世界锦标赛	世界杯总决赛	世界锦标赛	世界杯总决赛	奥运会		
金牌	男	2	3	—	2	—	2	5	—		—		
	女	3	4	—	5	—	5	4	—		—		
	小计	5	7	—	7	—	7	9	—	—	—	35	0.70
银牌	男	2	2	—	2	—	2	2	—		—		
	女	1	2	—	1	—	2	1	—		—		
	小计	3	4	—	3	—	4	3	—	—	—	17	0.34

（续表）

奖牌	性别	2004年	2005年		2006年		2007年		2008年			合计	E值
		奥运会	世界锦标赛	世界杯总决赛	世界锦标赛	世界杯总决赛	世界锦标赛	世界杯总决赛	世界锦标赛	世界杯总决赛	奥运会		
铜牌	男	0	0	—	1	—	1	0	—		—		
	女	0	1	—	0	—	0	0	—		—		
	小计	0	1	—	1	—	1	0	—	—	—	3	0.06
合计	男	4	5	—	5	—	5	7	—		—		
	女	4	7	—	6	—	7	5	—		—		
	小计	8	12	—	11	—	12	12	—	—	—	55	1.10

表 3-33　我国举重分项北京奥运会后参加三大赛事获奖情况

奖牌	性别	2004年	2005年		2006年		2007年		2008年			合计	E值
		奥运会	世界锦标赛	世界杯总决赛	世界锦标赛	世界杯总决赛	世界锦标赛	世界杯总决赛	世界锦标赛	世界杯总决赛	奥运会		
金牌	男		3	—	2	—	2	5	—		4		
	女		4	—	5	—	5	4	—		4		
	小计		7	—	7	—	7	9	—	—	8	38	0.84
银牌	男		2	—	2	—	2	2	—		1		
	女		2	—	1	—	2	1	—		0		
	小计		4	—	3	—	4	3	—	—	1	15	0.33
铜牌	男		0	—	1	—	1	0	—		0		
	女		1	—	0	—	0	0	—		0		
	小计		1	—	1	—	1	0	—	—	0	3	0.06
合计	男		5	—	5	—	5	7	—		5		
	女		7	—	6	—	7	5	—		4		
	小计		12	—	11	—	12	12	—	—	9	56	1.23

五、田径分项

（一）雅典奥运会前、后统计

我国田径项目雅典奥运会前、后参加三大赛事获奖情况见表3-34、表3-35。

其中，表 3-34 中的 E 值为 0.06，即田径重分项在雅典奥运会前的竞技优势定位为薄弱，表 3-35 中的 E 值为 0.08，即田径分项在雅典奥运会后的竞技优势定位为薄弱。

表 3-34　我国田径项目雅典奥运会前参加三大赛事获奖情况

奖牌	性别	2000 年	2001 年		2002 年		2003 年		2004 年			合计	E 值
		奥运会	世界锦标赛	世界杯总决赛	世界锦标赛	世界杯总决赛	世界锦标赛	世界杯总决赛	世界锦标赛	世界杯总决赛	奥运会		
金牌	男	0	0	—	—	0	0	—	—	—	—		
	女	1	0	—	—	1	0	—	—	—	—		
	小计	1	0	—	—	1	0	—	—	—	—	2	0.03
银牌	男	0	0	—	—	0	0	—	—	—	—		
	女	0	0	—	—	0	0	—	—	—	—		
	小计	0	0	—	—	0	0	—	—	—	—	0	0
铜牌	男	0	0	—	—	0	0	—	—	—	—		
	女	0	0	—	—	0	2	—	—	—	—		
	小计	0	0	—	—	0	2	—	—	—	—	2	0.03
合计	男	0	0	—	—	0	0	—	—	—	—		
	女	1	0	—	—	1	2	—	—	—	—		
	小计	1	0	—	—	1	2	—	—	—	—	4	0.06

表 3-35　我国田径项目雅典奥运会后参加三大赛事获奖情况

奖牌	性别	2000 年	2001 年		2002 年		2003 年		2004 年			合计	E 值
		奥运会	世界锦标赛	世界杯总决赛	世界锦标赛	世界杯总决赛	世界锦标赛	世界杯总决赛	世界锦标赛	世界杯总决赛	奥运会		
金牌	男		0	—	—	0	0	—	—	—	1		
	女		0	—	—	1	0	—	—	—	1		
	小计		0	—	—	1	0	—	—	—	2	3	0.05
银牌	男		0	—	—	0	0	—	—	—	0		
	女		0	—	—	0	0	—	—	—	0		
	小计		0	—	—	0	0	—	—	—	0	0	0
铜牌	男		0	—	—	0	0	—	—	—	0		
	女		0	—	—	0	2	—	—	—	0		
	小计		0	—	—	0	2	—	—	—	0	2	0.03

（续表）

奖牌	性别	2000 年	2001 年		2002 年		2003 年		2004 年			合计	E 值
		奥运会	世界锦标赛	世界杯总决赛	世界锦标赛	世界杯总决赛	世界锦标赛	世界杯总决赛	世界锦标赛	世界杯总决赛	奥运会		
合计	男		0	—	—	0	0	—	—	—	1		
	女		0	—	—	1	2	—	—	—	1		
	小计		0	—	—	1	2	—	—	—	2	5	0.08

（二）北京奥运会前、后统计

我国田径项目北京奥运会前、后参加三大赛事获奖情况见表 3-36、表 3-37。其中，表 3-36 中的 *E* 值为 0.16，即田径分项在北京奥运会前的竞技优势定位为薄弱，表 3-37 中的 *E* 值为 0.14，即田径分项在北京奥运会后的竞技优势定位为薄弱。

表 3-36　我国田径项目北京奥运会前参加三大赛事获奖情况

奖牌	性别	2004 年	2005 年		2006 年		2007 年		2008 年			合计	E 值
		奥运会	世界锦标赛	世界杯总决赛	世界锦标赛	世界杯总决赛	世界锦标赛	世界杯总决赛	世界锦标赛	世界杯总决赛	奥运会		
金牌	男	1	0	—	—	1	1	—	—		—		
	女	1	0	—	—	0	0	—	—		—		
	小计	2	0	—	—	1	1	—	—	—	—	4	0.08
银牌	男	0	1	—	—	0	0	—	—		—		
	女	0	0	—	—	0	1	—	—		—		
	小计	0	1	—	—	0	1	—	—	—	—	2	0.03
铜牌	男	0	0	—	—	0	0	—	—		—		
	女	0	0	—	—	2	1	—	—		—		
	小计	0	0	—	—	2	1	—	—	—	—	3	0.05
合计	男	1	1	—	—	1	1	—	—		—		
	女	1	0	—	—	2	2	—	—		—		
	小计	2	1	—	—	3	3	—	—	—	—	9	0.16

表 3-37 我国田径项目北京奥运会后参加三大赛事获奖情况

奖牌	性别	2004 年	2005 年		2006 年		2007 年		2008 年			合计	E 值
		奥运会	世界锦标赛	世界杯总决赛	世界锦标赛	世界杯总决赛	世界锦标赛	世界杯总决赛	世界锦标赛	世界杯总决赛	奥运会		
金牌	男		0	—	—	1	1	—	—		0		
	女		0	—	—	0	0	—	—		0		
	小计		0	—	—	1	1	—	—	—	0	2	0.03
银牌	男		1	—	—	0	0	—	—		0		
	女		0	—	—	0	1	—	—		0		
	小计		1	—	—	0	1	—	—	—	0	2	0.03
铜牌	男		0	—	—	0	0	—	—		0		
	女		0	—	—	2	1	—	—		2		
	小计		0	—	—	2	1	—	—	—	2	5	0.08
合计	男		1	—	—	1	1	—	—		0		
	女		0	—	—	2	2	—	—		2		
	小计		1	—	—	3	3	—	—	—	2	9	0.14

六、柔道项目

（一）雅典奥运会前、后统计

我国柔道项目雅典奥运会前、后参加三大赛事获奖情况见表 3-38、表 3-39。其中，表 3-38 中的 *E* 值为 1.99，即柔道分项在雅典奥运会前的竞技优势定位为优势，表 3-39 中的 *E* 值为 1.22，即柔道分项在雅典奥运会后的竞技优势定位为优势。

表 3-38 我国柔道项目雅典奥运会前参加三大赛事获奖情况

奖牌	性别	2000 年	2001 年		2002 年		2003 年		2004 年			合计	E 值
		奥运会	世界锦标赛	世界杯总决赛	世界锦标赛	世界杯总决赛	世界锦标赛	世界杯总决赛	世界锦标赛	世界杯总决赛	奥运会		
金牌	男	0	0	—	—	—	0	—	—	—	—		
	女	2	1	—	—	—	2	—	—	—	—		
	小计	2	1	—	—	—	2	—	—	—	—	5	0.55

（续表）

奖牌	性别	2000年 奥运会	2001年 世界锦标赛	2001年 世界杯总决赛	2002年 世界锦标赛	2002年 世界杯总决赛	2003年 世界锦标赛	2003年 世界杯总决赛	2004年 世界锦标赛	2004年 世界杯总决赛	2004年 奥运会	合计	*E*值
银牌	男	0	0	—	—	—	0	—	—	—	—		
	女	1	0	—	—	—	0	—	—	—	—		
	小计	1	0	—	—	—	0	—	—	—	—	1	0.11
铜牌	男	0	0	—	—	—	0	—	—	—	—		
	女	1	2	—	—	—	0	—	—	—	—		
	小计	1	2	—	—	—	0	—	—	—	—	3	0.33
合计	男	0	0	—	—	—	0	—	—	—	—		
	女	4	3	—	—	—	2	—	—	—	—		
	小计	4	3	—	—	—	2	—	—	—	—	9	1.99

表 3-39　我国柔道项目雅典奥运会后参加三大赛事获奖情况

奖牌	性别	2000年 奥运会	2001年 世界锦标赛	2001年 世界杯总决赛	2002年 世界锦标赛	2002年 世界杯总决赛	2003年 世界锦标赛	2003年 世界杯总决赛	2004年 世界锦标赛	2004年 世界杯总决赛	2004年 奥运会	合计	*E*值
金牌	男		0	—	—	—	0	—	—	—	0		
	女		1	—	—	—	2	—	—	—	1		
	小计		1	—	—	—	2	—	—	—	1	4	0.44
银牌	男		0	—	—	—	0	—	—	—	0		
	女		0	—	—	—	0	—	—	—	1		
	小计		0	—	—	—	0	—	—	—	1	1	0.11
铜牌	男		0	—	—	—	0	—	—	—	0		
	女		2	—	—	—	0	—	—	—	4		
	小计		2	—	—	—	0	—	—	—	4	6	0.67
合计	男		0	—	—	—	0	—	—	—	0		
	女		3	—	—	—	2	—	—	—	6		
	小计		3	—	—	—	2	—	—	—	6	11	1.22

（二）北京奥运会前、后统计

我国柔道项目北京奥运会前、后参加三大赛事获奖情况见表 3-40、表 3-41。其中，表 3-40 中的 *E* 值为 1.01，即柔道分项在北京奥运会前的竞技优势定位为优势，表 3-41 中的 E 值为 0.79，即柔道分项在北京奥运会后的竞技优势定位为潜优势。

表 3-40　我国柔道项目北京奥运会前参加三大赛事获奖情况

奖牌	性别	2004 年	2005 年		2006 年		2007 年		2008 年			合计	E 值
		奥运会	世界锦标赛	世界杯总决赛	世界锦标赛	世界杯总决赛	世界锦标赛	世界杯总决赛	世界锦标赛	世界杯总决赛	奥运会		
金牌	男	0	0	—	—	—	0	—	—		—		
	女	1	1	—	—	—	2	—	—		—		
	小计	1	1	—	—	—	2	—	—	—	—	4	0.45
银牌	男	0	0	—	—	—	0	—	—		—		
	女	1	0	—	—	—	0	—	—		—		
	小计	1	0	—	—	—	0	—	—	—	—	1	0.11
铜牌	男	0	0	—	—	—	0	—	—		—		
	女	4	0	—	—	—	0	—	—		—		
	小计	4	0	—	—	—	0	—	—	—	—	4	0.45
合计	男	0	0	—	—	—	0	—	—		—		
	女	6	1	—	—	—	2	—	—		—		
	小计	6	1	—	—	—	2	—	—	—	—	9	1.01

表 3-41　我国柔道项目北京奥运会后参加三大赛事获奖情况

奖牌	性别	2004 年	2005 年		2006 年		2007 年		2008 年			合计	E 值
		奥运会	世界锦标赛	世界杯总决赛	世界锦标赛	世界杯总决赛	世界锦标赛	世界杯总决赛	世界锦标赛	世界杯总决赛	奥运会		
金牌	男		0	—	—	—	0	—	—		0		
	女		1	—	—	—	2	—	—		3		
	小计		1	—	—	—	2	—	—	—	3	6	0.67
银牌	男		0	—	—	—	0	—	—		0		
	女		0	—	—	—	0	—	—		0		
	小计		0	—	—	—	0	—	—	—	0	0	0
铜牌	男		0	—	—	—	0	—	—		0		
	女		0	—	—	—	0	—	—		1		
	小计		0	—	—	—	0	—	—	—	1	1	0.12

（续表）

奖牌	性别	2004年	2005年		2006年		2007年		2008年			合计	E值
		奥运会	世界锦标赛	世界杯总决赛	世界锦标赛	世界杯总决赛	世界锦标赛	世界杯总决赛	世界锦标赛	世界杯总决赛	奥运会		
合计	男		0	—	—	—	0	—	—		0		
	女		1	—	—	—	2	—	—		4		
	小计		1	—	—	—	2	—	—	—	4	7	0.79

七、跆拳道项目

（一）雅典奥运会前、后统计

我国跆拳道项目雅典奥运会前、后参加三大赛事获奖情况见表3-42、表3-43。其中，表3-42中的E值为0.79，即跆拳道分项在雅典奥运会前的竞技优势定位为潜优势，表3-43中的E值为0.78，即跆拳道分项在雅典奥运会后的竞技优势定位为潜优势。

表3-42　我国跆拳道项目雅典奥运会前参加三大赛事获奖情况

奖牌	性别	2000年	2001年		2002年		2003年		2004年			合计	E值
		奥运会	世界锦标赛	世界杯总决赛	世界锦标赛	世界杯总决赛	世界锦标赛	世界杯总决赛	世界锦标赛	世界杯总决赛	奥运会		
金牌	男	0	0	—	—	—	0	—	—	—	—		
	女	1	0	—	—	—	1	—	—	—	—		
	小计	1	0	—	—	—	1	—	—	—	—	2	0.33
银牌	男	0	0	—	—	—	0	—	—	—	—		
	女	0	1	—	—	—	1	—	—	—	—		
	小计	0	1	—	—	—	1	—	—	—	—	2	0.33
铜牌	男	0	0	—	—	—	0	—	—	—	—		
	女	0	1	—	—	—	1	—	—	—	—		
	小计	0	1	—	—	—	1	—	—	—	—	2	0.33
合计	男	0	0	—	—	—	0	—	—	—	—		
	女	1	2	—	—	—	3	—	—	—	—		
	小计	1	2	—	—	—	3	—	—	—	—	6	0.79

表 3-43 我国跆拳道项目雅典奥运会后参加三大赛事获奖情况

奖牌	性别	2000 年	2001 年		2002 年		2003 年		2004 年			合计	E 值
		奥运会	世界锦标赛	世界杯总决赛	世界锦标赛	世界杯总决赛	世界锦标赛	世界杯总决赛	世界锦标赛	世界杯总决赛	奥运会		
金牌	男		0	—	—	—	0	—	—	—	0		
	女		0	—	—	—	1	—	—	—	2		
	小计		0	—	—	—	1	—	—	—	2	3	0.34
银牌	男		0	—	—	—	0	—	—	—	0		
	女		1	—	—	—	1	—	—	—	0		
	小计		1	—	—	—	1	—	—	—	0	2	0.23
铜牌	男		0	—	—	—	0	—	—	—	0		
	女		1	—	—	—	1	—	—	—	0		
	小计		1	—	—	—	1	—	—	—	0	2	0.23
合计	男		0	—	—	—	0	—	—	—	0		
	女		2	—	—	—	3	—	—	—	2		
	小计		2	—	—	—	3	—	—	—	2	7	0.78

（二）北京奥运会前、后统计

我国跆拳道项目北京奥运会前、后参加三大赛事获奖情况见表 3-44、表 3-45。其中，表 3-44 中的 E 值为 0.78，即跆拳道分项在北京奥运会前的竞技优势定位为潜优势，表 3-45 中的 E 值为 0.77，即跆拳道分项在北京奥运会后的竞技优势定位为潜优势。

表 3-44 我国跆拳道项目北京奥运会前参加三大赛事获奖情况

奖牌	性别	2004 年	2005 年		2006 年		2007 年		2008 年			合计	E 值
		奥运会	世界锦标赛	世界杯总决赛	世界锦标赛	世界杯总决赛	世界锦标赛	世界杯总决赛	世界锦标赛	世界杯总决赛	奥运会		
金牌	男	0	0	—	—	—	0	—	—		—		
	女	2	1	—	—	—	2	—	—		—		
	小计	2	1	—	—	—	2	—	—	—	—	5	0.55
银牌	男	0	0	—	—	—	0	—	—		—		
	女	0	0	—	—	—	0	—	—		—		
	小计	0	0	—	—	—	0	—	—	—	—	0	0

（续表）

奖牌	性别	2004年	2005年		2006年		2007年		2008年			合计	E值
		奥运会	世界锦标赛	世界杯总决赛	世界锦标赛	世界杯总决赛	世界锦标赛	世界杯总决赛	世界锦标赛	世界杯总决赛	奥运会		
铜牌	男	0	0	—	—	—	0	—	—		—		
	女	0	1	—	—	—	1	—	—		—		
	小计	0	1	—	—	—	1	—	—	—	—	2	0.22
合计	男	0	0	—	—	—	0	—	—		—		
	女	2	2	—	—	—	3	—	—		—		
	小计	2	2	—	—	—	3	—	—	—	—	7	0.77

表 3-45　我国跆拳道项目北京奥运会后参加三大赛事获奖情况

奖牌	性别	2004年	2005年		2006年		2007年		2008年			合计	E值
		奥运会	世界锦标赛	世界杯总决赛	世界锦标赛	世界杯总决赛	世界锦标赛	世界杯总决赛	世界锦标赛	世界杯总决赛	奥运会		
金牌	男		0	—	—	—	0	—	—		0		
	女		1	—	—	—	2	—	—		1		
	小计		1	—	—	—	2	—	—	—	1	4	0.45
银牌	男		0	—	—	—	0	—	—		0		
	女		0	—	—	—	0	—	—		0		
	小计		0	—	—	—	0	—	—	—	0	0	0
铜牌	男		0	—	—	—	0	—	—		1		
	女		1	—	—	—	1	—	—		0		
	小计		1	—	—	—	1	—	—	—	1	3	0.34
合计	男		0	—	—	—	0	—	—		1		
	女		2	—	—	—	3	—	—		1		
	小计		2	—	—	—	3	—	—	—	2	7	0.79

八、游泳分项

（一）雅典奥运会前、后统计

我国游泳项目雅典奥运会前、后参加三大赛事获奖情况见表 3-46、表 3-47。其中，表 3-46 中的 E 值为 0.45，即游泳分项在雅典奥运会前的竞技优势定位为潜优势，表 3-47 中的 *E* 值为 0.53，即游泳分项在雅典奥运会后的竞技优势定位为潜优势。

表 3-46　我国游泳项目雅典奥运会前参加三大赛事获奖情况

奖牌	性别	2000 年	2001 年		2002 年		2003 年		2004 年			合计	*E* 值
		奥运会	世界锦标赛	世界杯总决赛	世界锦标赛	世界杯总决赛	世界锦标赛	世界杯总决赛	世界锦标赛	世界杯总决赛	奥运会		
金牌	男	0	0	—	—	—	0	—	—	—	—		
	女	0	2	—	—	—	3	—	—	—	—		
	小计	0	2	—	—	—	3	—	—	—	—	5	0.16
银牌	男	0	0	—	—	—	0	—	—	—	—		
	女	0	2	—	—	—	0	—	—	—	—		
	小计	0	2	—	—	—	0	—	—	—	—	2	0.06
铜牌	男	0	0	—	—	—	0	—	—	—	—		
	女	0	3	—	—	—	4	—	—	—	—		
	小计	0	3	—	—	—	4	—	—	—	—	7	0.23
合计	男	0	0	—	—	—	0	—	—	—	—		
	女	0	7	—	—	—	7	—	—	—	—		
	小计	0	7	—	—	—	7	—	—	—	—	14	0.45

表 3-47　我国游泳项目雅典奥运会后参加三大赛事获奖情况

奖牌	性别	2000 年	2001 年		2002 年		2003 年		2004 年			合计	*E* 值
		奥运会	世界锦标赛	世界杯总决赛	世界锦标赛	世界杯总决赛	世界锦标赛	世界杯总决赛	世界锦标赛	世界杯总决赛	奥运会		
金牌	男		0	—	—	—	0	—	—	—	0		
	女		2	—	—	—	3	—	—	—	1		
	小计		2	—	—	—	3	—	—	—	1	6	0.20
银牌	男		0	—	—	—	0	—	—	—	0		
	女		2	—	—	—	0	—	—	—	1		
	小计		2	—	—	—	0	—	—	—	1	3	0.10
铜牌	男		0	—	—	—	0	—	—	—	0		
	女		3	—	—	—	4	—	—	—	0		
	小计		3	—	—	—	4	—	—	—	0	7	0.23

（续表）

奖牌	性别	2000年	2001年		2002年		2003年		2004年			合计	E值
		奥运会	世界锦标赛	世界杯总决赛	世界锦标赛	世界杯总决赛	世界锦标赛	世界杯总决赛	世界锦标赛	世界杯总决赛	奥运会		
合计	男		0	—	—	—	0	—	—	—	0		
	女		7	—	—	—	7	—	—	—	2		
	小计		7	—	—	—	7	—	—	—	2	16	0.53

（二）北京奥运会前、后统计

我国游泳项目北京奥运会前、后参加三大赛事获奖情况见表3-48、表3-49。其中，表3-48中的*E*值为0.14，即游泳分项在北京奥运会前的竞技优势定位为薄弱，表3-49中的*E*值为0.42，即游泳分项在北京奥运会后的竞技优势定位为潜优势。

表3-48　我国游泳项目北京奥运会前参加三大赛事获奖情况

奖牌	性别	2004年	2005年		2006年		2007年		2008年			合计	E值
		奥运会	世界锦标赛	世界杯总决赛	世界锦标赛	世界杯总决赛	世界锦标赛	世界杯总决赛	世界锦标赛	世界杯总决赛	奥运会		
金牌	男	0	0	—	—	—	0	—	—		—		
	女	1	0	—	—	—	0	—	—		—		
	小计	1	0	—	—	—	0	—	—	—	—	1	0.03
银牌	男	0	0	—	—	—	1	—	—		—		
	女	1	1	—	—	—	0	—	—		—		
	小计	1	1	—	—	—	1	—	—	—	—	3	0.05
铜牌	男	0	1	—	—	—	0	—	—		—		
	女	0	3	—	—	—	1	—	—		—		
	小计	0	4	—	—	—	1	—	—	—	—	5	0.06
合计	男	0	1	—	—	—	1	—	—		—		
	女	2	4	—	—	—	1	—	—		—		
	小计	2	5	—	—	—	2	—	—	—	—	9	0.14

表 3-49　我国游泳项目北京奥运会后参加三大赛事获奖情况

奖牌	性别	2004 年	2005 年		2006 年		2007 年		2008 年			合计	E 值
		奥运会	世界锦标赛	世界杯总决赛	世界锦标赛	世界杯总决赛	世界锦标赛	世界杯总决赛	世界锦标赛	世界杯总决赛	奥运会		
金牌	男		0	—	—	—	0	—	—		0		
	女		0	—	—	—	0	—	—		1		
	小计		0	—	—	—	0	—	—	—	1	1	0.03
银牌	男		0	—	—	—	1	—	—		1		
	女		1	—	—	—	0	—	—		2		
	小计		1	—	—	—	1	—	—	—	3	5	0.16
铜牌	男		1	—	—	—	0	—	—		0		
	女		3	—	—	—	1	—	—		2		
	小计		4	—	—	—	1	—	—	—	2	7	0.23
合计	男		1	—	—	—	1	—	—		1		
	女		4	—	—	—	1	—	—		5		
	小计		5	—	—	—	2	—	—	—	6	13	0.42

第六节　雅典奥运会和北京奥运会周期各项目优势定位的分析与思考

一、雅典奥运会前与北京奥运会前的竞技优势差异不大

通过对统计结果进一步分析发现:从整体上看，虽然在雅典奥运会上我国竞技体育出现一次飞跃，但在项目竞技优势上北京奥运会周期比雅典奥运会周期具有更明显的项目优势，具体表现在以下几个方面。

(一) A 类非常优势项目和潜优势项目比雅典奥运会有了较大的提高

A 类非常优势项目北京奥运会前（27 项）比雅典奥运会前（20 项）明显增加，占总项数的百分比也由雅典奥运会的 29%增加到北京奥运会的 42%（表 3-50）。

表 3-50　雅典、北京奥运会前不同类别奥运会小项数分布情况比较

		优势项目				潜优势项目		薄弱项目		合计（项）
		A 类		B 类						
		项数	%	项数	%	项数	%	项数	%	
奥运会前	北京	27	42	9	14	16	25	13	20	65
	雅典	20	29	8	12	26	38	15	22	68
	差值	7	13	1	2	−10	−13	−2	−2	−3

（二）北京奥运会在潜优势项目上比雅典奥运会明显减少

虽然在 A 类非常优势项目上北京奥运会前比雅典奥运会有明显的提升，但在反映后备力量的潜优势项目上，北京奥运会却远不如雅典奥运会。虽然这是令人费解的，但也提示我们，需要重视大赛前的现实状况并理性地对其加以分析，要认识到在大赛前不宜将赛前竞技状态调到过高的水平。加拿大训练学教授佰姆帕指出，在大赛前一年，竞技状态应该有一个适度调整，这将有利于在大赛年把竞技状态发挥到最高水平。北京奥运会赛前的竞技状态虽然看起来并不十分理想，但也许正是这种的适当的控制，使我们在北京奥运会上创造了历史上的一次新的辉煌，震惊了世界。也许这也正是我们需要进一步研究和探讨的备战大赛的一个重要规律。

（三）两次奥运会周期在 B 类一般优势项目和薄弱项目上保持了相对的稳定性

从表 3-50 可以看出，B 类一般优势项目和薄弱项目在雅典奥运会周期与北京奥运会周期，也只有 1~2 小项的差异，应该说基本上属于同一状态。鉴于以上分析，也许这也是大赛前竞技状态相对稳定的一个同步表现。

二、雅典奥运会后与北京奥运会后的竞技优势差异有所拉大

表 3-51 的统计结果表明：从雅典奥运会后与北京奥运会后的竞技优势状况的比较中可以看出，在北京奥运会后，我国竞技优势项目的对比格局发生了一定改变，北京奥运会后的 A 类非常优势项目的项数继续领先于雅典奥运会，而

B 类一般优势项目从落后状态提升到与雅典奥会几乎相同的水平上，潜优势项目和薄弱项目也都有了一定的改善。从总体看，北京奥运会中我国运动员取得了巨大的成就，总体状态比雅典奥会有所提升。

表 3-51　雅典、北京奥运会后不同类别奥运会小项数分布情况比较

		优势项目				潜优势项目		薄弱项目		合计（项）
		A 类		B 类						
		项数	%	项数	%	项数	%	项数	%	
奥运会后	北京	24	37	10	17	19	29	12	17	65
	雅典	18	25	11	16	26	38	14	21	68
	差值	6	12	−1	1	−7	−9	−2	−4	−3

三、北京奥运会与雅典奥运会 4 年周期的平均竞技水平无显著差异

从表 3-51 的统计结果看，北京奥运会周期的平均竞技水平与雅典奥运会周期的平均竞技水平没有显著性差异，某些指标雅典奥运会周期反而超过北京奥运会水平，分析原因认为，虽然北京奥运会的成绩有明显提高，但是由于北京奥运会周期前几年的世界锦标赛和世界杯总决赛中的成绩并不是十分突出，因此造成北京奥运会周期的总体优势水平受到一定影响。但这种差异也为我国奥运会健儿在北京奥运会上取得新的突破打下了良好的基础。因此，虽然北京奥运会与雅典奥运会周期的平均竞技水平没有显著性差异，但北京奥运会竞技水平与雅典奥运会相比，仍然拥有多种优势。具体表现在以下几个方面。

（一）A 类非常优势项目中北京奥运会超过雅典奥运会

图 3-1 表明，在 A 类非常优势项目中，北京奥运会所占项数（24 项）明显超过雅典奥运会（18 项），两者相差 6 项。在 B 类一般优势项目中，两者项数相同，同为 8 项，但在潜优势项目中，北京奥运会周期反比雅典奥运会周期少 5 项。在薄弱项目中，北京奥运会却超出雅典奥运会 4 项。可以看出，雅典奥运会中的一些 B 类一般优势项目、潜优势项目甚至薄弱项目，在北京奥运会周期

的几年中，经过各方面的努力，成绩有了明显的上升，并有一部分转为 A 类非常优势项目，从而使 A 类非常优势项目的数量明显增加，明显超过雅典奥运会的水平。这也是北京奥运会金牌跃居世界三强之首，但奖牌总数屈居第二，进入前 8 名的项目也偏少的原因之一。

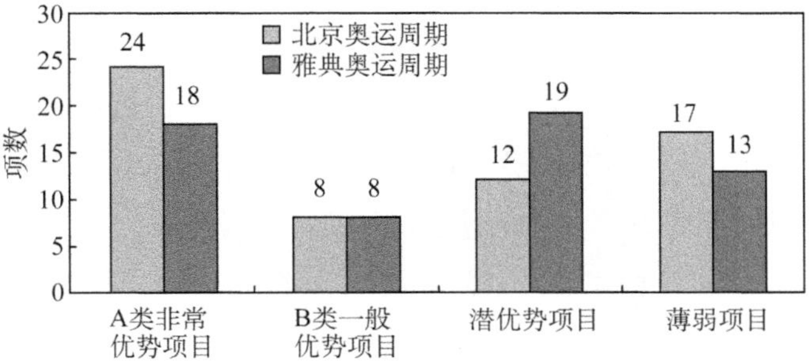

图 3-1　北京奥运会与雅典奥运会周期在不同类型优势项目中的数量比较

（二）北京奥运会上我国竞技优势地位明显超过雅典奥运会

1. 北京奥运会前后的竞技优势水平（*E* 值）开始明显超过雅典奥运会前后的竞技优势水平　从对两个奥运会周期中的奥运会前和奥运会后的 *E* 值的统计可以看出，北京奥运会周期无论在奥运会前还是奥运会后，也无论是 *E* 值的总值还是均值，都明显超过了雅典奥运会（表 3-52）。例如，从 *E* 值总值看，北京奥运会前后分别为 53.01 和 53.14，均明显超过了雅典奥运会前后的 42.55 和 44.88；从 *E* 值均值看，北京奥运会前后分别为 0.815 和 0.817，均明显超过雅典奥运会前后的 0.617 和 0.650。

表 3-52　雅典奥运会前后与北京奥运会前后竞技优势指数比较

E 值		雅典奥运会周期		北京奥运会周期	
		奥运会前	奥运会后	奥运会前	奥运会后
E	总值	42.55	44.88	53.01	53.14
	均值	0.617	0.650	0.815	0.817

2. 北京奥运会在金牌数、奖牌数和团体总分方面均比雅典奥运会有了大幅度提高　北京奥运会夺得了 51 枚金牌、32 枚银牌和 23 枚铜牌共 100 枚奖牌，

均明显超过了雅典奥运会的 32 枚金牌、17 枚银牌、14 枚铜牌及 63 枚总奖牌。在团体总分值上，也由雅典奥运会的 239 分迅速提高到 374 分，整整提高了 135 分。

（三）北京奥运会上我国项目优势的分布情况处于国际先进水平

1. 从 51 枚金牌分布情况看，分布广度排名第一　从我国 51 枚金牌分布情况看，主要分布在 8 个分项中，即体操、举重、跳水、射击、乒乓球、柔道、羽毛球和蹦床。这 8 个分项共获 38 枚金牌，占 51 枚金牌总数的 74.5%。与其他竞技体育强国相比金牌分布广度排名第一。例如，俄罗斯、美国金牌分别分布在 6 个分项中，德国、法国和英国金牌分别分布在 4 个分项中（表 3-53）。其中，美国主要分布在田径、游泳 2 个分项中的 19 个小项和 6 个大球类集体项目上，总共 25 枚金牌占 36 枚金牌总数的 69.4%，54 枚奖牌则占 110 枚奖牌总数的 49.1%。与美国相比，我们主要分布在技能类项群，美国主要分布在体能类项群。首先，分布的不同并没有好坏之分，这与每个国家传统项目、种族优势、重点项目等相关；其次，这提示我们应该更全面、更客观地分析现状，从而科学合理地发展。

表 3-53　2008 年北京奥运会前 11 个参赛国所获金牌在 38 个分项中的分布情况

国家	项数	分　项
中国	8	羽毛球、拳击、跳水、竞技体操、蹦床、射击、乒乓球、举重
俄罗斯	6	艺术体操、现代五项、花样游泳、网球、自由式摔跤、古典式摔跤
美国	6	田径、篮球、沙滩排球、足球、游泳、排球
德国	4	皮划艇静水、马术、曲棍球、现代五项
法国	4	BMX 小轮车、击剑、山地自行车、手球
英国	4	公路自行车、场地自行车、赛艇、帆船帆板
韩国	3	射箭、棒球、跆拳道
日本	2	柔道、垒球
荷兰	2	曲棍球、水球
阿根廷	1	足球
澳大利亚	1	铁人三项

2. 从100枚奖牌分布情况看，北京奥运会我国奖牌的分布广度名列前茅　北京奥运会我国夺得的100个奖牌主要分布在38个分项中的26个大项中的81个小项，从历届奥运会各国奖牌数在38个奥运会分项中的分布情况来看（表3-54），主要是美国和俄罗斯垄断。其中，美国主要分布在24、25个分项中，俄罗斯主要分布在23、24、27个分项中。除1980年莫斯科奥运会由于美国等抵制参赛，苏联获得奖牌分布扩大至27个分项外，一直没有哪个国家奖牌分布超过27个分项。因此，北京奥运会奖牌分布广度名列前茅。

表3-54　历届奥运会中各国奖牌数在38个奥运会分项中的分布情况

年份	1980	2008	1984	1996	2004	2000	2000	2008	1972
届　次	22	29	23	26	28	27	27	29	20
最高国家	苏联	中国	美国	美国	美国	俄罗斯	美国	美国	苏联
夺牌分项	27	26	25	25	25	24	24	24	23
位　次	1	2	3	4	5	6	7	8	9

3. 我国传统的薄弱项目在北京奥运会上有了新的突破　我国传统的优势项目只有7~8个，这些项目的优势具有相对的稳定性，而且能够继续扩大优势的空间已经很小了，现在的任务是要把这些传统优势项目的优势保持下去。在此基础上再进一步扩大新的优势项目群。北京奥运会在取得巨大成绩的情况下，也促进传统优势项目在深度和广度上有了更深刻的认识。同时，过去有些根本无缘夺牌的项目，在北京奥运会上也夺得了金牌或进入了前3名。除女子排球、女子足球外，大球一直是我国无法问津前3名的奥运会项目。例如，北京奥运会女子曲棍球队步步为营，艰苦奋斗，终于夺得了宝贵的一枚银牌。又如，我国在蹦床项目上几乎囊括了绝大多数奖牌，已经成为事实上的优势项目。当然，蹦床的异军突起离不开种族优势和技能类优势项群中体操项目的优势基础。因此，与优势项目同项群的薄弱项目应优先发展。今后奥运会的重要任务之一就是要对新出现的一些新的优势项目，继续保持、巩固和进一步提高，使之成为我国稳定的优势项目群。

第七节 体操分项在北京奥运会前后竞技优势定位的个案分析

一、我国体操分项在雅典奥运会前后的优势定位差别不大

我国体操分项在雅典奥运会前后参加三大赛事获奖情况见表3-55、表3-56。其中，表3-55中的*E*值为0.80，即体操分项在雅典奥运会前的竞技优势定位为优势，表3-56中的*E*值为0.72，即体操分项在雅典奥运会后的竞技优势定位为潜优势。

表3-55 我国体操分项在雅典奥运会前参加三大赛事获奖情况

奖牌	性别	2000年	2001年		2002年		2003年		2004年			合计	*E*值
		奥运会	世界锦标赛	世界杯总决赛	世界锦标赛	世界杯总决赛	世界锦标赛	世界杯总决赛	世界锦标赛	世界杯总决赛	奥运会		
金牌	男	2	1	2	1	2	0	—	—	2	—		
	女	1	0	0	0	1	0	—	—	0	—		
	小计	3	1	2	1	3	0	—	—	2	—	12	0.34
银牌	男	1	0	1	2	1	4	—	—	1	—		
	女	1	0	0	0	1	1	—	—	1	—		
	小计	2	0	1	2	2	5	—	—	2	—	14	0.38
铜牌	男	0	1	1	1	1	2	—	—	0	—		
	女	3	2	0	0	0	0	—	—	3	—		
	小计	3	3	1	1	1	2	—	—	3	—	14	0.38
合计	男	3	2	4	4	4	6	—	—	3	—		
	女	5	2	0	0	2	1	—	—	4	—		
	小计	8	4	4	4	6	7	—	—	7	—	40	0.80

表 3-56　我国体操分项在雅典奥运会后参加三大赛事获奖情况

奖牌	性别	2000 年	2001 年		2002 年		2003 年		2004 年			合计	E 值
		奥运会	世界锦标赛	世界杯总决赛	世界锦标赛	世界杯总决赛	世界锦标赛	世界杯总决赛	世界锦标赛	世界杯总决赛	奥运会		
金牌	男		1	2	1	2	0	—	—	2	1		
	女		0	0	0	1	0	—	—	0	0		
	小计		1	2	1	3	0	—	—	2	1	10	0.24
银牌	男		0	1	2	1	4	—	—	1	0		
	女		0	0	0	1	1	—	—	1	0		
	小计		0	1	2	2	5	—	—	2	0	12	0.27
铜牌	男		1	1	1	1	2	—	—	0	1		
	女		2	0	0	0	0	—	—	3	1		
	小计		3	1	1	1	2	—	—	3	2	13	0.28
合计	男		2	4	4	4	6	—	—	3	2		
	女		2	0	0	2	1	—	—	4	1		
	小计		4	4	4	6	7	—	—	7	3	35	0.72

二、我国体操分项在北京奥运会前后项目优势定位明显提高

我国体操分项在北京奥运会前后参加三大赛事获奖情况见表 3－57、表 3-58。其中，表 3-57 中的 E 值为 0.95，即体操分项在北京奥运会前的竞技优势定位为优势，表 3-58 中的 E 值为 1.13，即体操分项在北京奥运会后的竞技优势定位为优势。

表 3-57　我国体操分项在北京奥运会前参加三大赛事获奖情况

奖牌	性别	2004 年	2005 年		2006 年		2007 年		2008 年			合计	E 值
		奥运会	世界锦标赛	世界杯总决赛	世界锦标赛	世界杯总决赛	世界锦标赛	世界杯总决赛	世界锦标赛	世界杯总决赛	奥运会		
金牌	男	1	1	—	5	2	4	—	—	2	—		
	女	0	1	—	3	2	1	—	—	3	—		
	小计	1	2	—	8	4	5	—	—	5	—	25	0.41

（续表）

奖牌	性别	2004 年	2005 年		2006 年		2007 年		2008 年			合计	E 值
		奥运会	世界锦标赛	世界杯总决赛	世界锦标赛	世界杯总决赛	世界锦标赛	世界杯总决赛	世界锦标赛	世界杯总决赛	奥运会		
银牌	男	0	1	—	0	1	1	—	—	0	—		
	女	0	0	—	0	1	1	—	—	2	—		
	小计	0	1	—	0	2	2	—	—	2	—	7	0.35
铜牌	男	1	1	—	0	1	0	—	—	0	—		
	女	1	0	—	0	0	1	—	—	1	—		
	小计	2	1	—	0	1	1	—	—	1	—	6	0.19
合计	男	2	3	—	5	4	5	—	—	2	—		
	女	1	1	—	3	3	3	—	—	6	—		
	小计	3	4	—	8	7	8	—	—	8	—	38	0.95

表 3-58　我国体操分项在北京奥运会后参加三大赛事获奖情况

奖牌	性别	2004 年	2005 年		2006 年		2007 年		2008 年			合计	E 值
		奥运会	世界锦标赛	世界杯总决赛	世界锦标赛	世界杯总决赛	世界锦标赛	世界杯总决赛	世界锦标赛	世界杯总决赛	奥运会		
金牌	男		1	—	5	2	4	—	—	2	7		
	女		1	—	3	2	1	—	—	3	2		
	小计		2	—	8	4	5	—	—	5	9	33	0.92
银牌	男		1	—	0	1	1	—	—	0	1		
	女		0	—	0	1	1	—	—	2	0		
	小计		1	—	0	2	2	—	—	2	1	8	0.13
铜牌	男		1	—	0	1	0	—	—	0	0		
	女		0	—	0	0	1	—	—	1	4		
	小计		1	—	0	1	1	—	—	1	4	8	0.08
合计	男		3	—	5	4	5	—	—	2	8		
	女		1	—	3	3	3	—	—	6	6		
	小计		4	—	8	7	8	—	—	8	14	49	1.13

表 3-57 可以全面反映在北京奥运会前项目优势定位的现状，这对制订该项目参加北京奥运会参赛目标、策略和计划有重要的参考价值。

根据已收集到的数据，对我国体操分项在北京奥运会前和北京奥运会后参加三大体育赛事中的获奖情况及项目优势类别的定位进行了综合的统计，并进行了竞技项目优势水平（*E* 值）的比较，通过统计、分析及比较得出以下结论：北京奥运会后我国体操项目的优势水平和优势地位较北京奥运会前有了明显提高。

（一）金牌和奖牌总数明显增加

金牌总数由北京奥运会前的 25 枚，增加到北京奥运会后的 33 枚，奖牌总数由北京奥运会前的 38 枚增加到北京奥运会后的 49 枚。

（二）*E* 值明显提高

奥运会前和奥运会后的统计差异的关键是两届奥运会上获奖情况的变化（图 3-2）。北京奥运会前是统计雅典奥运会上的获奖情况，而奥运会后统计的是 2008 年北京奥运会的获奖情况，而 2005～2008 年奥运会周期中参加的世界锦标赛和世界杯总决赛的成绩均相同。

（1）体操分项金牌 *E* 值由 0.41 提高到 0.92，整整提高了一倍多。

（2）体操分项总体 *E* 值由 0.95 提高到 1.13。项目的优势地位由 B 类一般优势项目，提高到非常显著的 A 类非常优势项目。

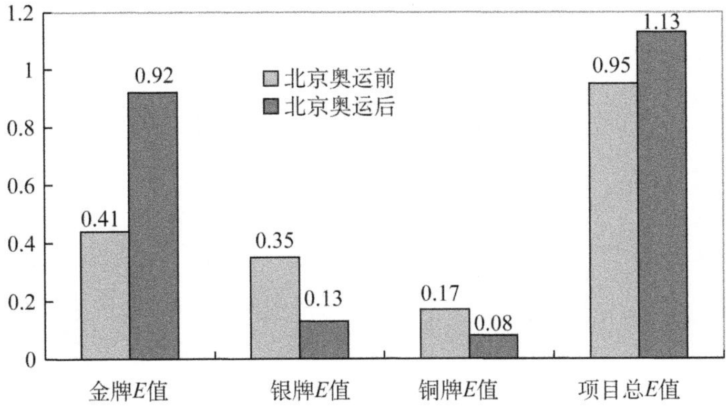

图 3-2　北京奥运会前和北京奥运会后我国体操分项 *E* 值比较

鉴于数据收集原因，男女性别上的成绩差异尚未统计出具体的数据，但从初步了解到的项目参赛情况看，无论是北京奥运会前，还是北京奥运会后，我国体操分项男子项目的优势水平均超过女子项目的优势水平。但这一差距在北京奥运会后比北京奥运会前已明显缩小。

（三）参加三大赛事的成绩有明显差异

2004~2008 年北京奥运会周期我国体操运动员参加三大赛事获奖情况比较具体见表 3-59。

表 3-59　2004~2008 年北京奥运会周期我国体操运动员参加三大赛事获奖情况比较

	世界锦标赛		世界杯总决赛		奥运会		总计	
	奥运会前	奥运会后	奥运会前	奥运会后	雅典	北京	奥运会前	奥运会后
金牌数	15	15	15	15	3	9	27	33
奖牌总数	20	20	15	15	4	14	39	49

我国竞技体操具体表现为世界锦标赛、世界杯总决赛的成绩最好，均稳定在 15~20 枚奖牌。两届奥运会的成绩变化和差异较大，雅典奥运会仅获 4 枚奖牌，北京奥运会一下提高到 14 枚。这说明我国竞技体操在北京奥运会后已取得了非常明显的优势地位，是我国奥运会分项中最稳定的优势项目之一。

以上个案分析为我国体操备战奥运会提供依据，也为其他分项进行优势定位及备战大赛提供借鉴。

第四章
第 23～29 届奥运会我国竞技项目优势转移的演变与探析

第一节　第 23～29 届奥运会我国竞技项目优势转移的总体演变

一、金牌总数

在1984 年洛杉矶奥运会上，我国总共获得金牌 15 枚；1988 年汉城奥运会时我国竞技运动项目的优势地位下降到最低谷，仅获得 5 枚金牌；直到巴塞罗那奥运会，我国获得金牌总数才逐渐回升，并以 16 枚的金牌数量超过了洛杉矶奥运会 15 枚的金牌数；到雅典奥运会时，我国累计获得 32 枚金牌；这一优势并未停止，到北京奥运会时，我国金牌数从雅典奥运会的 32 枚快速增长到 51 枚，相当于 1988 年汉城奥运会最低谷时金牌数的 10 倍，实现了一次历史性的飞跃。

二、团体总分

团体总分既反映了一个国家竞技运动项目优势的质量，同时也反映了这个国家竞技运动发展的数量和后备力量成长的趋势。从统计看，这一发展趋势与金牌总数的发展趋势是基本一致的。洛杉矶奥运会时我国团体总分为 117 分，汉城奥运会时下降到 82 分，而到北京奥运会时，一下剧增到 374 分，分别为洛杉矶奥运会的 3.2 倍和 4.6 倍（表 4-1）。

表 4-1　1984~2008 年中国参加奥运会团体总分得分及名次情况

奥运会		金牌		银牌		铜牌		团体总分（分）
城市	届次	得分（分）	枚数	得分（分）	枚数	得分（分）	枚数	
洛杉矶	23	75	15	24	8	18	9	117
汉城	24	25	5	33	11	24	12	82
巴塞罗那	25	80	16	66	22	32	16	178
亚特兰大	26	80	16	66	22	24	12	158
悉尼	27	140	28	48	16	30	15	218
雅典	28	160	32	51	17	28	14	239
北京	29	255	51	63	21	56	28	374
合计	—	815	163	351	117	212	106	1 366

三、奥运会中国、美国、俄罗斯奖牌的变化

从第27~29 届三届奥运会上，世界竞技体育的格局发生了明显的变化，其中主要的变化是中国竞技体育的崛起，中国已成为奥运会三强之一，而且在第27~29 届奥运会中，金牌总数和团体总分均由第三变为第一。总体看美国由第一退居第二，俄罗斯由第二退居第三（表 4-2）。

表 4-2　第 27~29 届奥运会中国、美国、俄罗斯奖牌及团体总分比较

奥运会城市	国家	金牌		奖牌总数		团体总分	
		数量（枚）	名次	数量（枚）	名次	得分（分）	名次
悉尼	中国	28	3	59	3	436	3
	美国	40	1	97	1	676	1
	俄罗斯	32	2	88	2	600	2
雅典	中国	32	2	63	3	478	3
	美国	35	1	103	1	700	1
	俄罗斯	27	3	92	2	584	2
北京	中国	51	1	100	2	748	1
	美国	36	2	110	1	732	2
	俄罗斯	23	3	72	3	468	3

四、第 27~29 届三届奥运会前和奥运会后总体实力的变化

根据本研究的设计，北京奥运会前的成绩界定为悉尼奥运会成绩加上雅典奥运会周期中在世界锦标赛与世界杯总决赛的成绩。北京奥运会后的成绩则是将 08 奥运会周期中的世界锦标赛和世界杯总决赛成绩，再加上北京奥运会取得的奖牌数统计出来的。从表 4-3 中可以看出，雅典奥运会在金牌总数上比悉尼奥会提高了 53.5%，已经取得了非常突出的成绩，但是到北京奥运会时，在雅典奥运会前的增长率的基础上，又有了 40%的增长率，但是在北京奥运会后，由于在北京奥运会上中国运动员取得了突出的成绩，以此作为在雅典奥运会增长率的基础上，又将金牌总数提高了 45.5%，其增长率超过了雅典奥运会后。而在奖牌总数和团体总分上，北京奥运会周期的增长率还要高。例如，雅典奥运会后，增长率为 23.4%，但北京奥运会后增长率却高达 46%。北京奥运会之后，无论是在金牌数、奖牌总数还是在团体总分上，都不同程度地超过了雅典奥运会的增长率，在金牌数和团体总分上表现尤为突出（表 4-3、图 4-1、图 4-2）。

表 4-3　三届奥运会前和奥运会后的总体实力的变化

时段	类别	悉尼奥运会	雅典奥运会		北京奥运会	
		数量	数量	增长率（%）	数量	增长率（%）
奥运会前	金牌数（枚）	52	80	53.5	112	40.0
	奖牌总数（枚）	164	223	36.0	286	28.3
	团体总分（分）	547	765	40.0	944	23.4
奥运会后	金牌数（枚）	80	112	40.0	163	45.5
	奖牌总数（枚）	223	286	28.3	386	35.0
	团体总分（分）	765	944	23.4	1 378	46.0

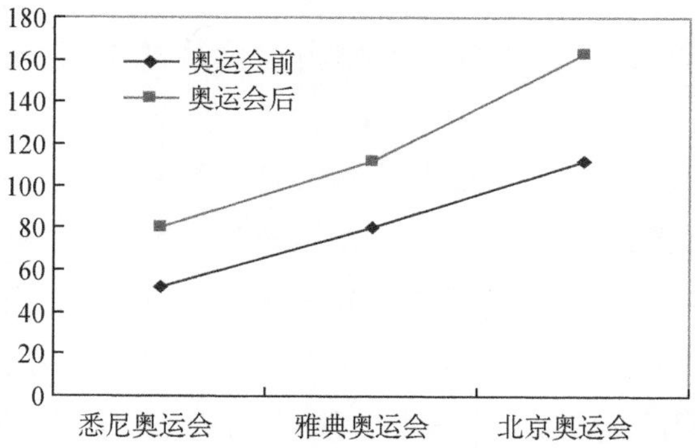

图 4-1　三届奥运会前后金牌数的变化

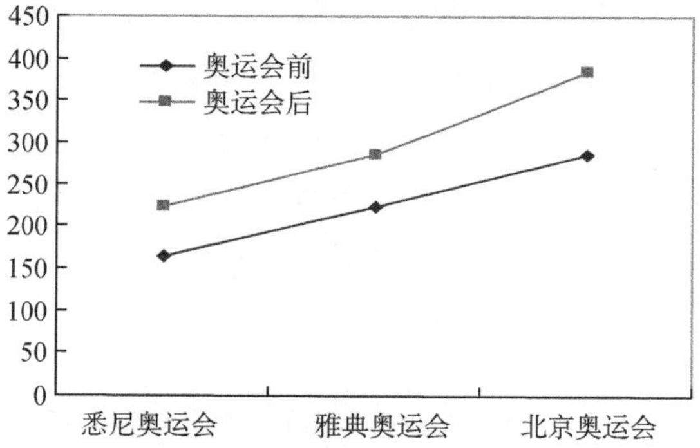

图 4-2　三届奥运会前后奖牌总数的变化

五、1984~2008 年历届奥运会我国优势指数（*E* 值）的变化

从表 4-4 和图 4-3 的统计可以看出，我国在洛杉矶奥运会的 *E* 值为 1.11，1988 年汉城奥运会由于整体水平大幅下滑，*E* 值仅为 0.71，巴塞罗那奥运会的 *E* 值提升到 1.42，出现一次明显的飞跃，超过了汉城奥运会的1 倍之多。从亚特兰大奥运会开始，基本上保持在 1 以上的水平，在北京奥运会上提升到 2.67 的高水平优势地位，比洛杉矶奥运会增长了 1 倍多，充分表明北京奥运会后我国竞技运动项目的优势水平达到了一个历史的新高度，为我国竞技体育的进一步腾跃创造了良好的条件。

表 4-4　1984~2008 年历届奥运会我国优势指数（*E* 值）的变化情况

类别＼奥运会	洛杉矶	汉城	巴塞罗那	亚特兰大	悉尼	雅典	北京
金牌总数	15	5	16	16	28	32	51
银牌总数	8	11	22	22	16	17	21
铜牌总数	9	12	16	12	15	14	28
奖牌总数	32	28	54	50	59	63	100
E 值	1.11	0.71	1.42	1.26	1.56	1.71	2.67

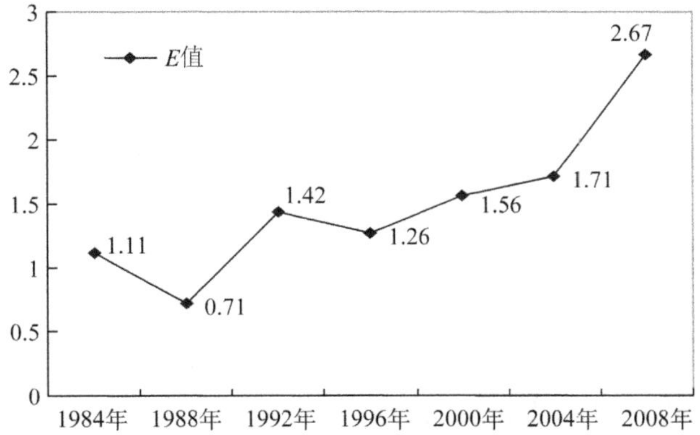

图 4-3　1984~2008 年历届奥运会我国优势指数（*E* 值）的变化情况

六、1984~2008 年历届奥运会我国各类项目竞技优势的变化

从图 4-4 中可以看出，自第 24 届汉城奥运会至今，我国在历届奥运会上竞技项目优势情况的变化趋向。

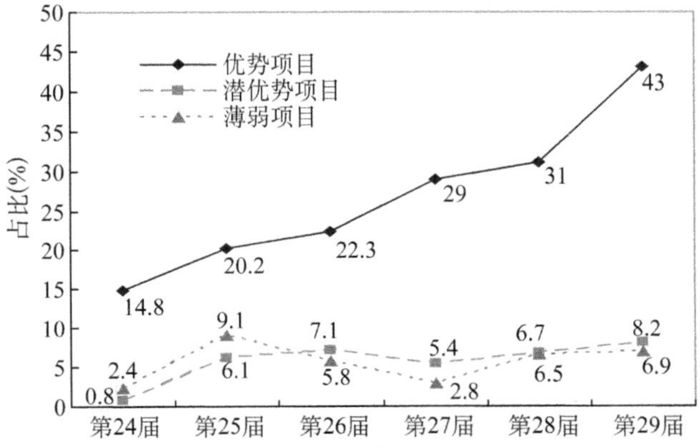

图 4-4　我国竞技项目实力变化情况

（一）优势项目地位稳固，金牌总数逐年大幅度上升

北京奥运会上，中国51枚金牌出自15个大项、17个分项，我国的7个优势项目都有着非常出色的表现，其中体操9枚、举重8枚、跳水7枚、射击5枚、乒乓球4枚、羽毛球3枚、女子柔道3枚，共计39枚金牌，占中国代表团金牌总数的76.47%。雅典奥运会上这几个项目拿到的金牌数总计23枚，占上届金牌总数的71.87%，增长幅度较大。仅体操一项就比上届多拿8枚金牌，这些优势项目比雅典奥运会一共多拿了16枚金牌，这16枚金牌足以改变中国代表团在奖牌榜上的位置。优势项目是构成我国竞技体育实力的核心部分，是决定我国竞技体育优势地位的主力军。

（二）潜优势项目冲劲十足，金牌总数稳步增加，但表现出相对不稳定性

我国潜优势项目有击剑、蹦床、女子射箭、女子自行车、女子摔跤等。北京奥运会上，中国收获男子佩剑金牌1枚、女子摔跤金牌1枚、女子射箭金牌1枚，蹦床金牌2枚，拳击也连夺2枚金牌，创造了中国拳击在奥运会上的最佳成绩。这些潜优势项目都超过了雅典奥运会，所得金牌数比上届总共增加了6枚。

从第24~29届奥运会，我国潜优势项目经历了螺旋式上升的过程，尤其是近几届奥运会表现出强劲的竞技实力，有些项目从第十名上升至第四、第三名，呈相对平稳态势，但与优势项目相比也表现出相对不稳定性，表明要进一步认识和把握项目的本质特征及规律，通过“走出去，请进来”加快对项目本质特征及规律的认识，同时拓展新的优势增长点，如与优势项目同项群的潜优势项目、适合亚洲种族特征的技能类项目及体能类项群技术含量较高的项目优先拓展。

（三）“119工程”仍需努力，金牌总数相对持平

我国薄弱项目竞技实力与前面两类项目相比，表现得更为不稳定，从第24届奥运会上的第11名上升到第25届奥运会的第3名，并在第26届奥运会上得以保持，但在第27届奥运会上回落到第12名，到第28、29届奥运会逐年回升，但均未超过第25届奥运会的表现，表现出大起大落的特点。

“119工程”是国家体育总局原局长袁伟民提出的，即曾在奥运会赛场上田

径、游泳和水上项目三个大项（帆船、赛艇、皮划艇）的金牌分别是 46 枚、32 枚、41 枚，金牌数总计 119 枚，占奥运会项目总金牌的 1/3。我国的薄弱项目大多属于“119 工程”，多年来在这 3 个项目上的表现分别为：雅典奥运会田径获得 2 枚金牌、游泳获得 1 枚金牌、水上项目获得 1 枚金牌；悉尼奥运会田径获得 1 枚金牌；北京奥运会田径、游戏和水上项目获得金牌 4 枚、银牌 4 枚、铜牌 4 枚，奖牌总数略有增加，但未实现计划的 10 枚金牌的目标。

（四）北京奥运会优势项目和潜优势项目表现突出，薄弱项目与上届持平

从金牌总数来看，我国在北京奥运会中优势项目和潜优势项目上的突出表现，实现了金牌总数“大飞跃”，比上届多收获 22 枚金牌，同时薄弱项目的金牌总数与上届相对持平。金牌数超过美国 15 枚，但奖牌总数仍然落后美国 10 枚。从奖牌榜的获奖项目来看，主要分布在体操（9 金 1 银 4 铜）、举重（8 金 1 银）、跳水（7 金 1 银 3 铜）、射击（5 金 2 银 1 铜）、乒乓球（4 金 2 银 2 铜）、羽毛球（3 金 2 银 3 铜）和柔道（3 金 1 铜）等技巧性较强的项目中。从奖牌的分布态势来看，分布呈现出“倒金字塔”和“扎堆”现象，与美国队相比，除了田径和游泳两大优势项目外，其奖牌皆均匀分布在各类大项中。澳大利亚及欧洲各国在田径、游泳、赛艇、集体球类、自行车等项目、非洲在中长跑项目的实力皆十分突出，在这些项目上中国仍存在相当大的差距。我国奖牌榜的“倒金字塔”结构说明，中国的竞技体育仍处于“强弱明显、强者恒强、弱者恒弱”的“扎堆”现象。

第二节　我国优势项目优势形成的共性特征

一、举国体制是优势项目成功的法宝

中国能在十几年的时间跻身金牌总数前三强，充分显示我国竞技体育发展的高速度，证明了举国体制对我国竞技体育发展的重要作用。袁伟民在悉尼奥运会后的总结发言时切中要害：“中国体育代表团所取得的成绩，得益于社会主

义制度的优越性，体育事业得到了中央各部门、地方各级政府和解放军的重视和支持。运动人才都是地方培养输送的，没有举国体制、全国一盘棋的优势，就没有体育事业的快速发展。”从 1984 年以来的历届奥运会，优势项目一直是构成我国竞技实力的决定性因素。北京奥运会上，出自优势项目的有 39 金，占中国代表团金牌总数的 76.47%。这些优势项目除了乒乓球和羽毛球外，其他优势项目如体操、跳水、射击、举重、柔道等都表现出技术难度大、场地要求高、集群性差等特点，这必然导致群众基础薄弱和普及率低。这些项目在底子薄、社会基础差、经济不发达的时期靠自然长成是远远不可能快速形成优势的，因此，这些项目除了种族优势和传统优势外，比其他潜优势项目和薄弱项目更需要举国体制的保障。举国体制可以集中人力、物力、财力，通过统一规划、调配、布置来保证部分重点项目形成优势，占领制高点。调研也证明各个优势项目在总结自身经验时，都无一例外地认为举国体制是项目成功的法宝。

二、准确把握项目的本质特征及个性规律

在竞技体育训练中，深入认识项目本质特征及规律是提高项目核心竞争力的关键。当今竞技体育的竞争，在很大程度上是对竞技项目本质特征及规律认识和把握的程度，谁对竞技项目本质特征及规律认识得越清楚，谁就把握得越准确，谁就有可能在激烈的竞争中把握主动权、占领制高点。长期以来，我国优势项目保持长盛不衰，其核心要素就是深刻地认识了各项目的本质规律及专项特征。一些潜优势项目在国际赛场上取得的历史性突破，也是基于对项目特点及本质规律的认识有了进步。

我国优势项目保持优势的根本内在动因是深刻认识专项个性特征及规律，形成了一套科学的训练观念、训练方法、训练手段。例如，我国乒乓球队历来重视对项目特点和规律的研究，总结出了“快、准、狠、变、转”等技术特点，而且在把握乒乓球竞技最高层面上的制胜规律，走出了一条具有中国特色的技战术发展道路；我国羽毛球队有独特的“快、狠、准、活”的技术风格和为国争光的雄心大志，自觉地贯彻“从难、从严、从实战出发，科学的大运动量训练”的“三从一大”训练原则，不断吸取国外先进的运动训练方法，这些也成为他们保持优势的动因；中国举重终于步入了成熟期，逐步摸索出项目特征与

规律，基本掌握项目“绝招”，逐步形成了“稳、准、狠、疯”和“勇敢、顽强、干净、利索、遇强更强”的训练竞赛风格，表现为“外在稳、心里狠、动作准、状态疯”的强健状态；中国体操队深刻总结了体操项目开展半个世纪的历史经验，准确地将体操项目的制胜因素概括为“力、难、新、美、稳”，这 5 个字较完整地概括了体操项目制胜因素中体能、技能、心智的全部内容和竞技体操必须要达到的最高境界。中国体操队在把握和认识制胜因素权重变化的关系上，始终走在世界前列，在动作难、动作稳与求新、求美的关系问题上狠下功夫，不时地调整自己的制胜因素排序（表 4–5）。在奥运会上，李小双勇敢地拼搏极难的 3 周空翻就是经典的事例。

表 4–5　优势项目科学化训练的制胜因素

制胜因素	总得分	每个因素平均得分	排序	每个因素应得分
教练员训练水平高	121	4.84	1	5
训练方法得当	120	4.80	2	5
举国体制	120	4.84	1	5
坚持“三从一大训练”	120	4.80	2	5
梯队建设好	115	4.60	5	5
选材较好	109	4.36	6	5
管理得当	105	4.20	7	5
有创新精神	104	4.16	8	5
训练计划合理	102	4.08	9	5
有奉献精神	102	4.08	9	5

对各个运动项目特殊规律的认识和探索，是一个永恒的话题，同样也是一个永恒的过程。本研究的调查结果表明，78%的专家学者认为，受各种内外因素的影响，项目的优势是相对的、不断动态变化的（表 4–6）。

表 4–6　竞技项目优势发展的规律性认识调查结果

调查选项	专家、学者选择百分比
A. 一旦升为优势项目，其优势就会相对稳定	22%
B. 受各种内外因素的影响，项目的优势是相对的、不断动态变化的	78%
C. 一旦成为优势项目后，就必然要变为潜优势项目或薄弱项目，这是不以人的意志而转移的客观规律，是不可改变的	0

三、科学地坚持“三从一大”训练原则

“三从一大”训练原则是多年来从各方面都得到证实的，也是最实用、最科学的训练方法，是中国竞技体育的财富。乒乓球、羽毛球、跳水、体操等优势项目和其他一些项目所取得的优异成绩，都是依照“三从一大”的训练方法。以中国乒乓球队为例，乒乓球属于隔网对抗的技能主导类项目，因此，在项目制胜因素中，技术因素占主导地位。中国乒乓球队紧扣项目特点，组织技术训练，一切从比赛的要求、从难、从严抓技术训练。技术训练只有在中枢神经系统处于良性兴奋状态、精神高度集中时进行，才能收到好的效果。运动员如果在疲劳状态下，肌肉感觉就会模糊，对球性的分辨能力就会下降，从而破坏正确的动力定型而使训练的效果大打折扣。技术训练对运动员神经肌肉系统（尤其是小肌群）感觉的灵敏度要求较高，使“以赛促练”“以赛带练”“赛练结合”常规化。科学地进行大运动量训练，不搞马拉松式训练，队员每天的训练量保持在 5 h 左右，每天挥拍击球次数为 3 000～5 000 次，全年训练日大约在 280 天。一切训练都要考虑“练到了没有”“练够数了没有”，训练的质和量都有严格的规格要求，将“从难、从严”落实到“从实战需要出发”上，落实到每个运动员深刻把握、熟练掌握具备特色的打法上，落实在应对对手的变化上，运动员各自的特色打法落实到“特长突出、技术全面”上。

自 20 世纪 90 年代以来，新一任的教练们深刻认识项目本质规律，在训练方法上有独特的见解与创新，并把这些训练方法与“三从一大”训练原则有机结合在一起，赋予“三从一大”新认识、新突破、新作为，不断加强训练中的科技支撑，使这项项目训练的整体实力达到科学化训练水平。除延续和发展“从实战出发，苦练基本功”外，要更加注重处理好训练与比赛的关系：为适应频繁国际赛事和国内乒乓球市场开发的需要，运动队适时转变训练周期的模式，训练的周期由以往的长周期改变为短周期，不断探索新形势下的竞技训练比赛规律。

四、优秀运动员高度发展的优势素质弥补其竞技能力的非均衡性

每个运动员的竞技能力结构都有着各自不同的特点，但优秀运动员竞技能

力的结构又有着许多共同的特征，突出表现是优秀运动员某一成绩的取得（某一功能的实现）可以由不同的结构予以实现，其实现机制在于各自结构中优势因素对于弱势因素的补偿。运动员竞技能力结构的非均衡特征及补偿效应普遍存在，其补偿效应值得我们研究。由于运动员在身体形态、运动素质等许多方面各具特点，决定其竞技能力非均衡结构客观存在。一些运动员以遗传途径获得的优势能力去弥补竞技能力结构中某种薄弱能力；一些运动员通过后天训练获得的优势能力来弥补竞技能力结构中某些难以发展的能力。因此，竞技能力非均衡结构的补偿效应通常是通过竞技能力结构中优势要素超常的高度发展，促进了总体竞技能力的提高，或者是通过竞技能力结构中优势能力的作用有效地加强了构成要素之间的相互联系或带动其他要素水平同时提高的现象。有时，优势能力的微小变化还可能引起其他因素的大幅度提高。2005 年墨尔本世界锦标赛，程菲创造中国女子跳马历史，在外国人看来，东方人天生身材纤细，一贯以高低杠和平衡木等项目为优势，本该同这个力量型的项目无缘，但程菲让这个观点成为历史。运动员灵活、快速、强健的体能，优秀的运动技能和驾驭运动制胜的能力，坚强的意志品质以及必胜的信念反过来弥补了或许存在的不足。这提示我们在运动训练过程中，注意充分发挥运动员优势能力的竞技价值，以此“扬长补短”。例如，我国 5 位自由体操世界冠军李月久、李宁、童非、楼云、李小双。他们的身体形态、运动素质各不同，但同样以翻腾动作高、轻、飘制胜，达到异构同功的效果。李月久、楼云以动作难度大制胜，李宁、童非以动作美感制胜，李小双则兼而有之，其中以动作难度更为突出。不难看出，他们能够取得成绩源于自身优势能力对薄弱能力的补偿。因此，运动员不必一味补短，要依据自身身体形态特点和身体素质条件考量整体实现效果，重在形成自身的优势或绝招，依靠优势努力不断加强的形式提高整体竞技能力。

五、组织文化是优势项目良性发展的管理优势

组织是指为实现某一共同目标，经由分工与合作及不同层次的权力和责任制度而构成的人群集合系统。它包含三层含义：一是组织必须有目标；二是组织必须有分工与协作；三是组织要有不同层次的权力与责任制度。有组织就有组织文化，如企业中的企业文化、校园中的校园文化、社区中的社区文化等。

组织文化是组织管理中最核心、最本质的东西，是组织生存、发展的灵魂和精神支柱，是组织用之不竭的动力源泉。它反映和代表了该组织成员的整体精神、共同的价值观念、合乎时代的道德准则和行为规范、追求发展的文化素质，它是增强组织内聚力、向心力和持久力，最大限度激发人的积极性和创造性，确保组织工作取得巨大成效，推广组织成长和发展的意识形态之总和。组织文化是组织良性发展的重要因素，是与其他同类组织竞争的决定因素。

优势项目的组织文化是运动队在长期的实践活动中所形成的、全体成员共同认同和遵守的、具有本运动队特点的价值观、道德标准、行为规范、规章制度、精神风貌的总和。它是增强运动队的凝聚力和向心力、激发运动员的斗志、制约运动员的行为、使运动员为实现组织的共同目标而不断进取、不断创新的项目文化。优势项目在长期的训练比赛和创造优异的运动成绩实践中，会形成一套适合自己的完整管理体系和组织文化。爱国教育、集体主义、拼搏精神是永恒的主题，牢固树立祖国培养、人民养育的观念，充分认识到社会主义制度的优越性。优势项目一贯重视团队文化建设，乒乓球、体操、女排等项目为我们树立了优秀团队文化的典范，女排精神更是被国人称颂，人们在学习女排精神时，为国争光、顽强拼搏的团队意识让人记忆深刻。重视团队文化建设是优势项目的成功经验，它不会随着运动员的退役而退场，而会作为运动队强大的精神财富代代相传。

六、“金牌教练”在优势项目传承中作用显著

我国优势项目的教练员大多都是运动员出生，并且多次在三大世界级赛事中获得金牌，像乒乓球、跳水、体操、羽毛球和射击等优势项目的教练员均是“金牌教练”。魏旭波专门对我国 72 名“金牌教练”成才规律进行了研究，总结出 8 条成才规律。从中也提示我们，“金牌教练”在优势项目的优势巩固中功不可没。研究认为，“金牌教练”都经过了长期、系统的专业训练，取得了优异的运动成绩，在世界大赛中经受磨砺，得到锤炼；有浓郁的爱国情结，具备实现自我价值与祖国需要相结合的内部驱动力；有良好的创新意识，善于发现问题、敢于突破传统、追求领先并善于捕捉灵感；有刚毅、沉着、坚定的心理品质；能够从世界水平的高度把握专项前沿和专业发展的趋势，熟识主要竞争对手的实力和特点；有全面超强的业务能力；安排周到、细致的赛前训练工作，战术

指挥充满智慧等。这些“金牌教练”的特质为我们进一步研究、学习、巩固和发扬优势项目获得启示。

七、技术创新是优势项目牢牢站在世界领先地位的核心竞争力

技术创新与训练水平两者相长，只有训练水平达到相当的高度，对前沿的运动技术水平有深刻认识，才能有创新的思想火花闪现。同时，只有不断创新，才能牢牢地站在世界竞技体育发展的制高点上。优势项目的技术创新正是建立在这样的基础之上，中国有一句成语称“熟能生巧”，说的就是这个道理。优势项目训练水平高，就能派生出许多新的东西。我国优势项目在技术创新方面有着共同的长处，中国乒乓球队在打法、技术和球拍上的创新走在世界前面，总结出凡是重视了创新，技术就有发展，凡是忽略了创新，就会出现低潮，唯有创新是核心竞争力。中国体操队以队员名字命名的创新技术动作更是不胜枚举，中国体操女队发明创新的“程菲跳”就是有力证明，跳马一直是中国体操女队的相对弱项，2005 年墨尔本世界锦标赛，是中国体操队继雅典奥运会之后第一次参加国际竞赛，处于低谷的中国体操队急需要一个“亮点”来振奋军心。依照以往的经验判断，从高难动作中寻求突破是最有效的途径。中国体操女队通过结合之前的高难度跳马动作，即罗马尼亚运动员 Amanar 发明的“Yurchenko900”和 Khorkina 首创的“Khorkina Ⅱ”，设计了复杂的转体动作，这为“程菲跳”的出现奠定了基础。程菲作为中国体操女队的力量型选手，具备出色的爆发力，再加上中国体操队对动作姿态、节奏控制的经验，使得程菲成为世界上极为罕见的难度与质量兼备的优秀运动员。程菲在墨尔本世界锦标赛预赛中成功完成新动作并获得命名，并在决赛中以“程菲跳”轻松夺冠。程菲夺冠时创造了 3 个纪录：中国体操史上第一个女子跳马世界冠军、2001~2005 年女子跳马项目的最高得分、2001~2005 年世界第一个也是唯一一个起评分为 10 分的女子运动员。

八、后备人才为优势项目储备了很好的人才库资源

优势项目多年强劲，很大程度得益于三级人才培养模式。三级人才培养模

式强有力地保障了青少年竞技体育后备人才从事训练的师资、场地、经费等。同时，竞赛、训练、管理体制也决定了竞技体育后备人才从事竞技训练的组织形式和开展方式，对竞技体育后备人才竞技能力和潜力培养的影响是巨大的。中国跳水队前副总教练于芬分析："外国跳水始终在等待天才，多少年好不容易等出来一个，就会坚持好多年；中国则是成批量地在培养优秀运动员，随时有新人替上来，所以长盛不衰。"悉尼奥运会会上，中国体操队几经换人，无论用替补队员郑李辉或是赵牲，都能取得胜利，获得团体冠军。北京奥运会上更是如此，在中国所获 51 枚金牌中，有 26 枚由首次参加奥运会的年轻选手获得，还有 4 枚团体金牌由首次参加奥运会的年轻选手担当了主力。跳水、羽毛球、乒乓球、举重等项目在奥运会比赛中常采用"双保险"战略，每次都能制胜。瑞典乒乓球名将瓦尔德内尔 40 岁后还在与我国乒乓球新秀过招，由于瑞典国家队运动员青黄不接，截至 2004 年，这位乒坛老将已与我国六代乒乓球运动员在竞技场上较量过。在北京奥运会上，34 岁的俄罗斯奥运会"五朝元老"萨乌丁、31 岁的帕卡琳娜、31 岁的威尔金森等依旧活跃在赛场。在这些市场性不强的项目中，国外选手在训练上困难很多，所以出现一个好选手很难。我国的优势项目多为市场性不强的项目，举国体制下的三级人才培养模式使这类项目的优势更容易凸显。

第三节　我国举重项目优势形成的个案研究

一、我国举重项目优势转移的历史轨迹

1956 年陈镜开打破世界纪录，成为中国体育史上第一个打破世界纪录的人；1984 年洛杉矶奥运会夺得 4 枚金牌；1988 年汉城奥运会和 1992 年巴塞罗那奥运会零金牌；1996 年亚特兰大奥运会夺得 2 枚金牌；2000 年悉尼奥运会中国首次参加女子举重项目，夺得 4 枚金牌，占旭刚成为中国举重取得 2 枚奥运会金牌的第一人；2004 年雅典奥运会夺得 5 枚金牌；2008 年北京奥运会的金牌目标是保 5 争 6，最终实现了 8 金 1 银的历史最好成绩，成为中国代表团

真正的“铁军”。

50 年来，中国男子举重队经历了辉煌、低谷、迷茫和觉醒，达到现在空前辉煌的局面。洛杉矶奥运会后，国际体坛剧烈变化，从原先只有 30 多个国家和地区参加举重世界锦标赛到现在百余支队伍参赛，中国队能有这些成员，做出了巨大努力。经过 50 年的发展，中国举重队坚定地以中小级别为主，力争中大级别实现突破的发展路线。北京奥运会中，男子 85 公斤级陆永凭着稳健的发挥，最终为中国队在这个男子大级别项目中夺得了首枚奥运会金牌，突破了欧洲选手一统天下的局面，显示出中国力量不可阻挡的气势。中国举重人敢于创新、敢于尝试，为最终赢得 2008 北京奥运会的辉煌打下根基。这 20 年来，我国举重项目快速发展，已经是世界竞技体育一支不可或缺的力量（表 4-7、图 4-5）。

表 4-7　1984~2008 年奥运会我国举重项目获各类奖牌数情况统计　（单位：枚）

奥运会年份	金牌数	银牌数	铜牌数	奖牌总数
1984 年	4	2	0	6
1988 年	0	1	4	5
1992 年	0	2	2	4
1996 年	2	1	1	4
2000 年	5	1	1	7
2004 年	5	3	0	8
2008 年	8	1	0	9

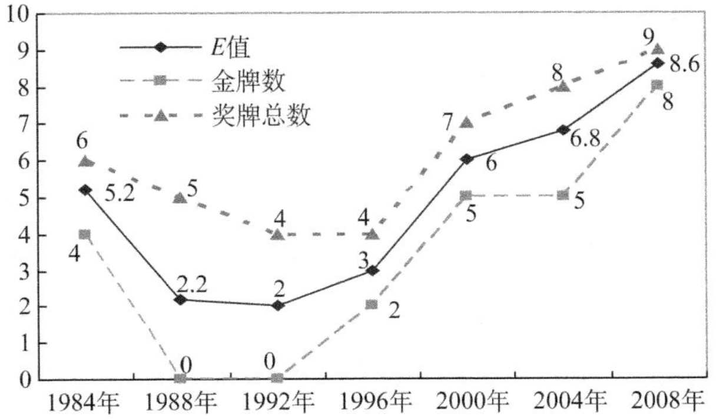

图 4-5　1984~2008 年我国举重项目 *E* 值、金牌数、奖牌数变化趋势图

二、我国举重项目优势形成的动因分析

（一）深刻认识项目的本质规律

认识和把握一个项目的本质规律或制胜规律，就是认识和把握项目的制胜因素。举重项目的制胜因素由力量、技术、心理三大因素构成。①力量：举重，顾名思义谁举得重谁就获得胜利，举重是体能主导快速力量性项目，力量是举重的决定性因素，但力量不仅仅是基础力量，也是基础力量能够通过专项技术表现出来。②技术：我国举重项目经过长期的总结与探索，将举重技术归纳为近、低、快、协调等技术原则。近是指提举杠铃要尽量靠近身体，既可缩短身体各环节的阻力臂以达到省力的目的，又可使身体重心和杠铃重心接近，从而为稳固支撑创造良好条件；低是指采用下蹲与放宽握距等方法，缩短杠铃在某些阶段的上升距离，以举起更大的重量；快是指在某些阶段杠铃上升的速度及人体移动的速度快，以便获得更大加速力和借助惯性及时完成下蹲支撑动作；协调是指根据身体各部分肌肉力量的大小和用力位置的不同，在不同时机有节奏地用力和在相同时机集中用力。举重项目的主要目的是省力和稳固支撑。③心理：有研究表明，心境是影响运动员心理状态最典型的一种情绪状态，一些重要变量会影响运动员的心境和重要表现，这些变量与举重项目高度相关，如比赛人数较少的运动项目比人数较多的运动项目更容易受心境影响，运动持续时间短的项目比持续时间长的项目更容易受心境影响。举重的三大制胜因素相互制约、相辅相成，只有正确合理的技术才能充分发挥力量，只有强大的力量和完美的技术相结合才能使运动员充满自信，只有良好的心理素质和顽强的拼搏精神才能使运动员战胜自己、战胜对手，发挥最高水平。

（二）坚持科学的“三从一大”训练原则

“三从一大”即从难、从严、从实战出发，坚持大运动量训练。这个原则是具有中国特色的训练理论，是几十年来中国竞技体育不断进步的法宝，更是举重队的制胜法宝。作为体能类项群的举重项目，坚持科学的“三从一大”训练原则，具体体现在以下几个方面。

1. *从难出发*　克服一切困难和敢于突破难点，其困难主要表现在苦、累、

单调和枯燥。首先，中国举重队注重加强运动员思想政治工作，这也是举重队多年来战胜困难的一大法宝。系统地对运动员进行爱国主义教育、增强祖国培养意识，树立“人民养育、祖国培养”的思想，每月全队例会、每次重大比赛前、每次集训和转训都进行升国旗和爱国主义教育。激励运动员成绩是实力，精神、作风、意志也是实力，而且是更高的实力。其次，采用有效的训练方法和手段。举重是多年的优势项目，已经形成一套行之有效的训练方法和手段，再次实现突破，通过“解放思想、解放观念、解放金牌”的大讨论将突破口统一在训练内容、形式和方法的创新上，专项力量和专项能力的提高及科技支撑上。针对训练、比赛的突出问题，寻求解决对策，变不可能为可能。

2. 从严出发　高标准的训练和严格的训练。20 世纪 50 年代，国家举重队每周 6 次训练课，目前每周训练课达到 12 次，有时甚至达到 16 次。之前，85 公斤级的举重世界纪录是 177.5 公斤，现在 77 公斤级的世界纪录达到 210 公斤。这就再一次提醒我们，抓竞技体育，抓运动训练，练是基础，长年累月的、超出常人的刻苦训练是必不可少的。这种严格训练的科学态度，正是符合客观规律的必然要求，是运动训练“质”的规定性。

3. 从实战出发　从比赛的实际需要出发，是训练的核心、出发点和归宿。举重比赛常常表现出比赛成绩不如训练成绩，大赛成绩不如小赛成绩。举重队大力加强训练的实践性，通过高于对手的要求进行训练和模拟比赛环境进行训练。结合实战，有目的和随机地进行上高台训练，提高运动员心理适应能力，使训练水平与实战水平统一。

4. 坚持大运动量训练　科学地进行大负荷训练，没有量的积累和强度的刺激是不可能提高运动成绩的。中国举重队将“三从一大”中的大运动量定位在以大强度为主上，坚持科、训、医一体化训练体系。紧密结合举重项目训练和比赛特点，根据教练员需要和运动员个性特征及存在的问题，采用多学科综合手段和方法，分别从训练生理生化监控、疲劳恢复与营养补充、全营养辨证施膳、控降体制的规律、经期训练及营养补充、体能训练、心理训练和调控、技术诊断及快速反馈等，为中国举重队实现大强度训练新突破，提供强有力的科技支持。

为了提升 2008 年北京奥运会竞技实力，中国举重队深入研究和探索举重运动的竞技规律和本质特征，严格遵循“三从一大”训练原则，突出强调科学的

“三从一大”。坚持系统性和不断适应性训练、针对性与适时循环训练，坚持训练与实战统一、实战与竞赛统一、疲劳与恢复统一、体能与技战术统一、实力信心与意志统一、训练要求与训练内容统一，坚持科学把握训练规律、不断适应变化规律等全面科学训练的内涵。举重队将4年的奥运会备战周期划分为4个阶段，即基础年、积累年、强化年和突破年。中国举重队针对如何再次实现自我突破、其突破口在哪里、上升空间有多大等全队为之困惑的难题，寻求解决对策。

优秀运动员还有多大潜力可以挖掘？研究者认为，随着对项目制胜规律认识的不断深化、训练指导思想和训练理念的不断提升、新的训练方法和手段的不断涌现、恢复营养措施的不断完善等，优秀运动员还有相当的潜力可以挖掘。

如何使运动员的体能保持在较高水平，不出现大起大落？研究者认为，体能是技战术、心理和智能的物质基础，是举重竞技五大能力的核心，体能水平的提高和保持，是举重训练的一个重要问题。只有把握好训练周期的节奏性、训练手段的实效性，并配合相关生理生化指标及时准确监控，才能有效避免体能水平的大起大落，保证训练的系统性。

低强度、大运动量训练是无效训练吗？研究者认为，现代运动训练主流指导思想中特别强调“短周期、快节奏、多课次、高强度”，同时要辩证地认识和看待低强度、大运动量训练，在不同的训练周期和阶段，训练安排要符合运动员竞技状态形成的规律性，如在某个特定阶段的低强度、大运动量有氧训练，对运动员无氧能力的培养是有益的。有氧能力水平的高低直接决定了运动训练的厚度，高水平的有氧训练可以直接提升无氧训练的强度，也为短时间内迅速上强度提供了可能性。因此，举重队依据高水平运动员训练特点，科学地划分和把握训练周期，每个周期都有不同的训练指导思想和措施，一致认同应该坚持“小周期、快节奏、多课次、高强度、针对性、全方位大运动量训练”的指导思想。

什么是无效训练？什么是恢复训练？如何安排恢复训练？研究者认为，从某种角度上讲，运动训练的过程也就是疲劳和疲劳恢复的过程，高质量的训练旨在创造最大限度的疲劳程度，只有疲劳恢复后再加大负荷产生新的更深层的疲劳，再在超量恢复才能使机体产生更高基础上的平衡，才能使运动成绩不断提高。可以说，没有疲劳的训练就是无效训练。恢复训练是指及时消除运动员在训练过程中所产生的身心疲劳，并通过多种生物过程产生超量恢复的过程。坚持训、科、医紧密结合的训练体系，利用一切可行的方法和手段控制训练过程，在竞技水平高速发展的今天，对训练方法的有效性、针对性和创新性研究是提高竞技能力挖掘体能的首要前提，也是进行恢复性训练的首要条件。

高强度、高质量的训练是否是训练质量和实战的需要？研究者认为，高强度、高质量是实战的需要。在训练中就要以练出谁举得最重为目的。运动负荷是基础、强度是核心、质量是保障、技术是关键、全面发展身体功能与技能是训练指导思想。训练计划的千变万化，始终离不开负荷、强度、质量、技术四者的协调配合。我国著名田径教练孙海平说过："长期大量的低强度训练容易疲劳，低强度训练不会对专项形成有效的刺激，低强度的大负荷训练不利于专项水平的提高，有一定强度要求的训练有助于运动员稳定状态，在比赛中发挥水平。"总之，高强度、高质量的训练可以极大地提高运动成绩。

（三）举国体制

举国体制的优越性表现在国家利益、目标一致、集约管理、强力保障、一条龙体制（后备人才）、系统训练、全运赛制和"奥运会战略"。举重项目市场化程度低，举国体制的优势尤为突出。举国体制能够集中全国的人力、物力、财力，形成统一意志；能够调配全国最好的教练员和运动员；能够集中全国的教学、科研机构，研究、分析、创新当今的最新技术，为队员提供强大的理论技术支持。举国体制使得后备人才雄厚，不断涌现新的年轻的、高水平选手。举国体制最终可归纳为是举全国之力对少数人进行培养的机制，因而国家有义务要求队员必须服从组织安排，服从国家决定，必须要有为国争光的理念，必须要有高度的政治责任感，这也是举重队评选一个队员能否处于核心地位的最优先考虑的标准。举重队绝大多数队员都有高度的政治责任感，他们是一支拉得出去、打得响的"钢铁部队、王牌之师"。

（四）思想励志教育

人是要有点精神的，竞技体育更是如此，运动训练的长期性、艰苦性、封闭性、枯燥性决定了思想教育的重要性。为了保证系统化运动训练有效进行，也为了激发运动员始终保持积极向上的精神状态，思想励志教育必然会成为竞技体育中的一项不可缺少的基本内容。长期以来，我国竞技体育特别是优势项目在开展思想励志教育方面对保证运动员多年艰苦训练与竞赛起到重要作用，已经成为有效管理运动队伍的重要方法和手段，对所有运动队都具有重要意义。无论是女排精神、女足精神，还是中国乒乓球队“人生能有几回搏”“胸怀祖国，放眼世界”“创新才有生命力”等一系列精神格言，都已经成了全社会共有的精神财富。系统地对运动员进行爱国主义教育、祖国至上教育、顽强拼搏教育、意志品质教育、职业道德教育，经过我国竞技体育实践反复证明是行之有效的。

（五）训练、比赛程序化

训练、比赛程序化是指按照训练、比赛过程的时序性和内容的系统性编制程序，按照预定程序组织训练、比赛活动，对训练、比赛实施科学控制的方法。训练、比赛程序化，实行程序训练、程序比赛、程序管理。避免训练比赛的随意性、降低比赛过程的风险。实行训练比赛程序化，举重队分别对管理程序、训练程序、参赛程序、准备活动程序、整体恢复程序、医务科研程序、思想政治工作程序和后勤保障程序进行编制，整体备战工作系统思考、整体设计、统筹安排、量化管理。举重训练、比赛的程序化使整个训练、比赛过程的发展与变化均置于监督、检查、系统控制的状态之下，避免了训练过程的随意性，降低了比赛过程的风险。

以赛前和赛中控制为例：

- 赛前准备：根据运动员的情况进行20天或一个月的赛前准备，包括心理、体力、能力、心理、竞技状态、科研、医务、体重、用具等方面。
- 出发准备：包括用具、必备物品、随身衣服、食品、行程、气候、环境等方面。
- 报到和赛前训练：包括比赛馆、训练房、训练次数、内容、时间、运动量、体重、卫生间、生活安排等方面。
- 赛前安排：在团长主持下召开准备会，准备2~3个比赛方案，教练组充分讨论，明确任务。
- 称量体重：包括试称、排泄、自带水、称后保暖服等，由专人负责。
- 称量体重后至赛前准备活动：印刷物品、电饭锅、插头、接线板、水、队医、教练、休息室、休息环境、卫生间等方面。
- 后场人员：1名运动员时教练员1人，队医1人；2名运动员时教练员2人，队医1人。

● 根据比赛需要，设计准备活动，包括组数、次数、节奏、时间、状态、方位、杠铃片数量等方面。

● 开把，沉着冷静、充满信心、教练指挥，一举成功。

● 加重，分析彼此实力和能力，教练安排，队员服从。

● 冠军争夺，充满杀气，充满自信，稳、准、狠、疯。

第29届奥运会中国举重队程序化参赛方案

地点：中国北京航空航天大学体育馆

比赛时间和项目：2008年8月9日10：00~11：40（女子48公斤级）

指导思想：统一指挥、集体作战、精心准备、分工协作、落实到人、坚定信心、誓死一搏、夺取金牌

具体参赛方案：见表4-8

表4-8　第29届北京奥运会中国举重队程序化参赛方案

内容	时间	要点
赛前准备		
晨起	6:30	专人叫醒起床
运动员准备	6:30~7:00	测试晨脉，整理服装、用具等
教练员准备	6:30~7:00	再次落实前一天准备方案： 1. 预称体重，确保体重达到要求 2. 运动员必备用品由专人检查：证件、举重服、举重鞋、举重腰带、护腕、胶布、毛巾等 3. 进一步分析对手，研究场上可能出现的问题和对策：分析我方队员状态并确定3个比赛试举预案；安排好教练、队医等有关人员的任务分工
队医准备	6:30~7:00	1. 称量体重后运动员的补剂：糖、盐能量混合补剂250 g 2. 食品准备：运动员习惯食品、水果等 3. 比赛用饮料：有关人准备、保管、提供 4. 比赛用医务准备：有队医带齐比赛用的药品，专人保管
前往赛区称量体重	7:00 7:10 7:20 7:45	有教练员叫醒运动员 运动员、教练员、队医、翻译一同前往乘车地点 由驻地出发、前往赛区 抵达赛区称量体重室
称重	8:00	称重（教练、翻译陪同）
能量补剂及休息	8:10~9:20	有队医和科研专人负责运动员称重后及时给予能量补剂和饮食，在运动员等候称重时，提前准备好营养食品，便于称重后及时补充，按规定到达休息区休息

（续表）

内容	时间	要点
教练员临场会议	9:00~9:20	根据后场公布情况，及时研究对手并调整确定试举方案，及时选好准备活动场地，确定准备活动时间和方案，再次明确教练员分工；总教练统一指挥并观察运动员准备活动情况，一名教练员负责数把数并根据总教练指挥及时改变试举重量
运动员入场	9:45	专人提醒运动员入场，并按规则要求着装
准备活动	9:30~10:00	1. 热身 2. 队医打热身油、按摩 3. 运动员根据自身特点和习惯进行心理调节 4. 根据试举次数的多少进行试举活动
比赛开始	10:00	
抓举比赛	10:00	抓举比赛，根据我方已确定的试举重量，充分保证把数与准备活动次数准确无误；第一次试举确保成功，第二次试举达到预期成绩，第三次试举上水平并根据对手情况考虑总成绩
中场会议	抓举结束后 10 min	根据抓举比赛情况及时总结并研究确定挺举试举方案，确保总成绩冠军
运动员中场活动安排	抓举结束后 10 min	1. 运动员休息 2. 队医陪同是否上洗手间 3. 能量补剂，放松按摩 4. 心理调节
挺举比赛	抓举结束休息 10 min 后开始	挺举比赛，根据我方已确定的试举重量，充分保证把数与准备活动次数准确无误；第一次试举确保成功，第二次试举达到预期成绩，第三次试举上水平并，确保总成绩冠军
比赛结束	11:40	
颁奖仪式	11:50	穿好领奖服上台领奖，听到点名后主动和对方握手，在接受颁奖官员的奖牌和鲜花时要落落大方、彬彬有礼、点头微笑、向观众致意；听到国歌要面向国旗，目视冉冉升起的国旗并右手放至胸前；展示精神面貌和形象
新闻采访	12:10	总教练陪同根据团部要求接受新闻采访，强调祖国培养意识和集体力量
兴奋剂检测	12:20	1. 运动员在队医的陪同下要主动配合奥委会的兴奋剂检测，尊重检测官 2. 严格按照奥委会兴奋剂检测规定执行，坚决树立自我保护意识 3. 确认 A、B 瓶和剩尿时远离任何人，自己完成 4. 只饮用自己亲自检查开瓶的水、饮料 5. 饮用水、饮料没有饮完不能交给别人
赛后注意事项		专人留守，检查清点所有物品，做好准备返回工作

（续表）

内容	时间	要点
赛后总结	20:00~22:00	1. 总结当天比赛的经验和不足，查找问题 2. 研究下一场比赛可能发生的问题和对策，初步制订比赛预案和分工 3. 准备好下场比赛的营养补剂、食品等 4. 检查比赛用品：证件、举重服、举重鞋、举重腰带、护腕、胶布、毛巾等

（六）坚持创新，形成项目特有的风格的训练理念与方法

一是提出“一把保成功、二把要成绩、三把上水平”的比赛试举方针。北京奥运会中国女子举重参加的 4 个级别，准备活动都做到了开把重量，比赛成功率达到了 96%。要想制胜就必须保证成功率，要保证成功率，就必须充分地做好准备活动，弄清楚高开与低开的关系、低开与成功率的关系。

二是提出“三段训练法”，即热身训练法、强度训练法、恢复训练法。热身训练法是指重视准备活动的时间、量、节奏；强度训练法是指小周期、快节奏、多课次、大强度；恢复训练法是指训练后的小肌肉群及神经系统训练。

三是提出冬训增加“3 个 1/3”，即增加 1/3 的量、增加 1/3 的强度、增加 1/3 的恢复。

四是提出“一饮三餐一补，一吃二练三恢复”的指导方针和“小周期大运动量、重调整恢复、重视饮食营养、重基础力量”的训练原则。恢复是指积极性恢复而不是仅靠睡觉、娱乐等消极性恢复，采用创新的恢复理念、恢复手段和保持一定“量”的恢复。

（七）训练强度与伤病的矛盾基本解决

由于项目特点，训练强度与伤病的矛盾一直是困扰举重队的大问题，也被认为是无法彻底解决的难题。石岩（2005 年）认为，“在我国举重项目运动员参赛风险中，伤病风险排在第一位”。郭延栋（1990 年）认为，“近年来举重运动的创伤并未因训练方法和运动医学的进步而减少，其主要原因是运动员承受的负荷量和强度越来越大，运动支撑器官的负荷增长，磨损的次数增多”。在重大的国内外比赛中，赛前和赛中发生的伤病使得运动员比赛发挥不好、中途退

出比赛、无法参赛。针对这一问题，有研究人员总结出以下两点，一是重视准备活动和训练后的小肌肉群和神经系统训练。二是在实践中摸索出易地训练在防伤病、长力量上有出其不意的效果。本研究问卷调查中，伤病风险已由文献研究的第一位降低到第六位。

（八）大赛前独具一格的选拔机制

举重不断保持优势与每次大赛前的科学选拔机制分不开。为完成北京奥运会年任务目标，科学合理地选拔最优秀的运动员参加奥运会，中国举重队选拔工作按照公平、公正、公开的原则制订选拔方案，按照“历史（2005~2007年世界锦标赛、亚运会、亚洲锦标赛、冠军赛、全运会、城运会）成绩的30%和近期（2008年1月1日起至2008年全国世界锦标赛）成绩的70%分配”的要求进行科学排名，积分相等以近期成绩和评定为优先，按照最高水平的运动员参加最高水平的比赛和确保金牌的原则谁好谁上。在具体工作上采取一个月一评估、两个月一排名、三个月一会议（备战领导小组会）、月月队内观察及全国各省市通报等方法，保证选拔工作的科学性、合理性。

北京奥运会男子69公斤级金牌得主廖辉正是这一选拔体制的受益者。男子69公斤级是国际挑战最多的级别之一，同样，在国内这个级别的竞争在备战北京奥运会过程中达到了前所未有的激烈。以前这个级别一枝独秀的是张国政，备战北京奥运会，这个级别涌现了石智勇和新秀廖辉，三人都是这个级别的世界冠军。张国政是2004雅典奥运会冠军、2006年亚运会冠军、2005年世界锦标赛冠军、2007年国家男子举重队参加世界大赛表现最出色的运动员，具备技术和心理稳定、思想成熟、训练比赛拼劲足等优势。石智勇是2004雅典奥运会62公斤级冠军、也是2005年世界锦标赛冠军，具备专项技术好特别是抓举技术、体重轻、参加过多次大赛等优势。廖辉在参加北京奥运会之前仅有过世界杯比赛及城运会冠军的经历，但实力却是当中最为凸显的，2007~2008年训练最好成绩以370公斤分别高出张国政和石智勇18公斤和14公斤，且抓举、挺举的实力均衡，没有偏项，具备年轻、力量大等优势。因此，科学的选拔体制是青年选手廖辉脱颖而出的关键。

由此可见，北京奥运会举重项目的选拔工作非常艰难，各省市都将据理力争。国家体育总局举重摔跤柔道运动管理中心前主任马文广在广泛征求18个省市体育局长意见基础上，多次召开全国体育局长会议专题研究，充分预热，当个人利益、集体利益有损或者削弱国家利益时，将思想认识统一到以国家利益为重。在此基础上提出奥运会选拔指导思想“六个最大化”，即：国家利益最大化、举重发展最大化、对手信息最大化、选拔共识最大化、竞技实力最大化、反兴奋剂效果最大化。

以下是 2008 年奥运会年举重选拔办法：

为完成奥运会年任务目标，科学合理地选拔最优秀的运动员参加奥运会，体现“公开、公平、公正”的选拔原则，特制订本办法。

一、指导思想

一切有利于奥运会年金牌任务的完成，一切服务于奥运会金牌，结合实际综合评定。

二、选拔领导小组、工作小组

选拔领导小组由举重项目备战奥运会领导小组代行，选拔工作小组由举重项目备战奥运会执行小组、并吸收重点运动员单位代行。

三、选拔原则

近两年（2007 年至 2008 年全国世界锦标赛）连续参加国家队集训的队员有资格奥运会选拔，2005~2008 年连续参加国家队集训的队员优先考虑。获资格选拔的运动员根据国内外比赛成绩、国家队教学比赛、训练、心理、功能状况等进行综合评定，由选拔工作小组向选拔领导小组上报参加奥运会初拟名单，由举重项目领导小组确定最后参赛人选，上报国家体育总局批准。

四、选拔级别

（一）女子：48、53、58、63、69、75、+75 公斤级，7 个级别中选出 4 人。

（二）男子：56、62、69、77、85、94、105、+105 公斤级，8 个级别中选出 6 人。

五、选拔名称、时间、地点

（一）名称

（1）基本赛事：2005 年、2006 年、2007 年、2008 年全国世界锦标赛；2005 年、2006 年、2007 年世界锦标赛；2006 年亚运会；2005 年、2007 年亚洲锦标赛；2005 年、2006 年、2007 年世界大赛；2006 年全运会；2007 年城运会。

（2）国家队内部选拔

（二）时间、地点

按规程和最终比赛确定。

六、比例分配和积分

（一）原则

按历史成绩的30%和近期（2008年1月1日起）成绩的70%分配。

（二）比例

（1）2005年度总成绩排名占5%。

（2）2006年度总成绩排名占10%。

（3）2007年度总成绩排名占15%。

（4）2008年度总成绩排名占70%（即全国世界锦标赛30%，综合评定40%）。

（三）积分

2005~2008年参加比赛前3名的分值见表4-9。

表4-9　2005~2008年参加比赛前3名的分值

	第一名	第二名	第三名
2005年度成绩排名	5	3	1
2006年度成绩排名	10	6	2
2007年度成绩排名	15	9	3
2008年度全国世界锦标赛	30	18	6
2008年度综合评定	40	24	8
总分	100	60	20

（四）特殊情况

积分相等以近期成绩和评定为优先。

七、选拔截止日期

成绩选拔截止日期为2008年全国世界锦标赛，赛后3天（期间核对名单）将选拔后的名单上报举重备战领导小组，由领导小组责成工作小组进行综合评定，一个月后上报中心和国家体育总局报批。

三、我国举重项目保持和扩大优势的发展策略

（一）举国体制是市场化程度较低的项目可持续发展的重要保障

优势项目的核心竞争力总是与一定时期的社会和竞技体育发展、赛制改革、

管理模式及项目自身资源等变量因素相关。后奥运会时代竞技体育的管理体制将逐步向以社会化体制为主转移，这是未来我国竞技体育发展的必然趋势。对于举重等市场化程度低的项目，坚持举国体制是它们得以持续发展的根本保障。国家应逐步构建新一轮的混合型竞技体育机制。这种新的举国体制包括两种类型，一种是以国家投入为主的举国体制，像举重、体操、跳水等项目。另一种是以社会投入为主的举国体制，像球类项目等，这一转变力争在未来20~30年初步完成。

（二）重视举重项目三大制胜因素中的心理因素

作为优势项目的举重已经能够深入认识项目的制胜因素及本质规律，但相对于三大制胜因素中的力量和技术因素，心理因素比较薄弱。心理能力直接关系到力量和技术的发挥，是运动员发挥较高的竞技能力和在比赛中创造优异成绩的重要前提。有研究表明，人数较少的运动项目（如个人比赛项目）要比人数较多的运动项目（如球类）更容易受心境的影响，运动项目持续时间短的项目比持续时间长的项目更容易受心境影响。而举重项目比赛的形式和特点都符合这一研究结果。显然，不同的项目受心理的影响也不同，举重比赛受心理因素的影响更大。因此，举重比赛中“克拉克现象”多属心理原因，比赛中往往导致优势失去的最大风险是心理因素。因此，举重作为个人比赛和瞬间完成的爆发力项目，要高度重视运动员心理能力训练。将心理能力训练落实在“积极的情绪、注意的控制、竞技的意志”上，把提高心理能力作为举重项目保持优势的主要途径和突破口。有针对性地加强意志力的培养，将心理训练与体能、技术训练高度结合，体现其高度的统一性特点，降低这一主要参赛风险。

（三）进一步提高教练员对训练周期的认识及赛前训练周期选择的能力

对训练周期的认识，一般应根据训练水平、训练阶段、比赛时间和项目特点等进行选择。对训练周期的认识不够清晰和深入，是举重项目在2012年伦敦奥运会上一个较为突出的问题。对训练周期性规律的认识，应包括运动员竞技状态的形成与发展的周期性变化规律、运动员自身各竞技能力的生物节奏中周期性变化规律、训练适应性的形成规律和负荷与恢复的交互安排的周期性基本规律、重大比赛日程安排的周期性安排规律及气候季节等自然条件的周期性变化规律等。对赛前训练的周期类型选择，应采用“多周期”，这也是力量类、速度类项目高水平运动员较多采用的类型。举重作为体能类快速力量性项目，无论是项目特点还是比赛赛制的大大增加，都需要采用多周期制安排训练，具体可采用双周期、三周期或单周期双峰式，以利于较长时间保持竞技状态，创造出高水平比赛成绩。多周期制不仅可以将年度训练围绕多个重大比赛，形成多次竞技状态高峰，是优秀运动员提高运动成绩的主要方法，还增加了专项训练的比重，提高训练和比赛负荷的水平及有利于提高运动员的心理兴奋性和心理准备的程度等。

（四）充分认识举重项目稳定性控制体重的重要性

举重训练中教练员、运动员普遍重视提高运动员的竞技实力，对运动员稳定性控制体重的重要性认识不够。不少运动员靠赛前禁食降体重、药物降体重、脱水降体重及桑拿降体重等快速降体重方法来达到其级别的比赛要求，这种做法不是优秀教练员应有的认识，对运动员体重的控制能力是评价优秀教练员的重要指标之一。赛前快速降体重会严重影响运动员的身体和竞技状态的研究早有共识。降体重的量过多过快，由于膳食结构的不合理、热源物质维生素和矿物质的摄入量的急剧减少，从而导致体内新陈代谢紊乱，使机体急性热能亏空而产生生理应急压力，这种应急状况很可能使运动员在比赛中发挥失常，不少优秀运动员在此功亏一篑，造成优势不良转移。教练员在平时训练中应高度重视运动员体重稳定性的问题，用科学的方法，有计划地通过良好的生活方式、饮食控制、运动调节等将控制体重的要求常态化，使运动员的体重控制在一个合理、正常的调控范围。同时，加强对运动员自觉行为的激发，使运动员能够主动、自觉配合控制体重，确保大赛时以最佳的精力和身体状态投入训练和比赛，只有良好的身体基础、良好的竞技状态，才有可能将已具备的竞技实力充分表现出来。

（五）重视大级别运动员的选材和系统训练

我国举重项目经过 50 年的发展，一直坚定着以中小级别为主，力争中大级别实现突破的发展路线。北京奥运会中国男子举重运动员陆永在男子 85 公斤级比赛中凭着稳健的发挥，最终为中国队在这个男子大级别项目中夺得了首枚奥运会金牌，突破了欧洲选手一统天下的局面。虽然举重大级别的广泛突破是扩大项目优势的发展途径，但多年来的发展前景异常艰难。2012 年伦敦奥运会，陆永被寄予厚望，陆永作为北京奥运会首金的获得者，却在 4 年后的伦敦奥运会比赛中“栽跟头”，挺举三次试举失败，最终未能实现卫冕的目标，我国举重项目以中、小级别优势见长，陆永作为男子大级别的后起之秀，存在着技术、心理、竞技状态等不稳定的问题。有研究发现，大级别运动员多是自然长成、不是多年系统训练养成的。大级别运动员普遍存在“因为我体重大所以我练举重”的现状，运动员往往不是从小选材系统练成，迎合体重急功近利的成分居多。由于不同种族的人体特征，相对于欧洲国家后备人才少及缺乏大级别发展的实践和理论基础，加上长期以来土耳其、保加利亚、伊朗、朝鲜等大级别水平实力强劲，这可能也是我们扬长避短、趋利避害的做法。但对于这个项目诸多成熟的训练、管理和竞赛优势而言，重视大级别运动员的选材和系统训练以扩大项目整体优势，不妨是一条重要的发展途径。

（六）举重项目的反兴奋剂工作任重道远

举重项目的反兴奋剂形势非常严峻，长期以来是体育工作的重中之重。这也是体能类项目容易发生、难于遏制的参赛风险。国家体育总局前局长刘鹏针对这一重灾区提出了“举重项目在反兴奋剂工作上已到了最危险的时刻，如不采取切实可行的有效措施、提高反兴奋剂工作水平，该项目将面临灭顶之灾”的警示。因此，中国举重队不仅要把反兴奋剂作为选拔运动员的竞争实力，更是要把反兴奋剂作为一项重大的政治任务。坚持在奥运会选拔条件上明确指出“有把握拿金牌，确保无兴奋剂问题，没有争议”的选拔要求，坚持反兴奋剂面前人人平等，任何人、任何时候无条件接受检测。坚持问责制度和严肃处理制度，严格管理。同时，在比赛中提高警惕，防止误服兴奋剂，要求运动员时刻防范兴奋剂，凡是打开的水不喝，凡是离手的水不喝，更不能随意乱吃东西。全力打造成一支有实力的队伍、一支干干净净的队伍、一支没有争议的队伍、一支聚精会神的队伍。

中国举重队之所以要把反兴奋剂作为保持和发展优势的重中之重，这与国内外举重发展形势分不开。随着国际奥委会进一步加大反兴奋剂的力度，举重项目在奥运会历史上被查处使用违禁药物的人数越来越多。特别是汉城奥运会上先后共有10名举重运动员被查处使用了违禁药物，其中两支队伍因被查处个别队员尿样呈阳性后当即决定集体退出举重比赛。这也是现阶段举重奥运会历史上被查处使用违禁药物人数最多的一次。

药物本是为人服务的，但是人们为了某些目的和动机而被药物控制，使药物异化。科技二律背反定律所折射的药物的二律背反说明：人类理性力量越伟大、科技越进步、创造力越强，药物能促进人体功能适应激烈发展的体育运动的作用越大，禁药、兴奋剂对奥林匹克运动的负面作用也越强。药物的负面效应不能一劳永逸连根拔去，问题的根本在于药物主体，要对药物主体进行控制，加强对管理部门和训练主体的制度控制、问责控制、基层控制、源头控制、法律控制等。反兴奋剂工作是竞技体育一项复杂性、艰巨性、长期性工作，更是体能类项目长期、艰巨的任务，任重而道远。

第五章
竞技运动项目优势转移的表现特征

第一节　竞技项目优势转移的表现特征概述

对我国竞技项目优势转移的表现特征及规律进行研究，旨在探索我国竞技项目优势转移带有全局性的指导规律及本质特征。竞技项目优势转移有诸多表现特征，如训练学特征、社会学特征、人类学特征等。其中有我们感官感觉到的表象特征，也有我们感官不能直接感觉到的其他深层内涵。哪些是表象特征？哪些是本质特征？或者竞技项目区别于其他事物的训练学特征就是本质特征吗？竞技项目优势转移遵循事物优势发展的一般规律，虽然竞技项目优势转移的本质特征及规律不能脱离局部的单个项目的本质特征及规律，也必然存在自身的本质特征及规律。将竞技项目作为一个整体的研究对象，透过竞技项目优势转移的表现特征，研究其带有全局性的指导规律，进而为认识和把握其本质特征及规律打开通道。研究判断主要基于以下理论依据。

一是指导纲领。马克思主义认识论认为，只有正确认识事物的本质特征，才能把握事物发展的正确规律，才能推动事物向更高水平发展；毛泽东同志在《矛盾论》中十分精辟地指出："任何运动形式，其内涵都包含着本身特殊矛盾。这种特殊矛盾就构成一个事物区别于其他事物的特殊本质。"毛泽东同志在《中国革命战争的战略问题》中关于全局和局部的关系明确指出，"懂得了全局性的东西，就更会使用局部性的东西，因为局部性的东西隶属于全局性的东西"。

二是对事物本质、特征、规律及相互关系的认识。特征是指一个事物区别于其他事物性质的某一个或几个显著标志。规律是事物之间的本质联系，这种联系不断重复出现，决定着事物发展方向。本质是事物的根本属性，本质不能简单、直观地去认识，必须通过现象才能认识本质。规律比本质更接近现象、更具体、更便于把握和运用。

三是矛盾的普遍性与特殊性在一定条件下是可以转化的，即矛盾的相对性。竞技体育（项目）既有一般事物都必须认识和遵循的普遍规律，又有竞技体育（项目）自己的特殊规律。竞技项目遵循的普遍规律主要从基础和宏观的角度概括多个项目或一类项目的一般共性，在总体和方向上为运动训练提供目标和依据。各个项目的特殊规律是指某一个具体项目的本质规律、个性特征或专项特征。主要从专项特征上对专项进行指导，不同的专项特征为不同的运动项目提供不同的训练方法和手段。因此，竞技项目发展的普遍性对于社会这个大系统、大范围来说，又有自己的特点，于是转化为特殊性。从这个意义上讲，竞技项目各项目都遵循的普遍性又转化为特殊性。值得一提的是，研究竞技项目优势转移，不同于某一个具体的竞技项目特别是优势项目，这些单个项目在认识和把握本质特征及规律上，有充足的实践优势和理论成果。因此，认识和把握竞技项目优势转移带有全局性的指导规律及本质特征的过程，必然是动态的和不断摸索之中的。

第二节　竞技项目优势转移的训练学特征

一、训练负荷的节奏形式及选择

众所周知，没有负荷的训练是无效的训练，负荷过大的训练是危险的训练。运动训练的过程就是对运动员施加运动负荷的过程，在负荷的刺激下，机体不断产生适应性，由此达到一个新的负荷水平。负荷稳定一段时间后，在给予新的负荷刺激，从而不断地提高运动能力，这就是超量负荷原理。每个人的承受能力不同，对运动量的刺激反应也不同，因此，运动负荷应加以区别，这样既不会浪费时间，又不会影响训练效果。一般情况下，高水平运动员的训练强度大，时间短的训练效果比中、长时间的训练效果相对好，如果训练负荷不够，运动员就会形成运动省力，必须要给予新的负荷刺激，才能提高运动能力。

训练负荷包括负荷强度与负荷量，这两个负荷基本结构既有区别又有联系，对人体形成的总负荷刺激就是由负荷强度与负荷量综合而成的。负荷强度是指在单位时间或单个（单组）动作中，运动员机体所承受的负荷刺激量。负荷量则是指在持续、连续的身体活动时，运动员机体在承受一定外部刺激总量，如总次数、总重量、总时间等。在现代训练中，负荷强度在比赛和训练安排中的地位越来越重要，比赛主要是比强度，而不是比量，运动成绩就是一种最主要的比赛强度指标。训练负荷节奏形式主要有直线型、波浪型、阶梯型和跳跃型4种。跳跃型负荷节奏是现代训练中的一种有效的大强度负荷节奏形式，是依据“强度法则”和“超量恢复”的原理提出来的，适合优秀运动员采用。不少优秀运动员均采用起伏较大的跳跃型负荷节奏形式，重大比赛后第一年采用恢复性训练年的减量训练进行调整，这样既可获得更好的竞技状态，又可防止多年训练中因长期大负荷训练而造成的伤病和过度疲劳。如何科学地对负荷进行调控，联邦德国著名运动训练学学者葛欧慧教授，早在1982年应邀来我国讲学时就明确地指出（图5-1）：“一个奥运会的冠军，在其参加奥运会夺冠之后的第一年，一定要安排为‘恢复年’，应明显地降低训练负荷，这一年为恢复性训练年，是下一届奥运会4年周期中负荷与竞技状态最低的一年。在这一年中，不应对运动员提出过高的竞技目标……在恢复年中负荷量与强度均要明显下降到最低点，到第二年再加量，并保持第一年的强度水平，第三年的最后阶段与第四年的开始阶段要稳定量加强度，并使量和强度均达到较高水平，总负荷达最大，到最后一年则通过减量加强度（甚至超过前一年的最高训练强度）使竞技状态在下一个奥运会年达到最高点，从而保证运动员在比赛中创造更优异的运动成绩。”

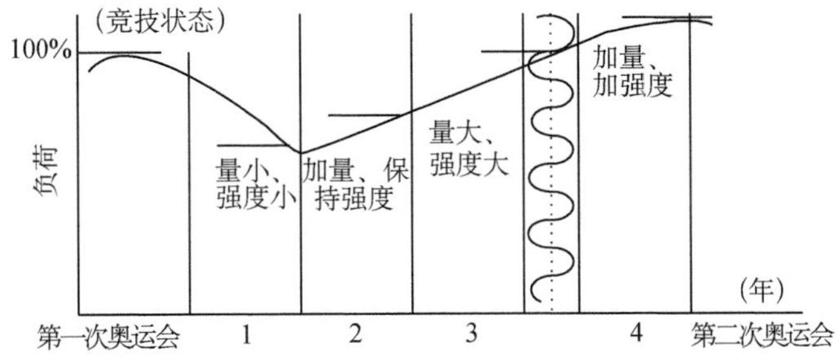

图5-1 区间性多年竞技状态变化规律（以奥运会4年训练周期为例）

资料来源：葛欧慧，1983

因此，试图多年均保持高水平运动成绩的运动员是不现实的。一个运动员训练总年限为 13~20 年。正常的竞技状态调控是刚开始增长很快，之后则是幅度较小的渐进式提高，到专项提高阶段时，成绩提高加快，并首次达到高水平运动成绩，出现成绩的突变式上升，到专项最高竞技阶段时竞技状态达最高水平。

二、竞技能力的结构形式及表现

提高运动员的竞技能力和运动成绩是运动训练的目的。其中，运动训练的直接目的是提高竞技能力，继而通过比赛将已获得的竞技能力转化为运动成绩。一般来讲，比赛的胜负是由参赛运动员具有的竞技能力决定。关于竞技能力的概念、地位和意义，田麦久教授 1984 年首次进行了探究，并在 1986 年正式出版的《运动训练学》专著中对“竞技能力”进行定义：指运动员有效地参加训练和比赛所具备的本领，是运动员体能、技能、智能和心理能力的综合。2000 年人民体育出版社出版的《运动训练学》和 2006 年高等教育出版社出版的《运动训练学》中对“竞技能力”的定义是：运动队员的竞赛实力。由各种作用和各种方式呈现的战术能力、技术能力、心理能力、体能和运动智能所组成的，且整体地展现到各专项竞技的过程当中。2009 年高等教育出版社出版的《运动训练学》中对“竞技能力”的定义是：运动员的参赛能力。由具有不同表现形式和不同作用的体能、技能、战术能力、运动智能及心理能力构成，并综合地表现于专项竞技的过程之中。与此同时，众多学者如郑念军等也对这一概念进行了诠释和完善。这些理论研究使我们明确了竞技能力的构成要素及其相互作用的关系。更重要的是，我们从竞技能力概念不断完善的过程中，更加明确了竞技能力是取得好成绩的前提和条件，并不等同于比赛成绩和竞技实力。运动员具备高水平的竞技能力，才能使具备的潜在能力转化为现实能力成为可能。运动员具备高水平的竞技能力才有竞争优势，提高竞技能力是竞技项目具备优势、控制优势不良转移的内因和根本。同时，提示我们在提高竞技能力时要重视以下 4 个方面。

（一）重视发展各项目的主导竞技能力

根据项群理论划分，竞技能力的主导能力分为体能主导类和技能主导类。

体能主导类又分为快速力量性、速度性和耐力性。它们分别对应快速力量性项目如跳跃、投掷、举重等，速度性项目如短距离跑（100 m、200 m、400 m）、短游（50 m、100 m）、短距离速度滑冰（500 m）、短距离赛场自行车（200 m、1 000 m）等，耐力性项目如中长、超长距离走、跑、滑冰，中长、超长距离游泳、越野滑雪，中长、超长距离公路自行车、划船等；技能主导类又分为表现准确性、表现难美性、同场对抗性、隔网对抗性和格斗对抗性。它们分别对应于表现准确性项目如射击、射箭等，表现难美性项目如体操、艺术体操、技巧、跳水、花样滑冰、花样游泳、武术（套路）、自由式滑雪、滑冰等，同场对抗性项目如足球、手球、冰球、水球、曲棍球、篮球等，隔网对抗性项目如乒乓球、羽毛球、网球、排球等，格斗对抗性项目如摔跤、柔道、拳击、击剑、武术（散打）等。不同项群所主导的竞技能力不同，其制胜规律也不同，准确认识项目的竞技特征和专项规律，发展主导竞技能力就抓住了项目优势发展的主要矛盾。

（二）重视发展运动员优势和特长竞技能力

著名管理学家彼得·德鲁克在《哈佛商业评论》中提到，“时间、精力与资源应该要用于让一个干练的人变成一个出彩的明星，而不应把注意力集中到让无能的办事人变成业绩平平的办事人”。他认为，从无能水平提高至中等水平所用费的劳动和精力，远远超出从一流水平提高到卓越出众所需用的劳动和精力。德鲁克原则提出“只关注人的长处、优点，绞尽心机地创造条件，把金钱、时间跟精力都尽可能地用在其长处、优点上，使其不足和缺点起不了作用，或者至少不会干扰其长处、优点的发挥，不仅用己所长且避己所短”。苏联运动训练学家普拉托诺夫教授认为，“有天赋的运动员，一般而言这种运动员具有较显著的个性和特点。这些特点表现可能出现各式各样的形式，在掌握相关运动技术动作或某一项功能的系统或者体现出意志等素质等方面，都能证实其独特的能力”。

（三）重视利用运动员竞技能力的非均衡性和补偿效应

每个运动员个体竞技能力的各个构成因素的发展大都呈不均衡状态，这种非均衡状态是普遍存在的。但运动员竞技能力构成因素中某种素质或能力的缺陷，可有其他高度发展的素质或能力在一定范围内予以弥补和代偿，使其总体竞技能力保持在特定水平，这种现象称为运动员竞技能力非均衡性及补偿效应。这一特性是竞技能力内部结构与功能相互作用的一个特定表现形式，提示我们在训练中不必盲目追求竞技能力各要素同等发展，而应重视保持竞技能力总体水平处于一个特定水平。

（四）重视应对训练中的竞技能力转化成比赛中的竞技能力的不稳定性

比赛中表现的竞技能力是把在训练中获得的竞技能力向现实能力转化，这一转化过程受各种因素制约和作用，表现出不稳定性。也就是说，运动员具备高水平竞技能力在赛场上并不一定能充分表现出来。有学者在区分“训练中的竞技能力”与“比赛中的竞技能力”时，通常用“竞技能力”与“竞技表现”来表述。竞技表现的概念首先是由蔡睿博士提出的，即运动员在比赛中所表现出来的竞技能力，是运动员在训练中所获得的竞技能力在比赛中的展示与发挥，也指运动员在比赛中所表现出来的竞技水平。竞技表现这一概念，是从竞技能力这一核心概念中分化出来的、更为精细的概念之一，进一步明确了竞技能力的阶段性及在不同阶段所处的不同状态和表现。通过对文献的学习，我们认为把竞技能力划分为“训练中获得的竞技能力”与“比赛中表现的竞技能力”两个阶段来加以区分，它们在本质上是一致的，这一划分便于理解。值得一提的是，“比赛中表现的竞技能力”是竞技项目保持优势、控制优势不良转移的主要风险点。正如蒋国勤在2007年的《竞技能力相关概念释疑》中提出，“在运动训练中运动员发展后的能力到竞赛中得以释放，这样的转换不单单是一个单纯的转换过程，就比赛的整个过程而言是可能发挥的水平到现实水平之间的转化，且受制于各式各样的条件和主客观原因的影响，保罗教练员主观的训练指导实力、运动员主观的临场应对能力及客观的环境、媒体舆论等因素。”由此可见，影响比赛的因素是错综复杂的，也显示出对这些因素进行归类研究是具有重要意义的。同时，这也是研究竞技项目优势转移的重点和难点，我们将在本章第六节做专题研究。

三、竞技项目的制胜因素及组合

对竞技项目制胜因素的认识是准确把握竞技项目内核的关键，把握住了竞技项目规律的内核就把握住了竞技项目的本质特征及制胜规律。竞技项目的制胜因素及制胜因素之间的本质联系，反映出竞技项目制胜规律的本质特征。人们对制胜规律的认识，首先是从制胜因素及诸因素之间的相互关系和组合方式入手。我国竞技体育的发展历史表明，特别是我国优势竞技项目发展历史表明，对制胜因素深入全面的认识及制胜因素间组合方式的把握，是我国优势项目较其他国家更具优势的一条主要的成功经验。

竞技项目的制胜因素因项目不同而不同，可以简述为，决定竞技项目胜负的各个要素的发展水平及它们之间的组合水平的过程。换言之，竞技项目发展的本质特点是受其制胜因素制约。比赛中运动员各制胜因素品质的高低及其总体效应是运动员获得优势的主要依据。例如，我国乒乓球项目长盛不衰的训练学探索，总结出乒乓球制胜因素为“快、转、准、狠、变”，将这些制胜因素组合成不同水准的程度，就形成了运动员各自不同的技术风格。有以“快、狠”风格为主的庄则栋，有以“转、狠”风格为主的郭跃华，有“凶、怪”为主的邓亚萍，有以“快、巧”风格为主的刘国梁等；又如，我国体操优势项目在长期的训练与竞赛中，总结出“难、新、美、稳”的制胜因素，把握住了体操的制胜因素及相互关系，就把握住了体操项目的发展方向，可以说体操的一切实践活动，皆以提高动作的“难、新、美、稳”的品质而展开，皆以提高制胜因素的组合效应为评价，皆以制胜因素的要求贯穿体操的选材、训练、竞赛、管理等实践活动的全过程。

认识竞技项目的制胜因素及各因素间的本质联系，应着力从以下几个方面入手。

一是从项目的竞赛规则入手。认识项目的制胜因素必须从项目的竞赛规则入手，以体操为例，难主要反映动作的价值特征——竞赛规则对动作的难度，以组别（A~D）与分值（10分之内）的形式，给以明确规定，并对参加三种比赛的成套动作的难度及数量提出了最低要求，但要制胜就必须完成超越规则的要求、别人难以完成的成套动作。

二是从项目的制胜因素之间的本质联系及发展规律入手。用发展的观点分析竞技项目及竞技因素的本质联系，要认识到这种联系存在以下几种发展规律。第一，总合律是指项目制胜因素的单个发展水平及组合发展水平的整体效应。例如，乒乓球从总合律上讲，就是一个如何提高“快、转、准、狠、变”五大制胜因素的单个发展水平及它们之间组合发展水平的过程，揭示制胜因素总合律的实践意义在于：只有全面发展制胜因素才能把握乒乓球运动的发展方向。第二，主导律是指竞技项目众多制胜因素必然存在起决定作用的主导因素这一规律。例如，体操、跳水项目的“难、美”是该项群竞技制胜的主导因素，各项目的主导制胜因素反映出项目的本质特征。第三，突前律是指各制胜因素发展变化中变现出非均衡性及单因素在前、其他因素跟进的特点。随着竞技水平进入较高层次，形成新的不平衡的变化规律。例如，跳水项目当“难”这一制胜因素突前发展，“美、稳”这两个制胜因素就相对落后，随着竞技能力的提高，“美、稳”达到相应水平，由此达到新的较高层次。

三是从项目的主体——运动员条件入手。运动员制胜竞技条件如身体形态、生理功能、心理素质等条件所决定的运动能力和运动方式制约着制胜因素的发展，因此，需要从运动员的主体条件考虑如何有效发展制胜因素水平。

四是从项目的制胜因素与竞技能力的联系与区别入手。体现运动员技术、战术、体能、心理智能的竞技能力，最终必然通过各专项的制胜因素及本质特征表现出来，如乒乓球比赛最终通过击球的运动速度、球的旋转程度、球的力量、球的落点等表现出来，击球的运动速度、球的旋转程度、球的力量、球的落点等是乒乓球竞技对抗的本质特征。

四、训练节奏的生物节律及调控

生物节奏是指人和所有生物固有的一种具有时间变化规律的生命现象，它周期性、节奏性地影响人体的功能状态（包括竞技状态）和行为的表现。人体固有的生物节奏是训练节奏的科学基础。训练节奏是指各训练周期的内在动态变化规律，如负荷节奏和动作节奏等。训练节奏依据多年训练的过程，又包括多年节奏、全年节奏、阶段节奏、周节奏、日节奏和课节奏。认识这些节奏的最终目的，是形成一个与各训练过程竞技状态相吻合的竞技能力生物节奏，在此基础上，运动员能在重大比赛中最终形成最佳竞技状态。人体的生物节奏表现出明显的节律性变化规律，这些功能又与人的各种竞技能力发生联系，实践证明，竞技状态的形成与发展的规律与外界的自然节奏和内在的生物节奏相关，并表现出以下几个特征。

一是竞技能力与生物节律相联系。人体的生物节奏在一昼夜中，大约有50多种功能表现出节律性变化规律。这些功能又与人的各种竞技能力发生联系，从而使人的竞技能力也表现出各种不同的节奏，运动员的竞技能力又往往是多种生物节奏的综合反应。

二是竞技能力强弱与生物节律相吻合。人体竞技能力的生物节奏不仅存在于一天中（人们习惯称为“生物钟”），同时也存在于多天（周、月）、全年与多年中。

三是竞技能力的差异性取决于生物节律的差异性。群体中的每一个个体的生物节奏表现出不同的差异性。第一，性别的差异性。有研究对1 314个世界最优秀的短跑、跨栏运动员的年成绩调查表明，男运动员优异运动成绩大多集中在5~6月份，而女运动员离散性相对较大，分散在6~8月份。第二，不同训练水平运动员的差异性。训练水平越高，运动员的心理、技能和体能的稳定性越强，生物节奏的外部表现就越明显，也即竞技能力对生物节奏的依赖性就越高。第三，个体间的差异性。不同的个体有不同的生物节奏高峰和精神状态最好时间段等。

科学的训练节奏是运动员能在重大比赛中最终形成最佳竞技状态的前提。有研究表明，训练节奏与生物节奏一样是可以进行适当调控。若训练节奏与生物节奏相一致，则有利于运动员在比赛中发挥出自己的训练水平，反之就不利于运动员在比赛中发挥出自己的训练水平。时差反应就是在因比赛地点发生急剧变化时而出现的暂时性的“时差综合征”，使运动员不能在正常的时间里表现出最佳竞技能力。正因为生物节奏受到各种因素的影响是可变的，因而当我们施加人为的因素时，生物节奏也是可调的。苏联的普拉托诺夫指出：“运动员一天中的工作能力指标，可以在他习惯进行训练的那段时间里达到最高值。但当练习活动时间安排与机体生命活动生理高峰相吻合的时候，其工作能力水平要略高于在生理低潮时间进行训练的工作能力水平。”一般说，运动员经过2~3周的适应性训练，就可改变原有的生物节奏，产生新的训练适应性。训练节奏的科学调控应该遵循以下原则。

综合性调控原理。处理好各种生物节奏的相互协调关系及获得最佳的功能放大效益是运动训练节奏性调控的核心。人体存在生物节奏，为保证机体整体竞技能力的实现，必须力求使与竞技能力和运动成绩提高相关的那些生物节奏也实现协同的联系。

同步节奏调控原理。同步节奏调控的最终目的还是要使运动员的竞技能力生物节奏的最高峰能在比赛时出现，尤其在重大比赛所处的年、阶段、周、日时出现。同步节奏调控是当竞技能力的固有生物节奏与比赛时间相吻合时，其高潮正好在比赛时出现。同步节奏调控的要点是：当负荷节奏与机体体能生物节奏相吻合且体能活性较高时，应及时实施大负荷训练，反之则应安排小负荷训练或休息调整；比赛节奏应与生物节奏相吻合，不同的项目由于竞技能力的主导因素不同，调控的重点也有所不同。以体能类为主的田径项目，主要与体能、心理竞技能力的生物节奏吻合。在生物活性处于高潮时，以专项训练或比赛性训练内容、手段为主，生物活性处于低潮时以一般或恢复性训练内容为主，临赛前，凡遇与比赛时间相同的训练过程均应以比赛性训练内容、手段为主，加大比赛性负荷的强度，赛前 2~3 周安排在比赛时间进行训练。

不同步节奏调控原理。当竞技能力的固有生物节奏与比赛时间不相吻合时，其高潮在比赛前或比赛后出现，此时的训练调控就是要利用生物节奏的可调性原理，采用相应的措施进行调控，使竞技能力的生物节奏能与比赛时间相吻合或接近吻合。不同步节奏调控的要点：负荷节奏与生物节奏不相吻合，若运动员的生物活性处于高潮时仍安排大负荷训练，运动员在生物活性低潮时则应通过逐步提高负荷水平（以负荷强度为主），使运动员逐渐形成生物活性处于低潮时仍有较高的训练适应性水平，在高潮与低潮之间应安排恢复调整，并适当提高恢复、调整的频率；赛前每遇到与比赛日相同的时间，则安排比赛性训练内容和手段；赛前 8~10 周的比赛日和赛前 2~3 周的每日均应安排在比赛预定的时间进行适应性训练。

对应性节奏调控原理。对应性节奏调控是指在运用生物节奏规律调控训练过程时，应针对不同竞技能力的生物节奏规律进行对应性调控。例如，对日生物节奏进行调控时，上午多安排技术训练、战术训练、理论知识学习等与智力有关的训练内容；下午则以体能、素质训练为主；晚上则以灵活性、对抗性和比赛性训练内容为主。在运动负荷、训练方法手段的选择与安排上也应尽量与竞技能力的生物节奏相对应。

五、最佳竞技状态形成及调控

（一）最佳竞技状态形成的基本规律

竞技状态是指为比赛而专门做好准备的运动状态。竞技状态形成与发展实质上是通过长期、周期性的训练负荷的设计与实施，促进运动员机体生物学改善和训练学上竞技能力发展的过程。不同的训练负荷大小制约着运动员的竞技状态形成及发展。竞技状态的培养则是对竞技能力在时空变化上的调节，它是已经内化了的竞技能力在动员水平、准备水平和表现水平上的综合体现。由于训练负荷的施加是周期性的，人体生物适应是周期性的，运动训练结构特点是周期性的，重大赛事安排是周期性的，因此，竞技状态呈现的特征是周期性的。

运动训练不仅遵循着生物学适应的机制和规律，也遵循着训练学超量恢复的机制和规律。适应是生物物种在外界环境保持相对恒定的过程中，通过自身的形态结构、生理功能和生物生化等方面改变来调节的一种生物生化过程或现象。即“刺激—适应”适应原理；超量恢复是雅科夫列夫提出的“刺激—能量消耗—疲劳产生—负荷取消—超量恢复”的机制和规律。即“刺激—疲劳—恢复”超量恢复原理。拜尼斯特在雅科夫列夫单因素（疲劳）模型基础上提出双因素（疲劳—适应）模型，即“刺激—疲劳—适应—恢复”。如此，人们不禁要问：当一定负荷施加时，机体的疲劳和适应是先后出现，还是同时出现？拜尼斯特认为，疲劳和适应是同时出现的。“疲劳—适应”双因素模型解释了在大负荷的作用下，疲劳曲线高于适应曲线，随着负荷下降，两条曲线逐渐交汇，这一交汇点被认为是最佳竞技状态的临界点。雅科夫列夫和拜尼斯特的超量恢复理论阐述了运动训练能够不断改善和发展功能能力的机制，同时描述了疲劳与适应之间的关系及其特征，为运动训练负荷的设计和最佳竞技状态的形成提供了理论基础。

（二）最佳竞技状态调控的基本规律

最佳竞技状态调控是指运动员在重大比赛前，必须根据竞技状态形成和发展的规律，运动员机体的生物节奏规律、超量恢复的规律、比赛的安排和各种条件，合理有效地安排赛前训练，并在比赛中表现出最佳竞技状态。最佳竞技状态调控的基本规律有：①全面提高运动员的竞技能力与恢复速度。②运用超量恢复的规律合理调节训练负荷与比赛负荷。③在重大比赛前，至少要有一周以上的时间（8~14天）持续减量。在减量训练期间以减少训练量为主，一般减少40%~60%的训练量，保持或略微增大训练强度。主要采用非线性逐渐减量方式，一般不采用阶梯式减量方式。④在一次若干次训练课后，在规定日期之前，要保证运员体力得到完全恢复。⑤如运动员参加两次比赛，中间间歇一天，那么在这一天必须安排减量训练；竞赛期的每个月中，要有2~3天的积极性或消极性休息，不进行专项训练。⑥广泛采用各种综合恢复手段，调节运动员身体功能的心理和精神状态。⑦依据生物节奏的规律，有效地调控竞技状态。⑧经常参加比赛，大、中、小型比赛相结合，一年中有一次重大比赛，3~4次中小型比赛。⑨采用多种形式的多地训练。⑩不喝酒、不吸烟，重视赛前饮食、营养和药物的合理调控。

（三）多年训练竞技状态调控规律

一是大赛所在区间性多年竞技状态调控规律。①把最佳竞技状态安排在最重大的比赛年，不能年年都要高成绩。②随着训练水平的提高，参加比赛的次数与强度逐年提高，最高竞技阶段为参加比赛次数最多的阶段，从专项提高阶段开始逐步增加比赛次数与强度。③比赛成绩竞技状态基本上按先平稳渐进，后跳跃多变，富有节奏。④不同专项应有不同的调控特点。

二是大赛年竞技状态调控规律。①根据重大比赛所处的时间，选择年周期的类型。一般多采用双周期、三周期或单周期双峰式。有利于较长时间保持竞技状态，并出现高水平成绩。②根据科学的预测确定最客观的年度最高专项成绩目标。③全年应至少保证有200天以上的训练日，或32~36个小周期，或65%~80%的年训练天数，否则在新的赛季中很难出现最佳竞技状态。④保证为形成最佳竞技状态在比赛期必须参加足够次数的赛前热身赛。优秀运动员为7~10次，青少年运动员3~5次即可。⑤根据所能参加的热身赛次数及这些比赛的时间分布情况，确定比赛期参加热身赛的排列方式。其中一种是集中排列法（集中于2、3周安排，每周2天以上的比赛），另一种是分散排列法（即按一定时间间隔，用重复、循环的方式安排比赛）。

三是赛前集训阶段竞技状态调控规律。①根据各运动项目的特点及竞技状态发展的时间学规律，合理地确定优秀运动员大赛前的时间安排模式。②运动员保持第一区段最佳竞技状态（达去年最高成绩98%以上，区段各项目有所不同）的时间为1~2.5个月，但保持第一区段最佳竞技状态中的最高水平的时间仅为7~10天，重大比赛必须安排在这7~10天。③最高强度的热身赛应放在强化应激训练阶段的后半段，即强度强化训练段，最后一次热身赛离正式大赛不得少于12~14天。④如排除时差等因素，至少应提前4~6天抵达比赛地点，一周后开始参加比赛。⑤根据赛前集训阶段中训练的构成和负荷调控原则，合理地安排大赛前赛前集训中的小周期构成及负荷安排。

四是赛前训练负荷调控规律。①采用跳跃型负荷形式安排赛前训练的负荷节奏。②按先量后强度的原则和跳跃型负荷节奏形式。③加量训练阶段以增加专项训练量为主，提高专项技术、专项耐力和比赛能力。④加强度训练阶段以增加专项训练强度为主，提高专项训练密度、实战性、对抗性和考核等强度较大的训练手段。⑤模拟比赛的量和强度安排模拟训练，注重心理负荷的训练。⑥减少训练次数，安排积极性休息和体会性训练，做好比赛前身体、技术、心理等准备工作。

五是比赛小周期竞技状态调控规律。①比赛小周期的时间应由比赛日例计算，7~10天，比赛周是由路途时间加休息1~2天，再加上赛场适应性训练2~3天（或休息调整2~3天）后参加比赛。②比赛小周期也会按大强度训练加减量训练进行安排，大强度训练日后，应有2~3天的积极性休息的时间，在出现最佳超量恢复的情况下，以平常心参加比赛。③赛前几天的训练应强调精练、尽量不要过多做实战训练，可与模拟训练结合起来练习。不进行任何形式的“要成绩练习”，而着重在强化动作概念，减少因成绩练习造成的心理刺激。要减少“横向思维”（与别人比），深化“纵向思维”（想自己的动作，提高比赛欲望。要运动员确立明确的战略意识）。④赛前的休息不宜过长，一般不宜超过一天。⑤比赛前一天（24 h）进行准备性训练，熟悉和训练比赛前的准备活动。

六是比赛日和临赛时竞技状态调控规律。①根据一天中的生活节奏规律，合理安排比赛日的活动。比赛日的早操以轻微的活动为主。不要进行高体能训练，中午的低潮时间，尽量给予运动员充分的休息。②建立比赛日和临赛前及比赛进行中的规范要求和管理，使整个管理程序化，细化到分，责任到位。③充分利用比赛中的间歇进行必要的心理调控，对运动员进行“信息回避”，不互相看比赛，不打听同伴的成绩。教练员应多和运动员在一起，给予运动员必要的精神和心理上的鼓励和激励。④赛前要检查好比赛器械、器材、用具、服装、鞋袜等。⑤注意准备活动的时间、时机、地点、内容、手段、负荷水平的科学安排，上场前的准备活动应使体温达 38℃左右，准备活动的心率最高可达每分钟 150~160 次，上场前应保持在每分钟 100 次左右。⑥临赛前准备活动不能用全力做，赛前训练日若发现运动员过分激动或神经过于紧张，则应安排轻松、小量的训练。

六、赛前训练的科学调控

（一）赛前训练的基本认识

赛前训练是一个有争鸣的概念。哈雷把赛前训练定义为赛前直接准备阶段；田麦久将其定义为：“赛前中短期集训阶段”；普拉托诺夫认为：“国际高级运动员为了准备大赛，常在全年训练中安排一个补充大周期，让运动员直接有目的地准备参加重大比赛”；刘建和将赛前训练定义为：“凡是为参加特定比赛而进行的训练都可称为赛前训练”；茅鹏提出：“赛前训练是指为比赛取得好成绩直接进行准备的阶段性训练”；过家兴等认为：“它是为了运动员参加重大比赛，创造优异运动成绩所做的专门性准备训练过程”；徐本力认为：“赛前训练应以在重大比赛中形成最佳竞技状态为目标，并从宏观、中观和微观三个视角去加以理解。但从为一个重大比赛做直接准备的角度看，赛前训练仍应主要从微观层次去认识，也即应该理解为是一个中短期赛前集训阶段的训练过程”。

虽然各位专家表述不一，但大意一致。我们不妨将赛前训练定义为：运动员在参加重大比赛前，为了获得最佳竞技状态而做的直接准备阶段。

（二）赛前训练时间阶段划分的科学性

1913 年，莫尔菲首先提出了赛前训练 8~10 周的假想，重点强调和主张延长赛前训练时间。1917 年，芬兰学者布·阿·托夫提出“延长赛前训练”的思想，进一步提出了赛前训练 14~16 周的主张和更长的、不间断的训练过程。《教练员训练指南》中提出，“广义来讲，重要比赛前一个中周期的训练可视为赛前训练阶段。狭义来讲，赛前训练往往指比赛前数周或最后一个小周期的训练”。王宝成提出，赛前训练阶段一般指比赛前 6~8 周的训练。茅棚认为，赛前训练可长可短，一般特指重大比赛前2~6周。殷新喜认为，大赛前训练的时间一般以4~6周为宜。邹志华认为，从训练的基本准备期、结束期开始到运动员参赛为止，一般时间为2~3周。田麦久在《运动训练学》中提出，参赛准备时间以在赛前1个月左右为宜，重大比赛可以延长1~2周。归纳文献认为，赛前训练的时间长短不一，相对一致为6~8周。

对246位专家学者、教练员的调查研究表明，对这一问题的认识离散度很大，设计的4个方案中没有一个方案的支持率超过30%。其中，第二方案支持率最高为29.7%。方案的时间阶段划分分别为：一是从重大比赛前的选拔赛比赛结束之日起至重大比赛开始之日止；二是从赛前集训开始之日起至重大比赛开始之日止；三是从赛前强化训练结束后开始恢复-诱导性训练之日起至重大比赛开始之日止；四是从准备期结束之曰起至重大比赛开始之日止。

分析其原因主要有以下几点：第一种方案是使赛前训练安排受限于大赛前的选拔赛、世界锦标赛的召开时间，如这些比赛安排不当（过早或过晚）就会因此而无法保持竞技状态形成的最适宜的时间。因而专家、教练员的支持率最小。第二种方案是以大赛前集训阶段为赛前训练阶段，而集训阶段的确定是以教练员根据运动员竞技状态形成与发展的训练学规律和时间学规律，兼顾考虑比赛日程而确定的，具有较大的灵活性和可变性，容易产生最佳的赛前训练效果。因而取得了相对最高的支持率。第三种方案是将赛前训练理解为是大赛前最后的调整性、恢复性减量训练。显然，这是对赛前训练基本功能的曲解。第四种方案在某种意义上有一定的科学性，它实际上是将整个比赛期都作为一个完整的竞技状态进一步提高和保持的过程来进行赛前训练安排。有研究认为，除第三种方案外，其他方案均可依据项目特点和实际情况在实践中运用。

（三）赛前训练周期类型选择的科学性

赛前训练周期归纳起来主要分为“单周期”“多周期”两类年度大周期。单周期制主要适合一年只有一次重大比赛和不适宜安排冬季比赛的项目及儿童少年运动员。多周期制是指将年度训练围绕多个重大比赛，形成多次竞技状态高峰。多周期制已成为进一步提高运动员运动成绩的主要方法，而且越来越表现出优于传统的单周期制，具体表现在，一是大大缩短了每个准备期的时间，提高了全年训练和参加比赛的密度，使竞技状态在全年的大部分时间中均能保持在一个较高的水平上，从而提高了出成绩的机会和可能性；二是大大增加了专项训练的比重，提高了训练和比赛负荷的水平，有利于提高运动员的心理兴奋性和心理准备的程度。多周期制目前适合于多数项目。尤其是力量类、速度类及一对一的对抗类项目，这些项目全年往往均匀分布了好几个比赛高潮，因而更有利于采用多周期制安排训练。

有研究认为，赛前训练周期类型选择应根据重大比赛所处的时间、选择年周期的类型。一般多采用双周期、三周期或单周期双峰式，有利于较长时间保持竞技状态，并出现高水平成绩。

（四）赛前训练内容准备的科学性

我国竞技运动项目赛前准备内容的做法各有特点，大多能根据多年的比赛经验、项目自身特点和当前的实际来安排，也取得很好的效果。归纳起来，体现在以下几个方面：身体准备、技术准备、器材与后勤准备、心理准备、规则规程的充分理解与掌握、模拟训练、制订作战方案和预案、对手信息、困难准备、历年比赛中出现的偶发事件表及相应解决方案。

我国优势项目大赛前准备的基本内容包括：①参赛选手自身方面的赛前准备，包括体能、技术、战术、心理、比赛经验、伤病、自我管理等方面内容，参赛选手在比赛环境方面的赛前准备包括比赛的时间与地点、比赛场地与器材、比赛规则与规程、裁判员、气候与地理、生活与交通、教练员、社会支持（媒体、观众、家庭）、运动员管理、其他等方面。②对于那些直接对抗的项目，还需要运动员对比赛对手的赛前准备，包括对手体能、技术、战术、心理、比赛经验、伤病、自我管理等方面内容。

有研究认为，根据项目特点做好赛前训练中训练内容、量与强度、方法手段的选择也很重要。我们在对中国举重队的赛前训练研究中发现，大赛前不做平时练的很少或根本没有练过的项目，赛前 12 天内不做挺举最高成绩的练习，赛前 10 天内不做抓举最高成绩的练习，赛前抓举挺举的主要辅助项目的训练强度，一般不达到本人极限水平，要适应第一次与第二次试举和第二次与第三次试举之间较长的时间间隔，用最节省体力和神经能量的方法作为过渡，通常用 2~3 组轻或中等重量来过渡，以保持良好的兴奋状态，使身体发热并保持较准确的重量感等具体的训练内容。

（五）赛前训练负荷与恢复安排的科学性

科学调控赛前训练的训练负荷与恢复是依据负荷、应激与恢复原理、竞技状态的形成与科学调控原理、周期性与节奏性原理及竞技能力的训练适应原理等确立的运动员在赛前训练中必须遵循的准则。赛前训练中训练负荷与恢复安排，就目前的学术研究领域相对笼统，而实践运用方面更加薄弱，这也是多年来在重大比赛中制约竞技项目优势形成的突出问题。

有研究认为，赛前训练负荷与恢复安排的科学性，主要体现在大负荷应激强化训练和减量恢复训练阶段，其中大负荷应激强化训练阶段由量强化阶段和强度强化阶段构成，量强化阶段主要增加专项量，用超专项比赛量和超分段比赛时间进行强化训练，增加比赛性和专项技术训练内容，手段的总量和实弹练习总量，增加每次、每日、每组的练习次数和持续时间及课次，提高专项耐力和比赛能力，对技术上的薄弱环节和心理上的薄弱环节进行强化训练。以强度强化阶段主要减少训练课次数和训练日次数，提高训练强度，尤其增加专项的训练比重。提高专项训练的运动密度，增加实战性、对抗性和考核等强度较大的训练内容手段。时间约占 1/2，顺序为先强化量、后强化强度。强化的水平是前低、后高。减量恢复训练阶段则以小量、中小强度进行训练，顺序是先减量、后减强度。大负荷应激强化训练阶段占赛前训练总中时间中的一多半，而减量训练阶段则占一小半，即“一多半冲，一小半调”（图 5-2）。

同时，必须注意明确两个问题：一是赛前训练中最大负荷周所处的赛前训练时段的最大负荷应安排在强化训练阶段的中段；二是良好的竞技状态必须是

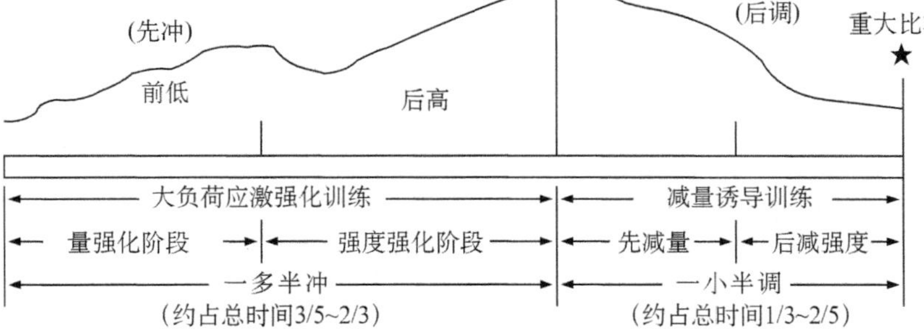

图 5-2　赛前训练负荷与恢复调控特征

资料来源：徐本力，2005 年

建立在机体出现明显的超量恢复的基础上，因为如果不安排减量恢复、调整，机体在疲劳的状态下是无法达到最佳竞技状态的。

（六）赛前训练热身赛安排的科学性

陈章云于 1997 年提出，中国男篮甲级队赛季前有必要安排一定的比赛负荷，热身赛以 3~5 次为宜，最后一次热身赛距正式比赛 7~15 天为佳。徐本力教授在对最后一次热身赛距重大比赛的时间调查研究后指出，最后一次热身赛距大赛的时间不能少于 12~14 天。

2008 年北京奥运会，中国男篮希望能够超越第八名的成绩，实现历史性的突破。中国队此前在 1996 年和 2004 年皆获取过第 8 的成绩。北京奥运会被寄予厚望是有理由的：姚明 5 年的 NBA 经验，让他成为中国男篮最可靠的核心；签下“欧洲恺撒”尤纳斯，一度被认为是最适合中国队的教练，因为中国队最主要的对手都在欧洲；王治郅回归，他是姚明最好的助手；易建联提前成熟，让中国的内线更加有力；大量高级别比赛，是 2008 年之前中国男篮磨合阵容、提高实力的最好时机等。但北京奥运会，中国男篮的成绩仍然是第 8 名，平了历史最佳战绩。

为了实现 2008 年北京奥运会历史性的突破，中国男篮在 3 月展开集训。集训分两个阶段进行，男篮将从 3 月 10 日至 5 月 20 日进行封闭式训练，提高队伍的技战术水平，并着重改进细节方面存在的问题，然后从 5 月 20 日至 8 月 6 日结合训练和比赛，中国男篮将与近 20 支队伍进行热身。由于是奥运会的东道主，因此比赛将全部安排在国内进行，对手则是由弱到强，先是 NCAA 的孟菲斯大学队，然后是几支欧洲俱乐部队。在这之后，新西兰队、巴西队等国家队将纷纷登场，最后中国男篮将对阵强手阿根廷男篮（表 5-1）。

表 5-1　中国男篮北京奥运会赛前训练热身赛赛程表

序号	比赛时间	比赛地点	比赛对手	备注
1	5 月 28 日	广东佛山	孟菲斯大学队	
2	5 月 30 日	广东阳江	孟菲斯大学队	
3	6 月 1 日	广东惠州	孟菲斯大学队	
4	6 月 12 日	山东烟台	克罗地亚队	
5	6 月 14 日	上海宝山	克罗地亚队	

（续表）

序号	比赛时间	比赛地点	比赛对手	备注
6	6月16日	河南济源	克罗地亚队	
7	6月22日	广东东莞	立陶宛队	
8	6月24日	广东深圳	立陶宛队	
9	7月4日	江苏无锡	澳大利亚全明星队	
10	7月4日	宁波北仑	澳大利亚全明星队	
11	7月17日	杭州	塞尔维亚	斯坦科维奇杯
12	7月19日	杭州	安哥拉	斯坦科维奇杯
13	7月20日	杭州	俄罗斯	斯坦科维奇杯
14	7月29日	南京	安哥拉	钻石杯
15	7月30日	南京	澳大利亚	钻石杯
16	8月1日	南京	伊朗	钻石杯
17	8月5日	北京	阿根廷	

从表5-1可以看出，8月5日是他们与雅典奥运会冠军阿根廷队进行最后的热身赛。北京奥运会中国男篮第一场比赛是8月10日对战美国。通过比赛验收队伍的训练成果，以争取在奥运会前将队伍的竞技状态、技战术水平和体能调整到巅峰状态。中国男篮创造了将热身赛连胜场次扩大到11场的好成绩。有研究认为，未处理好赛前热身、赛中竞技状态适当调控、竞技状态过早出现是影响中国男篮北京奥运会比赛中竞技状态表现的主要原因。中国男篮热身赛的赛程在2007年就遭到球员们的感慨，认为中国男篮所面临的首要问题应该是如何尽快让队员们从疲劳中恢复过来，进而减少在球场上的失误。

（七）赛前训练状态诊断的科学性

赛前训练的科学诊断是决定运动员在比赛中能否取得优异成绩的直接影响因素之一，对运动员赛前训练状态进行科学的检测和评定是有效地发挥运动员竞技水平、挖掘运动潜能、提高竞技能力的重要保障，也是当前训练实践中的重点、难点问题。运用多科学手段对运动员进行科学诊断，是有效控制赛前训练的方法之一。赛前训练诊断是一项复杂而困难的工作，竞技状态本身是在多因素的综合影响下形成的，很难用一个指标来加以测定和评价。赛前训练科学诊断包括对周期结构的科学性、训练方法与手段的有效性、负荷与控制的科学性、伤病防治与康复、体能恢复与营养补充、心理训练与咨询、竞技能力诊断与监测、赛前竞技状态调控及反兴奋剂等。有研究发现，我国竞技项目在技战术科学诊断方面的论文发表数量不在少数，表现出理论研究对实践指导的局限性。历届奥运会无数事件表明，伤病是竞技项目优势不良转移的主要原因，而造成伤病多是因为赛前训练科学诊断与控制不当。研究认为，赛前伤病的诊断与康复、量与强度的控制、疲劳与恢复、心理能力、竞技状态调控是赛前训练科学诊断的当务之急。

七、运动成绩与运动负荷之间对应性联系与延缓传导性联系

所谓对应性联系，指的是运动成绩与运动负荷之间的因果关系，一定的运动成绩必然有相应的运动负荷，运动成绩是运动负荷的必然结果。运动员通过承受不断增加的运动负荷，才能表现出不断提高的运动成绩。因此，没有高水平的负荷，就没有高水平的运动成绩。

所谓延缓传导性联系，指的是运动成绩的增长往往慢于训练负荷的增长，是俄罗斯著名运动训练学者马特维也夫于 1988 年提出的。换句话说，成绩增长的高峰并不是出现在训练负荷达到高峰的时刻，而是出现在最大训练负荷之后的减量训练阶段。运动成绩建立在运动负荷的长期叠加的基础上，运动成绩与运动负荷存在对应性联系，但这个对应性联系不是出现在同一个时间节点上，而是表现出运动负荷转化成运动成绩的延迟性。或者说，运动成绩不是在机体因持续承受大负荷刺激时达到最高水平，而是在经过必要的恢复、调整、减量训练及出现超量恢复后，运动员的运动成绩才能达到最高的水平。如图 5-3 所示，各项目训练负荷转化为比赛结果的延缓传导现象。这就提示我们，运动员的运动成绩与运动负荷存在这对应性联系和延缓传导性联系，认识这一遵循规律有利于运动员竞技状态的调控，从而有利于防止竞技项目优势的不良转移。

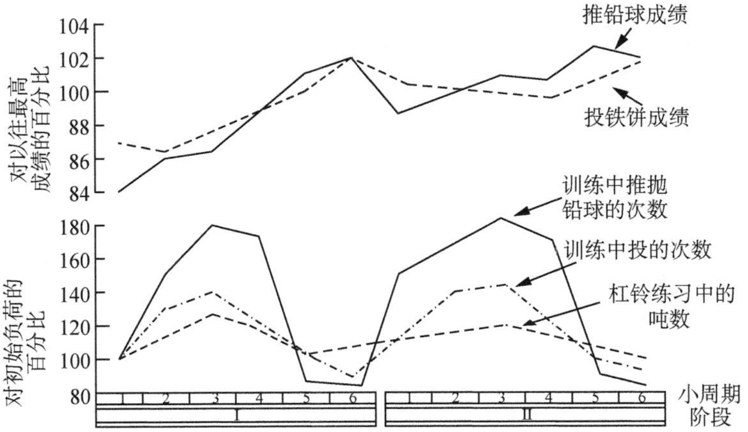

图 5-3　提高的训练负荷转化为比赛结果的延缓传导现象

八、竞技能力和竞技状态呈现升降变化规律

运动员在多年训练中竞技能力和竞技状态表现出明显的螺旋式周期性、节律性变化的规律。运动成绩和运动技术水平的提高可遵循相应的规律，在多年长期训练中，运动员的竞技能力应该遵循生物节奏规律，运动员的运动成绩在多年训练中也有相应的变化规律，绝不是直线式上升。可以说，某一运动员在某一年出现一次成绩飞跃时，紧接着就会伴随有 1~2 年的成绩低潮，然后才会出现第二次飞跃。这种升降节奏的规律，又有男、女运动员的区别。苏联学者沙勃施尼柯娃在 1969 年对许多奥运会优胜者的年成绩增长率进行了统计，发现存在明显的节律性规律。例如，她对 16 名奥运会女子 400 m、800 m 和 1 500 m 跑的运动员运动成绩年增长率进行统计后发现，女运动员多为两年一个周期，即一年运动成绩增长率高、一年运动成绩增长率低。但对 67 名世界男子最强投掷运动员的统计却发现与女子不同，基本上是三年一个周期，即一年运动成绩增长率成绩高、两年运动成绩增长率低。而且，这种规律主表现在 15 岁以上的青成年运动员身上（图 5-4）。

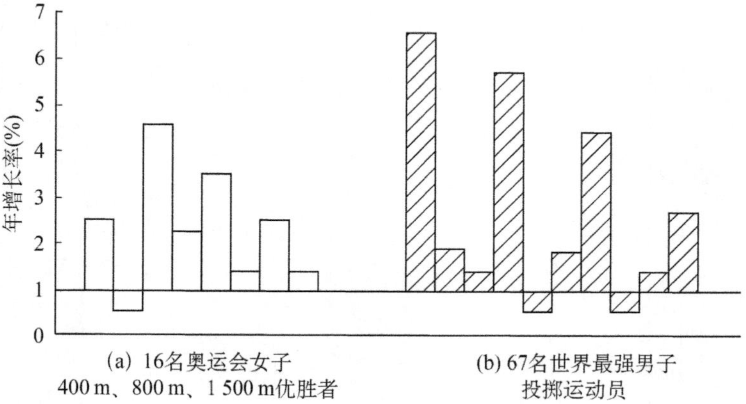

图5-4　世界最强男女运动员多年训练中与前一年相比成绩增长率的变化
资料来源：沙勃什尼科娃，1969

徐本力在对刘翔 2001~2006 年的成绩提高情况做了初步的统计和分析后，提出了刘翔多年训练中存在两年周期性、节律性变化规律的观点，即表现出“两年一次高峰，两年一次低潮”（一年提高快，一年提高慢）的螺旋式周期性、节律性变化特点。以下是 2001~2006 年刘翔年最高成绩和年平均成绩所表现的两年螺旋式周期性、节律性变化规律。表 5-2 和图 5-5 中可以看出，刘翔的最高成绩每逢单数年的 2001、2003 和 2005 年，成绩相对较差分别为 13.32 s、13.19 s 和 13.05 s；每逢双数年的 2002、2004 和 2006 年成绩相对较好分别为 13.12 s、12.91 s 和 12.88 s。而平均成绩也表现出相同的规律，但年最高成绩的两年周期性和节律性规律表现明显。其中，2004 年以 12.91 s 平 110 m 栏世界纪录，2006 年以 12.88 s 破 110 m 栏世界纪录。

表 5-2　2002~2006 年刘翔 110 m 栏专项成绩的节律性变化规律

年份（年）	年最高成绩（s）	前后两年最高成绩升降值（s）	年均成绩（s）	前后两年年均成绩升降值（s）
2001	13.32	—	13.49	—
2002	13.12	0.20	13.41	0.28
2003	13.19	- 0.17	13.35	0.06
2004	12. 91	0.28	13.16	0.19
2005	13.05	- 0.14	13.17	- 0.10
2006	12. 88	0.17	13.11	0.06

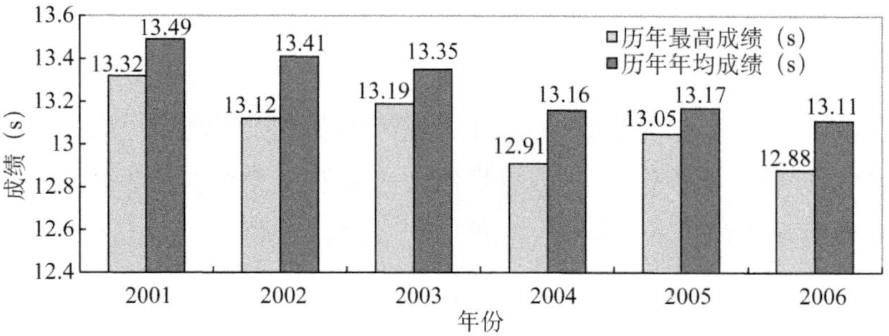

图 5-5　2001~2006 年刘翔年最高成绩与年均成绩变化

成绩以 s 为单位，故图标越高成绩越差，反之越好

刘翔的成绩是按类似女运动员的两年周期特点变化的，而不是按男子的3 年周期特点变化的。这可能与短跨项目特点（短跨项目时间短、运动强度大、恢复过程快、竞技状态变化的节奏也相应较快等）和刘翔个体的生物学特点（心理状态好、自我调节和恢复能力强等）有关。这一现象也提示我们，运动员的竞技能力和竞技状态的节奏性变化规律存在着项目和个体差异。每个运动员在多年训练过程中，竞技状态和运动成绩的变化必须是有一定节律的。既存在一年升一年降的节奏性特点，又具有周而复始两年一个反复的周期性变化特点，这种节奏性和周期性特点是建立在成绩逐年上升的基础上而形成的螺旋式提高特点。研究和厘清这一变化规律，对确定运动员多年比赛目标和制订多年训练计划有重要意义。这也告诉我们，要求一个运动员年年都出现高水平运动成绩是不现实和不科学的。

九、“三从一大”科学训练原则

“三从一大”即从难、从严、从实战出发，坚持大运动量训练。这个原则是我国体育界根据中国人民解放军练兵的光荣传统，结合运动训练的特点和我国运动训练实践经验，于20 世纪 60 年代提出来的，这个原则对我国竞技体育的发展起到过巨大的推动作用。“三从一大”深刻揭示了竞技体育的本质、训练规律和基本要求，是我国体育工作者从训练实践中提炼出来的，又被训练实践证明其是行之有效的实践经验的科学总结。面对新的时期对“三从一大”训练原则的质疑，再议“三从一大”训练原则，不但在认识上更坚定、更精准，而且赋予了新的内涵且永不过时，这是竞技体育的内在规定性。竞技体育从本质上看就是向人体生理极限能力与心理极限压力的探索，体育场上的竞争是人的生理与心理综合能力和素质的竞争。

1. 从难出发　克服一切困难和敢于突破难点。任何一个运动项目，项群不同，竞技能力的主导因素不同，制胜因素也不同，克服困难的体现就不同。体能类项群的难主要体现在苦、累、单调、枯燥等。技能类项群的难主要体现在动作难、危险及皮肉伤等。对抗性项群的难主要体现在对抗中技战术灵活运用和应变的难。因此，突破难点一是要加强对运动员的思想政治教育，培养吃苦耐劳的意志品质；二是要发扬顽强拼搏、不言放弃的体育精神；三是要采用有效的训练方法和手段，提高训练效益和训练的兴趣；四是要创新动作技法，把握制胜优势。

2. 从严出发　高标准的训练与严格的管理。高标准训练是指教练员应围绕预先确立的奋斗目标，大到年度训练，小到每次训练课的时间、数量、强度、规格、质量等都应有规定的高标准。运动员在训练课中经常地高质量完成动作，才能在比赛中熟练地呈现动作。力争做到“训练如比赛，比赛如训练”。严格的管理，当运动项目达到一定竞技的水平，人们常用“三分靠训练，七分靠管理”来说明管理的重要性。优秀运动队的成功经验证明，严格的管理是运动队取得优异成绩的重要保证，建立良好的优秀运动队文化是运动队实施严格管理的重要举措。

3. 从实战出发　从比赛的实际需要出发。以比赛为中心是“三从一大”科学训练原则的核心，从难、从严、科学的大负荷训练都是围绕比赛的实际而展开的，它是训练的出发点和归宿。实战需要的水平、实战需要的能力、实战需要的技战术、实战需要的对手、实战需要的环境等方面从实战出发。

4. 坚持大运动量训练　根本含义是指挖掘人体的生理和心理极限，使运动员的生理和心理得到最大限度的改造，提高对最大负荷和极限负荷的认识与把握。根据项目的负荷特征，科学地进行大负荷训练。

贯彻“三从一大”训练原则，必须坚持以人为本的发展观，以调动和激发运动员的积极性和创造性，达到创造优异的运动成绩和实现人的全面发展。必须坚持从难、从严、从实战出发，科学地进行大运动量训练。从实战出发是核心，它是从难、从严、大负荷训练的前提，三者的活动都必须围绕从实战出发展开。从难是训练的根本，从严是训练的关键，大运动量训练是提高成绩的保证。项目不同，“三从一大”的实施手段与方法也不同。“难”在哪里、“严”在何处、“大”到什么程度，都必须遵循人自身的发展规律。项目制胜的本质特征及规律，竞技比赛对运动员生理、心理的极限要求，“三从一大”是竞技项目形成优势、具备优势、稳固优势的本质要求。

对多年推行的“三从一大”确定原则认识的调查结果也表明（表5-3）：有78%的专家、学者认为，应该从提法上突出“三从一大”训练原则的科学内涵，将传统的“三从一大”训练原则改为“三从一大”科学性原则，要科学地从难、从严、从实战出发，科学地实施大运动量训练。

表5-3　“三从一大”训练原则的再认识调查结果

调查选项	专家、学者选择百分比
A. 这种提法已过时，不必再强化贯彻这一原则	0
B. 应改为科学地从事“三从一大”的科学化训练	78%
C. 仍按原有的提法加以保留，不必刻意强调“科学化”	22%

第三节　竞技项目优势转移与体制机制

一、体制机制是决定竞技体育发展的制度体系

体制和机制都属于制度范畴，既相互区别，又密不可分。体制是指国家机关、企事业单位在机制设置、领导隶属关系和管理权限划分等方面的体系、制度、方法、形式等的总称，如政治体制、领导体制、学校体制等。体制与制度相关联，制度按照性质和范围可分为3个层次，即根本制度、体制制度和具体制度。根本制度属宏观层次，是指人类社会在一定历史条件下形成的政治、经济、文化等方面的体系，如封建宗法制度、资本主义制度、社会主义制度等；体制制度属中观层次，可以是某些社会分系统方面的制度，如经济体制、文化体制等；具体制度属微观层次，是指要求大家共同遵守的办事规程或行动准则，如财务制度、工作制度等。体制作为体制制度，是制度形之于外的具体表现和实施形式，是管理经济、政治、文化等社会生活各个方面事务的规范体系。制度决定体制内容并由体制表现出来，体制的形成和发展要受制度的制约。一种制度可以通过不同的体制表现出来，例如，社会主义经济制度既可以采取计划经济体制的做法，也可以采取市场经济体制的做法。在一定条件下和一定范围

内，根本制度、体制制度和具体制度可以互相转化。

机制泛指一个系统中，各元素之间的相互作用的过程和功能。多用于自然科学，指机械和功能的互相作用、过程、功能等。社会科学也常使用，指的是有机体的构造、功能和相互关系，泛指一个工作系统的组织或部分之间相互作用的过程和方式，如市场机制、竞争机制、用人机制等，可以理解为机构和制度。与机制相近的含义是做事的方式方法，但又不等同于方式方法，首先，机制是被实践检验的、行之有效的、较为稳定的方法，而单纯做事的方式方法可以因人不同而不同。其次，机制包含人们必须遵守的制度，而单纯的方式方法可以依据个人的喜好和经验去选择。再次，机制是在各种有效方式方法的基础上总结和提炼出来的，使之系统化、理论化的方式方法，而单纯的方式方法往往只是做事的一种形式和思路。最后，机制一般需要建立多种方式方法共同起作用，而单纯的方式方法可以单一起作用。例如，建立训练管理机制时，还拥有相应的激励机制、动力机制、监督机制等来保证竞技体育事业有效、稳定发展。

我国发展竞技体育的体制机制是以苏联为师，在人民军队竞技体育工作经验的基础上，借鉴了苏联等的模式，逐渐建立起了中国特色的竞技体育发展模式，即主要由青少年业余体育学校和省级、国家级常设运动队构成的训练体制和以全运会为核心的竞赛体制。竞技体育确立了“走自己的路，树自己的风格”这一指导思想，跳出苏联模式，基本建成了计划经济体制下的中国特色的竞技体育发展模式。这一体制为我国竞技体育事业的发展发挥了重要作用，也是与我国计划经济相适应、在市场经济下还将发挥作用且需要不断完善的一种有效体制。在管理体制上，建立了以行政区为主体的“三级训练网”和优秀运动队制度，作为培养优秀运动员的组织保证。在训练方针上，通过运动员的训练实践，总结出了“三从一大”的科学训练方针，这一方针符合运动训练的客观规律。在训练指导思想方面，是“全国一盘棋、组织一条龙、训练一贯制”。在战略指导方针上，提出“国内练兵、一致对外”，实现“全运会战略”与“奥运会战略”接轨。

二、举国体制是我国竞技体育发展的根本制度

举国体制的提出，有着绕不过的历史和国情。随着现代体育的传入，希望凭借体育来增强国民体质并期望通过体育来提高军队素质是有志之士的愿望。

中华人民共和国成立之后，国家成立了大量的基层体校和各级体工大队，并在很长一段时间内也依然属于军队系统，服从命令的要求和封闭式生活都见那个时期的痕迹。各级单位，加上层层输送选拔运动员的途径，就基本构成了中国体育的举国体制。这一切在当时都是顺理成章的事情，因为一方面在计划经济年代，国家生活中几乎各个方面都实行的是举国体制；另一方面，竞技比赛在当时还有着超出体育内涵的意义和责任。

举国体制的内涵目前虽然没有完全统一，但大体上区别不大，总的包括这么几层含义：在特定的历史时期和资源约束的双重背景下，国家出于发展体育事业的目的和优先需要，出于国家利益和民族利益的需要，运用政府行政手段，在全国范围内集中调配资源用于发展竞技体育的组织方式、运行体系和制度。通俗地讲就是“集中力量办大事”。其优势在于，它可以集中我们国家的人力、物力、财力、科技等办大事。在举国体制的引领下，我国竞技体育在短短 20 多年的时间内迅速崛起，实现了跻身奥运会三强的跨越，令世人瞩目。举国体制是中国在短时间内实现竞技体育跨越式发展的法宝。我国竞技体育在长期的实践中，经过不断地总结和完善。

中国特色的举国体制对竞技体育发展功不可没。举国体制下的管理体制、训练体制和竞赛体制彰显了单向和集中化管理的优点，它与军事体制、教育体制的形成一样都有实践的基础和深刻的社会背景，符合中国社会发展阶段的现实，抓住了竞技体育控制管理的核心，遵循了竞技体育管理的规律。作为一种最具中国特色的竞技体育发展的体制，举国体制为我国竞技体育跻身于世界强国构建起最有力的支撑和保障。可以说，没有举国体制就没有我国竞技体育的快速发展。我国竞技体育的快速发展得益于举国体制，无论是横向比还是纵向看，这都是一个了不起的进步。作为发展中国家，我国的体育社会化、产业化水平都比较低。在这种情况下，举国体制充分体现出以下几点优势：一是有利于竞技体育发展战略的制定与实施；二是有利于优化整合全国的体育资源；三是有利于理顺奥运会与全运会之间的关系；四是有利于统一领导，政令畅通，提高效率。

三、以举国体制为主，兼容并包多样化发展模式

我国竞技体育坚持走自己的路，根据国情，在制订其发展的方针、政策和

目标的同时，吸纳世界各个国家发展竞技体育的成功经验，积极寻求走向世界的发展途径。举国体制由封闭式向开放式发展，分析北京、伦敦奥运会中国游泳项目新手成长迅速，原有优势有所恢复，我们不得不想到“刘子歌模式”。从游泳强国澳大利亚留学归国的金炜在辽宁创办了海舰游泳俱乐部，他希望能用自己的所学，为中国游泳摸索出一条新的人才培养道路。金炜师出名门，引用澳大利亚的俱乐部理念和训练体系，拥有澳大利亚执教经验，拥有语言优势，掌握了当今世界游泳强国最先进的训练理念和手段。最关键的是，“刘子歌模式”是金炜在伍德训练的基础上，结合自己队员的特色，发展成了中国式的训练体系，事实证明，他把刘子歌训练得非常好。也许刘子歌还算不上纯粹的俱乐部模式下培养的奥运会冠军，但是与大多数从举国体制下走出来的冠军相比，她代表着一种突破，“刘子歌模式”提示我们，中国竞技体育发展不应拘泥于举国体制，而是不拘一格降人才。“刘子歌模式”为我国竞技体育摸索出一条新的人才培养道路。中国有很多有天赋的年轻运动员，我们应该以更加开放的心态推进中西方混合的体育体制。俱乐部和社会办竞技体育是未来发展的一条重要途径和方向，因此，兼容并包的多元化竞技体育人才培养模式具有重要的现实意义，是中国竞技体育体制机制改革未来努力和发展的方向。

第四节　竞技项目优势转移与战略制订

一、竞技体育发展战略制订

关于战略问题，毛泽东同志在《中国革命战争的战略问题》中明确指出，“研究带全局性的战争指导规律，是战略学的任务。研究带局部性的战争指导规律，是战役学和战术学的任务”“懂得了全局性的东西，就更会使用局部性的东西，因为局部性的东西隶属于全局性的东西”“全局性的东西，不能脱离局部而独立，全局是由它的一切局部构成的”。这些经典论述为我们研究竞技体育发展战略提供了认识论和方法论，明确了对战略的研究就是研究带全局性的指导规律和带局部性的指导规律及两者之间的关系。因此，战略是指重大的、带全局性的和决定全局的谋划，具有全局性、长期性和层次性特点。竞技体育的发展是一项长期的、艰巨的任务。所谓竞技体育发展战略，就是指一个国家为实现竞技体育的长远目标而确定的具有全局性、整体性、客观性和长远性的部署、安排和对策，这是为发展竞技体育所必须完成的一项十分重要的工作。目前，各个国家都为此投入了大量的人力、物力和财力进行研究，并在此基础上确立自己长期的竞技体育发展战略。从竞技体育与重大比赛的关系上看，可分为“奥运会战略”“亚运会战略”“全运会战略”“省运会战略”。所谓“奥运会战略”，是一个国家在竞技体育上围绕奥运会的最高目标所确定的宏观的、长远的、全局的、整体的战略部署、安排和对策。4 个战略中以“奥运会战略”为竞技体育战略中的最高层次战略，而其他 3 个战略则必须服从于“奥运会战略”的需要，并与之协调一致。

二、“全运会战略”向“奥运会战略”靠拢

中国竞技体育的地区差异明显。之所以形成各个省（自治区、直辖市）奥运会金牌的分布不均，出现所谓的金牌地缘差异，是由包括政策、经济乃至地方人种、历史背景在内的诸多因素造成的。但有一点可以肯定，形成地缘差异的指挥棒，就是奥运会。在中国实施“奥运会战略”之初，各省（自治区、直辖市）都有自己的区域战略，即“全运会战略”。当时，各省市都瞄着全运会，而全运会项目组成又和奥运会有很大差异，即“全运会战略”与“奥运会战略”不相适应。到第 6 届全运会，这种矛盾愈演愈烈，几乎每年的全国体育大会都要讨论这个问题。不统一的理由是：如果把全运会都设立成奥运会项目，那么那些非奥运会项目怎么办？特别是中国的传统项目怎么办？之后从 1987 年统一了把全运会放到奥运会后的一年举行的思想，已利于各省全力备战奥运会。1993 年统一了全运会只设奥运会项目（除了武术项目以外），其他非奥运会项目一律被全运会排除，至此，各省市的“奥运会战略”与“全运会战略”才真正开始相一致。

三、《奥运争光计划纲要（1994 年—2000 年）》制订

1995 年 7 月，国家体育总局颁布了《奥运争光计划纲要（1994 年—2000 年）》。

为此，各级训练建制除了在自己项目训练中直接参与举国一致的“奥运会战略”之外，还把参与地区性或全国性各个层次上的竞技体育实践与国家的“奥运会战略”有机结合起来，以国家整体上的最优为实践的出发点和行动的归宿。

1996 年亚特兰大奥运会，中国实现了飞跃性的发展，这是战略性调整的成功。亚特兰大奥运会之后，出台了一个规定，哪个省（自治区、直辖市）在奥运会上拿一块金牌、破一项世界纪录，全运会上就为哪个省（自治区、直辖市）加一块金牌。这个政策在 1997 年的八运会和 2001 年的九运会被实施。到了雅典奥运会之前，奥运会金牌再升值，一块奥运会金牌等于全运会两金。即从 2005 年的第 10 届全运会起，运动员在全运会的上一届奥运会上获得 1 枚金牌，则以 2 枚金牌带入全运会。这样就把各地方在全运会上的利益与国家在奥运会上的利益紧密联系了起来。中国每一个省市，都有自己的竞技体育发展战略，这些战略是与国家的“奥运会战略”相一致。

这一战略思想主要体现在调整项目布局，把全运会与奥运会项目相一致，改革完善训练机制，建立层层衔接的训练网。1994~2000 年，我国体育竞技实力明显增强，竞技水平快速提高，6 年总共获世界冠军 452 个，创超世界纪录 198 次。在第 26、27 届奥运会上，共获 44 枚金牌、109 枚奖牌。其中，在第 27 届奥运会上，以 28 枚金牌、59 枚奖牌的成绩首次列金牌、奖牌榜第三位，缩小了与世界竞技体育强国美国、俄罗斯的差距。2001 年 7 月 13 日，北京成功赢得 2008 年奥运会的举办权，这是我国体育事业发展的又一次重大机遇，对推动我国经济和社会发展、促进对外开放、提高我国国际地位都将产生深远的影响。为此，中国竞技体育有一个“奥运会争光计划”做导航。这 6 年间，“奥运会争光计划”始终贯穿中国竞技体育的改革与发展，并以 2000 年悉尼奥运会中国体育代表团金牌、奖牌均列第三位的历史性突破，为这一阶段的“奥运会争光计划”的实施画上圆满的句号。

四、《2011—2020 年奥运争光计划纲要》制订

21 世纪，为满足我国社会进步和经济发展对竞技体育的更高需求，适应世界竞技体育日趋激烈的竞争，完成好在北京举办 2008 年奥运会光荣而艰巨的任务，必须对 2001~2010 年我国竞技体育的发展进行科学规划，保证我国竞技体

育事业健康、快速和持续发展。至此，《2011—2020年奥运争光计划纲要》颁布，其战略思想主要体现在坚持和完善举国体制、优化项目布局、拓展新的金牌增长点、改革和完善竞赛指导、建立健全法律法规。实践证明，《2011—2020年奥运争光计划纲要》使中国竞技体育在2004年雅典奥运会、2008年北京奥运会的表现在2000年悉尼奥运会的历史性突破的基础上，实现了可持续历史性发展。“奥运会战略”使优势项目在发展过程中的弘扬成功经验和做法，在继承的基础上不断创新，使其持续发展，同时带动整个项目的发展，加速向优势项目的转化。“奥运会战略”使我国竞技体育初步确立了自己发展的道路和实现既定目标的步骤，从而使我国竞技体育的发展逐步走向正轨，并与迅速发展的世界竞技体育接轨，正是在“奥运会战略”的指引下，中国体育代表团在最近4届奥运会上一步一个脚印，在奥运会奖牌榜上一次又一次创造了新的历史。

战略是一个国家的治国理念和大政方针，是国家崛起和强大的思想基础。同样，竞技体育战略竞技体育强大和可持续发展的思想基础。思想有多远我们就能走多远。对战略性认识水平的高低直接影响竞技体育发展的高度和远度。新的时期，竞技体育处在一个复杂多变的环境中，需要我们具备战略眼光和战略思维对前瞻性、全局性的重大问题进行思考。重视研究竞技体育体制机制问题、反兴奋剂问题、后备人才问题、体教结合问题、职业化问题、外籍教练员和运动员的聘用与管理问题、项目的投入与合理布局问题、运动员教练员人才交流与管理问题、奥运会与全运会的关系问题、竞技体育绩效评价问题、现代化训练基地的建立与管理问题等，这些问题关系竞技体育发展的全局性和规律性重大问题，是竞技体育可持续发展的战略任务。

第五节 竞技项目优势转移与后备人才

竞技体育后备人才的可持续发展直接影响竞技项目优势转移的发展方向，我国优势项目长盛不衰，一个重要的动因是后备人才源源不断，得益于举国体制下的“三级训练网”，即业余体校、省体校和省级、国家级常设训练队三级训练网。我国优秀运动员和奥运会选手主要来源于三级人才训练网，在此方面与国外相比，我国有独特优势。北京奥运会值得关注的亮点是，参加本届奥运会的中国选手中，有近 2/3 的选手是首次参加奥运会。在中国代表团所取得的金牌中，有 30 枚是由首次参加奥运会的年轻选手获得，还有 4 枚团体金牌由首次参加奥运会的年轻选手担当了主力。奖牌选手比往届更为年轻化，这也都是历史性的突破，年轻运动员不畏强手，敢打敢拼，正在逐渐成长为中国竞技体育的生力军。

从雅典奥运会上美国、俄罗斯、中国三国参赛运动员新老更新情况进行的比较可以看出（图 5-6），中国运动员的更新率为 79.4%，美国为 58.3%，俄罗斯为 33%。也就是说，中国有 79.4%的运动员是第一次参加奥运会的新手，剩余的 20.6%的运动员曾经参加过奥运会。美国有 58.3%的运动员是第一次参加奥运会的新手，而 41.7%的运动员曾经参加过奥运会。俄罗斯有 33%的运动员是第一次参加奥运会的新手，而 67%的运动员曾经参加过奥运会。

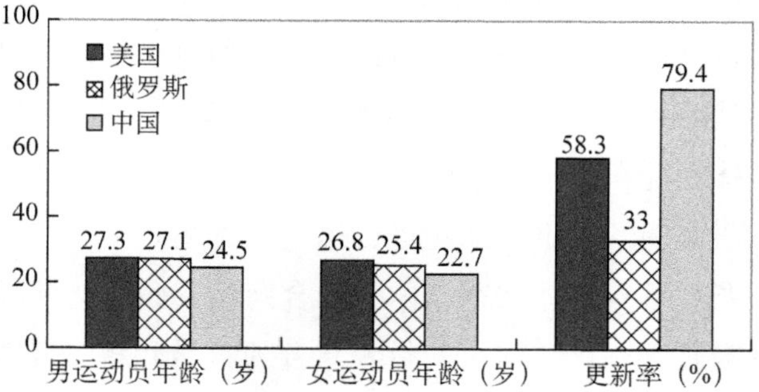

图 5-6　雅典奥运会美、俄、中运动员年龄及更新率情况表

借鉴可持续发展理论中系统学方向的基本要旨，使我们明确认识到数量维、质量维、时间维，三者的逻辑自洽和内在统一，从系统的观点诠释了可持续发展的内在机制，从根本上表征了可持续发展的本质特征，同样实现竞技体育后备人才可持续发展的根本路径和过程就是从“数量维、质量维、时间维”这三个维度上协调发展。数量维表征了我国竞技体育后备人才要从娃娃抓起，真正做到体教结合，同时，还要加强科学选材，提高竞技人才成功率，使“投入”与“产出”趋于平衡；质量维表征了我国竞技体育后备人才要准确把握各运动项目的发展规律，科学贯彻“三从一大”训练原则，提高青少年运动训练的质量；时间维即持续度，表征了我国竞技体育后备人才培养管理机制、训练机制、奖励机制科学化、制度化、常态化。

第六节　竞技项目优势转移与种族特征

一、种族与体质特征

种族也称人群，是具有共同体质类型的人类群体，是根据人遗传的体质特征而区分的，体质特征尤其是形态特征是区分各人种的标志。特征是指一个事物区别于其他事物的特点，种族特征可以概述为一个种族区别其他种族的体质特点。种族与民族是两个不同的概念，经常混淆，民族不是根据体质特征来区分的，而是根据共同的区域、经济生活、文化、心理特征来划分的。长期的生态环境、地理环境及经济文化发展水平的差异，必然会导致世界各民族之间的身体形态、生理功能、体质状况及身体素质的差别。人类学的研究成果表明，生长在高纬度寒冷地区的种族，其机体形态相对高大，而生长在低纬度温热地区的种族，机体形态相对矮小。不同种族体格上的差异受经济状况、生活习惯等方面因素影响，但主要原因是生态环境的差异，体格的差异是人类在特定环境下的长期适应性变化的结果。斯汀森相关分析表明：气温、温度和降雨量与机体形态大小呈负相关，日照年间最大气温变化与机体形态大小呈正相关。换句话说，越是生活在温暖潮湿地区的人群体格发育越差，越是生活在寒冷、年温差大和日照充足的人群，体格发育平均水平越高。欧洲和亚洲都存在由南到北随纬度上升而身高的群体均值依次上升的趋势，而非洲的体格发育研究结论恰恰相反，越是由赤道向南身高的群体均值越高。因此，不同种族有不同的体质特征。

二、奥运会五大洲奖牌分布的种族差异

奥运会是世界范围内的体育盛会，奥运会成绩基本上代表着人类运动能力的最高水平，从某种角度讲，奥运会是世界上不同种族之间进行的身体素质的竞争。仅对近 3 届奥运会奖牌分布中便可看出种族的差异性。为了研究和分析方便，我们在研究体育与种族的关系时主要采用居维叶的分类方法，也就是将

肤色作为非常重要的分类指标，即白种、黑种、黄种。同时，我们以五大洲为单位，进行奖牌数据的统计分析，可以看出各个洲不同的种族运动能力。五大洲中，欧洲、美洲、大洋洲人口构成中主要是白种人，亚洲人口构成中主要是黄种人，非洲人口构成中主要是黑种人。

表 5-4 表明，第 29~31 届奥运会五大洲奖牌获得数量由高到低依次为：欧洲、亚洲、美洲、大洋洲、非洲，各洲之间奖牌百分比卡方检验显示：除大洋洲与非洲奖牌比较无统计学差异外，其余各洲之间比较均存在统计学差异（$P<0.05$）。结果表明，除人烟稀少的大洋洲与经济落后的非洲无明显统计学差异，其余各洲由于主要构成人种的不同，显示出运动成绩具有明显的差异。

表 5-4　第 29~31 届奥运会五大洲奖牌情况统计表

届次	五大洲	金牌		银牌		铜牌		奖牌	
		数目（枚）	百分比（%）	数目（枚）	百分比（%）	数目（枚）	百分比（%）	数目（枚）	百分比（%）
第29届	欧洲（白种）	126	41.9	141	46.5	159	44.9	426	44.5
	美洲（白种）	56	18.6	72	23.8	71	20.1	199	20.8
	亚洲（黄种）	90	29.9	60	19.8	88	24.8	238	24.8
	大洋洲（白种）	17	5.6	16	5.3	22	6.2	55	5.7
	非洲（黑种）	12	4.0	14	4.6	14	4.0	40	4.2
	合计	301	100	303	100	354	100	958	100
第30届	欧洲（白种）	133	44.0	145	47.4	163	45.6	441	45.7
	美洲（白种）	67	22.2	56	18.3	73	20.4	196	20.3
	亚洲（黄种）	79	26.2	72	23.5	93	26.1	244	25.3
	大洋洲（白种）	12	4.0	19	6.2	17	4.8	48	5.0
	非洲（黑种）	11	3.6	14	4.6	11	3.1	36	3.7
	合计	302	100	306	100	357	100	965	100
第31届	欧洲（白种）	133	43.5	142	46.3	147	40.9	422	43.4
	美洲（白种）	76	24.8	59	19.2	75	20.9	210	21.6
	亚洲（黄种）	74	24.2	68	22.1	105	29.3	247	25.4
	大洋洲（白种）	13	4.2	20	6.5	15	4.2	48	4.9
	非洲（黑种）	10	3.3	18	5.9	17	4.7	45	4.7
	合计	306	100	307	100	359	100	972	100

表 5-5 显示，近 3 届奥运会上，欧洲人一直以高数量的金牌优势占据五大洲的金牌榜首，以中国为代表的亚洲体育竞技水平远远低于欧洲，略高于或接近美洲，同时高于经济落后的非洲和人烟稀少的大洋洲。卡方检验结果显示：除

俄罗斯或英国占奥运会总金牌百分比与澳大利亚占奥运会总金牌百分比无明显差异外，其余各国金牌数占奥运会总金牌百分比均存在明显的差异（$P<0.05$）。自2008年北京奥运会以来，中国首次摆脱落后，略高于美洲，这得益于中国改革开放40周年竞技体育突飞猛进的发展，得益于中国是东道主；亚洲地域广阔，人口众多，约占世界总人口的50%，而欧美加起来人口不过10亿左右。就是说，在每届奥运会约970枚奖牌中，将近30亿的亚洲人只能拿到24.93%的奖牌，而只占总人口20%的欧洲、美洲人却拿走了65.97%的奖牌。

表5-5　第29~31届奥运会五大洲典型国家金牌数比例比较表

	五大洲	金牌总数	典型国家金牌数	占该洲金牌比例（%）	占奥运会总金牌比例（%）
第29届	欧洲（白种）	126	23（俄罗斯）	18.3	7.6
	美洲（白种）	56	36（美国）	64.3	12. 0
	亚洲（黄种）	90	51（中国）	56.7	16.9
	大洋洲（白种）	17	14（澳大利亚）	82.4	4.7
	非洲（黑种）	12	5（肯尼亚）	41.7	1.7
第30届	欧洲（白种）	133	29（英国）	21.8	9.6
	美洲（白种）	67	46（美国）	68.7	15.3
	亚洲（黄种）	79	38（中国）	48.1	12. 6
	大洋洲（白种）	12	7（澳大利亚）	58.3	2.3
	非洲（黑种）	11	3（南非）	27.3	1.0
第31届	欧洲（白种）	133	27（英国）	20.3	9.0
	美洲（白种）	76	46（美国）	60.5	15.3
	亚洲（黄种）	74	26（中国）	35.1	8.6
	大洋洲（白种）	13	8（澳大利亚）	61.5	2.7
	非洲（黑种）	10	6（肯尼亚）	60.0	2.0

三、全运会南北方金牌项目的区域差异

我国幅员辽阔，东西相距5 000多公里，从西向东有海拔4 000多m的世界屋脊——青藏高原、海拔1 000~2 000 m的云贵高原、黄土高原和海拔1 000 m以下的丘陵地带和平原。东西落差如此显著的三级阶梯，南北跨度达30个纬度，温度和湿度的差距形成了不同的生态环境。生态环境的差异是造成中国各区域民族体质特征差异的重要原因。

全运会代表了我国的最高运动水平，从奖牌的分布可以看出（表 5-6），近三届全运会中，前 10 名奖牌分布以我国南北分界线划分各占一半。我国北方运动强省多集中于山东、辽宁、天津、黑龙江、河北和北京。南方的代表则是广东、上海、福建、江苏和浙江。然而，不管是南方还是北方，都有一个共同的特点是多集中于我国沿海地区和多河流地区，沿海城市的经济发展充分带动了其体育事业的发展。

表 5-6　中华人民共和国第 11～13 届运动会奖牌榜　（单位：枚）

届次	名次	代表团	金	银	铜	总数
第 11 届（官方统计）	1	山东	63	44	46	153
	2	解放军	49	39	40	128
	3	江苏	48.5	37	36	121.5
	4	辽宁	48	46	34	128
	5	广东	45	45.5	39.5	130
	6	上海	41	34	45.5	120.5
	7	北京	30	20	29	79
	8	黑龙江	23.5	23	18.5	65
	9	天津	23	14	15.5	52.5
	10	福建	19	11	21	51
第 12 届（官方统计）	1	山东	65	47.5	43	155.5
	2	辽宁	56	49.5	39.5	145
	3	广东	50.5	34.5	36	121
	4	上海	45	48	36.5	129.5
	—	解放军	45	38	37	120
	5	江苏	45	35	37	117
	6	浙江	35	20	39	94
	7	北京	33	28	25	86
	8	黑龙江	22	15	29	66
	9	天津	20	14	11	45
	10	福建	18	23	22.5	63.5
第 13 届（非官方统计）	1	山东	58	44	49	151
	2	浙江	53	34	38	125
	3	广东	44	45	30	119
	4	江苏	36	26	45	107
	5	北京	30	14	31	75
	6	上海	29	33	24	86

（续表）

届次	名次	代表团	金	银	铜	总数
第 13 届（非官方统计）	—	解放军	22	24	19	65
	7	辽宁	21	25	26	72
	8	河北	20	20	26	66
	9	天津	18	18	26	62
	10	福建	18	16	20	54

以第 13 届全运会前 10 名代表队的项目金牌分布为例，从表 5-7 中可以看出，全运会前 10 的队伍中福建的优势项目主要有田径、激流回旋、举重、武术套路和击剑；广东的主要优势项目有马术、赛艇、跳水、游泳、田径、皮划艇静水、篮球、体操、蹦床、击剑和现代五项；上海的优势项目主要有田径、帆船、足球、场地自行车和击剑；浙江的优势项目有游泳、田径、赛艇、帆船和羽毛球；江苏的优势项目有游泳、田径、国际式摔跤、柔道、跆拳道、网球、射击、击剑和手球；河北的优势项目有游泳、田径、拳击和射击；北京的优势项目有赛艇、跳水、国际式摔跤、乒乓球、羽毛球和体操；天津的优势项目有柔道、网球和武术套路；山东的优势项目有田径、赛艇、帆船、皮划艇静水、国际式摔跤、柔道、场地自行车、射击、射箭和橄榄球；辽宁的优势项目有田径、赛艇、和艺术体操。南方运动员以技能类项目为优势，北方运动员以力量项目为优势。在田径长跑项目中地域优势比较明显的是北方的辽宁。在短跑和跳跃项目上，优势比较明显的是南方的广东。一些普及率较高的项目如篮球、排球、乒乓球等，南北分布较均匀。举重项目中小级别优势主要集中在南方的广东、福建、湖南、湖北，大级别主要以北方的山东为主。

表 5-7　中华人民共和国第 13 届全运会项目金牌榜　　（单位：枚）

项目	福建	广东	上海	浙江	江苏	河北	北京	天津	山东	辽宁	解放军
游泳		2	1	17	4	6			1	1	3
田径	3	2	3	6	4	6	1	1	6	4	4
赛艇	1	5	1	4			2	1	6	3	1
帆船	1	1	2	2	1				3		
皮划艇静水		2		1		1	1		6		2
激流回旋	3										
跳水		4	1			1	4				

（续表）

项目	福建	广东	上海	浙江	江苏	河北	北京	天津	山东	辽宁	解放军
花样游泳					1		1				
水球			1					1			
举重	2			1			1	1	1		1
国际式摔跤					2		2		3	1	2
柔道					3			2	3	1	2
拳击		1	1		1	2			1		1
跆拳道	1	1			2					1	
篮球		2							1	1	
三人篮球	1	1							1		
足球			4								
排球					1			1	1		1
沙滩排球			1	1					1		
乒乓球			1				2		1		2
羽毛球	1	1		3	1		2		1		
网球			1		3		1	2			
体操	1	2	1	1	1		2	1	1		1
艺术体操										2	
蹦床		2	1								
武术套路	2			1		1		2	1		
场地自行车			5	1			1	1	5		
公路自行车								1	1	1	
射击		1	1	1	2	3	1		3		
击剑	2	2	2		3			1	1	1	
射箭									4		
曲棍球										1	
手球					2						
小轮车								1			
现代五项		2							1		
铁人三项											3
马术		6									
垒球					1						
棒球								1			
高尔夫			1				1				
橄榄球									2		
轮滑冰球								1			

第七节　竞技项目优势转移与竞争异化

一、异化与竞技体育异化

异化是一个重要的哲学概念，这一概念已经超出了哲学领域，作为表现人们在现实社会中的状况被广泛使用，这说明异化不仅仅只表现为哲学问题，同时它还表现为重要的社会问题。异化是一个多义概念，不同的学者有不同的理解，但贯穿诸异化论根底的异化结构却是一致的，这种具有一般性的异化结构就是马克思适用于各种内容的哲学形式的“一般性异化”思想，人们把这种一般性异化作为分析包括竞技运动中异化现象在内的方法性概念，并将其含义特定如下：异化是指由主体产生的客体脱离开主体，成为与主体相对应的独立存在，并在保持其独立性的同时反过来支配其主体的结构。为了加深对这一概念的理解，我们从以下学者的诠释中获得认识，哲学家们普遍认为，异化是指从主体中分裂出来或丧失掉的东西在摆脱主体的控制并获得独立性后逐渐壮大，反过来控制、支配、压迫或扭曲主体。我国著名学者王若水认为，“主体由于自身矛盾的发展而产生自己矛盾的对立面产生客体，而这个客体又作为一种外在的异化力量而凌驾于主体之上，转过来束缚主体，压制主体，这就是异化”。有学者认为，异化就是人类的创造物在被赋予太多的内涵后，获得个体的独立，变成反对主体的异己力量，在一定程度上控制了人类本身的活动过程。或者说，异化就是人性偏离其本来的面目或者未能达到其所能够实现的功能。又或者说，异化是一种自我的丧失，是人本身的活动变成一种独立于人的异己力量，并且这种力量反过来剥夺人的自由，使人从属于他，变成他的工具。竞技体育异化是竞技体育主体在从事竞技体育的运动中，通过借助异己力量来达到自己的某种目的，它是一种非理性、违背事物客观规律的价值观念和行为方式。竞技体育异化现象是现实中存在的一种社会现象，如篡改年龄、服用兴奋剂、假球黑哨、各种体育暴力等。

马克思曾经指出，“人的本质不是单个人所固有的抽象物，在其现实性上人的本质是一切社会关系的总和”。一般性异化概念告诉我们，分析竞技运动的异化本质，就要对其内部的异化结构进行分析，与一般社会一样，竞技运动内部异化结构即由竞技运动员及竞技运动相关者相互作用而产生的诸社会关系脱离他们的意识而成为独立于他们的客观存在，在与他们相对立的同时，反过来支配他们行为和态度的异化结构。竞技运动的异化结构及社会关系包括以下几点：一是运动员之间的关系，既包括同一团体中也包括与其他团体中的运动员之间的关系。二是运动员与运动员相关者之间的关系，这一关系包括运动员与教练、领队、裁判、观众、赞助商、球迷、传媒及协会各级管理部门等一切与竞技运动有关的诸方面之间的关系。三是运动相关者之间的关系，这一关系中包含了教练员之间的关系、裁判员之间的关系、各协会之间的关系、各管理部门之间的关系等。虽然竞技运动社会中的诸社会关系各有特征，但他们之间相互交叉，纵横交错，从整体上构成了一个庞大的社会关系网络，制约着竞技运动中人们的态度和行为方式，并影响着竞技运动自身发展，竞技运动社会中诸个人的相互作用建立起来的社会关系脱离运动员和运动相关者的意识成为独立的客观存在并反过来支配他们的行为和态度，这一竞技运动社会内部的异化结构反映出竞技运动社会异化本质，也是竞技运动社会形成和发展的动力。竞技运动社会中人与人之间的关系必然通过其内在的异化结构作为某种异化现象反映出来。

二、竞技体育异化及表现

（一）竞技运动政治利用的异化

虽然国际奥委会主张竞技运动应当脱离政治，并强调奥林匹克运动的非政治性，但是现实社会中的竞技运动与其说是超越政治的、中性的，倒不如说近代竞技运动与政治有着不可分离的密切联系。尽管人们期待着竞技运动不受政治的干扰，以保持其“世界和平盛典”的纯洁性和政治上的中立性，然而在现实社会中，这种主张竞技运动脱离政治的观点只不过是人们的一种美好愿望。一百多年的近代竞技运动史已经证明，作为社会性、文化性产物的竞技运动一天也脱离不开政治的制约，甚至就连近代奥林匹克的创始人顾拜旦也并没有考虑过要使竞技运动脱离政治。虽然政治对竞技体育的制约所产生的社会现象不一定都是消极的，但政治对竞技运动的干预也是客观事实。例如，在 1980 年第 22 届莫斯科奥运会上，为了制裁苏联侵略阿富汗，以美国及西方国家为中心进行了联合抵制参加奥运会，致使包括我们在内的 66 个国家拒绝了参加莫斯科奥运会。为此，苏联与东欧诸国再一次抵制了接下来即 1984 年在美国举行的第 23 届洛杉矶奥运会。另外，在 1988 年汉城奥运会期间，由于政治原因朝鲜等 7 个国家没有参加。而后在 1991 年亚运会上，由于伊拉克入侵科威特，已经进入北京的伊拉克代表团被驱逐出境。因此，由于政治的原因，运动员经历长期刻苦训练的准备和参加奥运会的权利、机会和梦想从客观上被政治异化了。政治对竞技运动的制约所产生的异化现象如同一把双刃剑，在唤起民族自尊心、促进民族凝聚力、激发爱国心、建立国际友好关系等有积极性作用。

（二）竞技运动名利期待的异化

运动员参加比赛最直接的目的就是要取得比赛的胜利，而比赛的胜利又可以间接地实现运动员的其他目的，如金钱、名誉、地位等，因此使用兴奋剂等情况乱象丛生。在市场经济环境下，竞技运动中“拜金主义”思想不断蔓延，正是由于把参加竞技运动作为谋取某种个人利益的手段和途径，所以有些运动员只要能在比赛中获胜，不惜铤而走险，通过各种不光彩的行为来实现其目的。有的弄虚作假、以小打大；有的使用暴力故意伤害对手；有的为了不当利益故意打假球；有的为了在赛场上占据有利条件故意假摔；有的为了取胜贿赂裁判员，而兴奋剂的使用更是一个十分突出的问题。特别是近 10 年来，尽管国际奥委会不断加大严格检查和严肃处理的力度，但利用高科技制造的违禁药物仍有不断增加之势，冒险使用违禁药物也呈不断增多之势。以 2000 年悉尼奥运会为例，悉尼奥运会上共有 11 名运动员在赛内和赛外药检中被查出使用兴奋剂，而且在奥运会开始前，世界各国还有 50 名运动员是因为药检不合格未赴悉尼。在运动员抵达悉尼后的开幕前和比赛期间，至少又有 16 名运动员因之前的药检结果阳性而被驱逐出奥运会村或被禁赛。从而给最初欲办成为“最干净的奥运会”的悉尼奥运会历史性地留下了令人难堪的“药物奥运会”的阴影。

（三）竞技运动商业利用的异化

随着经济的发展，体育明星代言商业广告日趋频繁，体育明星为商品做广告已成为我国商品推销广告的重要手段。2005 年，当时的奥运会冠军田亮因多次私自参加商业代言活动不仅影响了训练，同时也违反了纪律要求，受到了游泳中心的处罚，之后田亮依然商业活动不断，最终游泳中心做出了处理决定，田亮被国家队退回陕西省队。不久田亮宣布退役，进军娱乐圈。随着 2008 年北京奥运会电视节目的热播和人们对竞技体育的关注，开始出现了大批体育明星，他们成为企业与广告商的宠儿。据不完全统计，一个体育明星所签约的商业用品可涉及体育用品、化妆品、汽车等八大行业的十多个品牌。

三、竞争并不是竞技体育异化的原因

异化现象是当前社会也是竞技体育领域存在的突出问题和难点问题，在竞技领域，人们开始关注：竞争是不是竞技体育产生异化的原因？因此，我们有必要对竞争的本质属性进行再认识。从齐美尔的“竞争理论”这一具有普遍指导意义的竞争学说获得认识，齐美尔把竞争作为“社会化的一种形式”，并对竞争概念的本质属性进行了规定，周爱光对这一规定进行了深入研究，让我们可以清楚地看到竞争是一种具有间接性、非暴力性、正当性、公平性、社会功利性等本质属性的斗争。与其他领域的竞争一样，竞技运动的竞争也具有间接性、非暴力性、正当性、公平性、社会功利性等本质属性。竞技运动的竞争不是有意识地去伤害对手，而是在竞技运动精神、竞技运动规则的制约下和在公平、公开的条件下进行正当竞争，因此那些与竞争概念的本质属性相违背的行为不能称为竞争，人们往往把竞争中出现的异化现象归因于竞技运动竞争的本身，这实际上是一种理论上的倒错，虽然竞争并不是竞技运动异化现象的原因，不遵照竞争本身的内在含义进行竞争从而产生异化现象是完全有可能的，但在这种情况下所进行的斗争已经由竞争转化成了“直接性的竞争”。所以，我们在认识竞技运动中竞争问题的时候，应当把真正的竞争与直接性的斗争区分开来。既然竞争并不是竞技运动异化的原因，我们将注意力转向不同制度所共有的商品经济上就更容易理解，正如周爱光在

《竞技运动异化论》中主张的“竞技运动一旦被商品化和手段化就必然产生异化现象”。另外，周爱光认为竞争并不是竞技运动中人异化现象的原因，商品化、手段化是竞技运动中产生人异化现象的间接和根本原因。这些研究成果为我们深入认识竞技体育异化提供了思路和方法，因此，只要商品经济存在，异化的风险就存在，现阶段商品化、手段化是竞技体育异化现象的根本原因。我们应当清醒地认识到，包括竞技体育在内的整个社会中的异化现象在一个相当长的历史时期内还将继续存在，这也说明了克服异化现象的艰巨性和长期性。同时，对于竞技运动中的异化现象，我们决不能抱着任何宿命论的态度，更不能放任自流，应当在理论上对产生异化现象的原因、历史局限性及危害性等有明确认识的基础上，将竞技体育治理置身于社会治理的大背景下，使其常态化、制度化、法治化。

第八节　竞技项目优势转移的性别特征

一、我国第23~29届奥运会男女运动员金牌分布情况

多年来，对我国竞技体育在男女运动员中的优势比重，有一个共识性的认识——“阴盛阳衰”。据统计，1984年洛杉矶奥运会我国运动员获得的15枚金牌中除去举重项目（因当时女子举重项目尚未进入奥运会项目），男子占66.7%、女子占33.3%。此时，并未表现出“阴盛阳衰”。从汉城奥运会开始，在仅有的五枚金牌中，男子占40%、女子占60%，到了1992年巴塞罗那奥运会时，这一趋势更为明显，在所获得的16枚金牌中，女子获得了12枚占75%，而男子仅获4枚占25%。到亚特兰大奥运会，获得的16枚金牌中（除举重项目），男子占35.7%、女子占64.3%，此时，表现出较为明显的“阴盛阳衰”。到悉尼奥运会，获得28枚金牌中，男子占41.1%、女子58.9%，趋于平衡。到雅典奥运会所获得32枚金牌中，男子占39%、女子占61%，“阴盛阳衰”现象再次凸显。再到北京奥运会所获得的51枚金牌中，男子占47%、女子占53%，男女运动员优势再次趋于平衡（表5-8）。

表 5-8　我国第 23~29 届奥运会男女运动员获得金牌数之比和比例

届次/城市	男女运动员获得金牌数之比	男女运动员获得金牌数比例
第 23 届，洛杉矶	10/5	200.00%
第 24 届，汉城	2/3	66.67%
第 25 届，巴塞罗那	4/12	33.33%
第 26 届，亚特兰大	7/9	77.78%
第 27 届，悉尼	11.5/16.5	69.70%
第 28 届，雅典	12. 5/19.5	64.10%
第 29 届，北京	24/27	88.89%

“阳衰”的局面基本得到控制。夺金运动员男女比例的比较（表 5-8）表明，我国男女运动员获得金牌的比例，总体来看有较大差距。我国女性运动员不仅在三大球、速度和耐力项目（如田径和游泳）、力量项目（如举重、摔跤、柔道等重竞技）上的竞赛成绩超过男性，而在历届奥运会上，除第 23 届奥运会男运动员夺金数量是女运动员两倍之外，其他 5 届奥运会男运动员夺金数量都落后于女运动员，这种差距在 2000 年悉尼奥运会表现得更为明显，男女比例为 1/3，达到了历史最低点。尽管在 2004 年雅典奥运会稍有缓和，女运动员共取得 19.5 枚金牌，男运动员则为 12.5 枚，但差距还是较大，相差 7 枚金牌。

二、北京、雅典奥运会男女获奖情况及优势状况比较

（一）北京奥运会男女获奖情况比较

2008 年北京奥运会女运动员共取得金牌 27 枚、银牌 11 枚、铜牌 19 枚，男运动员共取得金牌 24 枚、银牌 10 枚、铜牌 8 枚，男女混合获 1 枚铜牌。女子在金、银、铜牌的获得数目上都多于男子。但差距逐步缩小，相差 3 枚金牌（表 5-9，图 5-7）。

表 5-9　北京奥运会男女获奖牌情况比较　　（单位：枚）

	金牌	银牌	铜牌	奖牌总数
男	24	10	8.5	42.5
女	27	11	19.5	57.5
差值	3	1	11	15

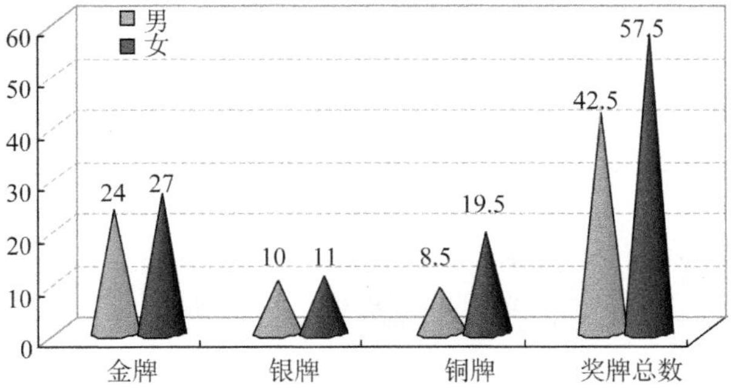

图 5-7 北京奥运会男女获奖牌情况比较

（二）雅典奥运会男女项目优势分布情况比较

从本研究的雅典奥运会优势项目中男女优势项目的分布情况和优势表现的情况看，男女竞技运动项目表现出以下几个特点（表 5-10，图 5-8）。

1. *女子优势项目明显超过男子优势项目总数* 从对雅典奥运会总共 50 个优势项目的统计看，女子共 33 项，占总数的 66%，男子仅 17 项，占总数的 34%，比女子项目几乎少了近一半。

2. *男女 A 类非常优势项目相同* 在优势项目中的 A 类非常优势项目，男女均为 8 项，几乎没有什么差异。男子竞技运动项目虽然在总量上比女子明显少，但是在高水平的优势项目中，男子却表现出较高的水平。这一特点在北京奥运会中也明显表现出来。在个别项目中，男子金牌数明显超过女子，如北京奥运会中的竞技体操项目，男子金牌数明显超过女子。

3. *女子 B 类一般优势项目数明显超过男子* 在优势项目总数中，女子优势项目明显超过男子优势项目的主要原因是，在 B 类一般优势项目中，女子大幅度地超过男子。在雅典奥运会中的优势项目统计中，女子项目 25 项，占 B 类项且男女合计的 34 项的 73.5%，而男子仅 9 项，只占该类优势项目的 26.5%，相差达近 3 倍。这说明女子的后劲还是很足的。

4. *女子项目竞技优势水平明显超过男子项目* 从 *E* 值的统计看，男子的 *E* 值为 17.66，*E* 值均值为 1.04；女子 *E* 值为 36.43，*E* 值均值为 1.04。*E* 值女子超过男子一倍，但 *E* 值均值男女却相差不大，之所以形成这一特点，主要原因是女子优势项目多数是 B 类一般优势项目，指数值偏低造成的。我国女子项目应该尽快地将更多的女子 B 类一般优势项目提升到 A 类非常优势项目，这样就可以尽快提升我国竞技运动的总体水平。

表 5-10　雅典奥运会中男女优势项目优势分布情况比较

	项目总数	优势等级		竞技优势指数		总奖牌数（枚）
		非常优势 A 类	一般优势 B 类	总指数 E 总	项均指数 E 均	
男子	17	8	9	17.66	1.04	12
女子	33	8	25	36.43	1.10	25
差值	16	0	16	18.77	0.06	13
男女合计	50	16	34	54.98	2.14	37

注：由于统计资料不全，本表仅统计了雅典奥运会中的优势项目。

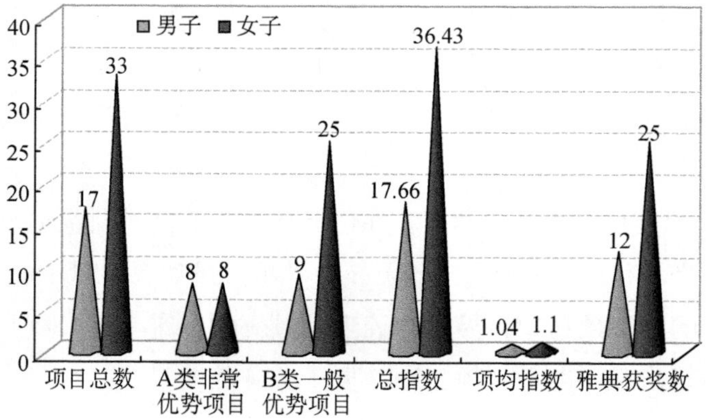

图 5-8　雅典奥运会中男女优势项目优势分布情况比较

5. *从最具优势项目男女在奥运会上的获奖情况看*　虽然与此在雅典奥运会前的具体 *E* 值的水平与男子相差不大，但是由于女子优势项目的总数较高，而且与此项目在雅典奥运会中的表现十分出色，因此许多潜优势项目，逐步转向 B 类一般优势项目，从而使女子优势项目在奥运会的得奖牌率远远超过男子。统计表明，男子优势项目在雅典奥运会上获 12 枚奖牌，而女子共获 25 枚奖牌，超过了男子项目所获奖牌近 1 倍多。

田麦久等于 2007 年对我国男女运动员参加第 23~28 届夏季奥运会所获潜优势项目奖牌数研究认为，目前我国潜优势项目中有夺金可能的也是以女子项目为主，建立在充分发挥女子竞技项目的优势上（图 5-9）。由此看出，我国在制订未来奥运会的战略部署时，仍然要把基点推动男子项目的优势良性转移。在今后的 1~2 届奥运会中，“阴盛阳衰”的局面仍可能不会得到根本改变，女子竞技运动项目仍然要承担对我国竞技运动做出最主要贡献的作用。但是，从北京奥运会看，男子项目与女子项目的差异越来越缩小，也预示着今后这一趋势将逐渐保持下去，男女协调发展的局面也将逐渐形成。我国女选手在未来奥运会争金夺牌的过程中，仍将发挥重要作用。也就是说，我国潜优势项目的发展必须突出发展这些女子项目，并使其尽快成为我国新的优势项目。这就要求充分发挥举国体制的优越性，坚持“男帮女，女促男”的有效训练方法，以寻求更大的进展。

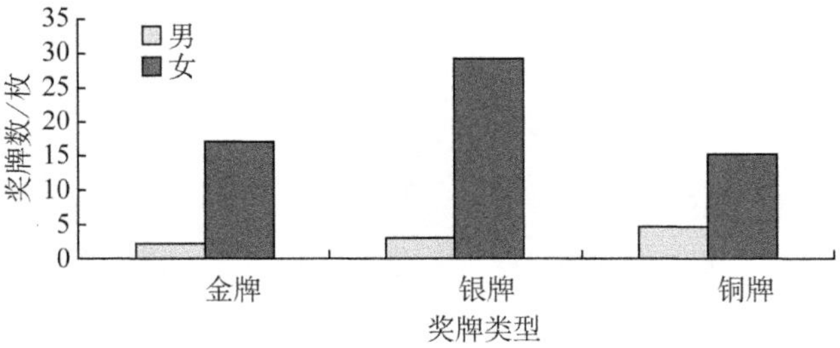

图 5-9　我国男女运动员参加第 23~28 届夏季奥运会所获潜优势项目奖牌数比较
资料来源：田麦久，2007

三、我国奥运会男女运动员优势转移分析

在我国奥运会军团中，女子运动员是摘夺金牌的主力军。她们不仅在优势项目上屡获金牌，更是在一些潜优势项目上摘金夺银。巾帼胜须眉，分析我国女性运动员的整体表现优于男性的原因。

第一，举国体制使女性享有男性同样的权利，在举国体制的优越保障下，女运动员在竞赛参与、训练指导、后勤保障、日常生活方面都有专人负责，同时，工资收入、奖励奖金及退役后的出路也有制度上的保证，这是最根本的原因。

第二，社会的发展使女性能够摆脱传统观念的束缚投身于体育事业之中。另外，中国女运动员在人口基数和上也占据了一定优势，这与国外女运动员往往单打独斗，参与人数少，各方面无法保证及受社会、家庭和婚姻等因素制约形成明显优势。

第三，中国女性普遍具备艰苦卓绝的意志品质。从参与人数和运动成绩上看，在体操、跳水、乒乓球、羽毛球、射击等中国传统优势项目上，男女比例都差不多，而在中国一些薄弱项目上，往往是女运动员率先为祖国夺金夺银。别人不练的时候，我们先练，起步比别人早，自然比别人强。在一些发达或不发达国家和地区，女子项目的发展和参与程度，往往落后于男子项目，而在我国举国体制的激励下，这些项目自然就成为我们重点扶持的对象，通过“以男保女”的发展策略把女子竞技体育水平迅速提上来，女子项目自然就率先崛起。这也意味着她们选择了更多的艰辛与付出，她们训练的都是最苦、最累、最难的项目。例如，在田径上，我国女性就必须克服身体素质方面的劣势，没有吃苦耐劳的坚强意志，是坚持不下去的。这也提示薄弱项目会成为女性竞技运动突破口。

第四，女性与男性的交往方式和工作方式及性别特征有所差别，女性一般更讲求共同性、包容性和团队精神。她们更容易服从指挥遵守纪律，更容易与教练员和队友沟通配合。

第五，参与竞技体育是让有体育潜质的中国女性实现自我价值的重要途径，竞技体育领域是较其他领域相比为数不多的没有性别歧视的行业，体育使她们得到了自我实现、自我突破和自我超越，使她们享有较高的社会认同、社会地位和经济地位。

第六，男女平衡、共同提高乃大势所趋。从百年前的首届现代奥运会，女子不能参赛甚至不能观赛，到北京奥运会男女运动员参赛比例接近 1∶1；从巴塞罗那奥运会我国男女运动员夺金比例 4∶12，到北京奥运会我国男女夺金比 24∶27（26∶25），不难看出，体育不仅是竞技的舞台，同时也反映我国竞技体育发展的大趋势。随着我国经济社会的进一步发展和竞技体育的体制进一步完善，中国体坛必将出现“阴阳双盛”的美好局面。从 1900 年妇女首次登上奥运会赛场至今，女运动员人数、女运动员参赛项目数、女体育管理者人数逐渐增加，运动成绩也大幅度提高。女性体育运动在奥运会上获得前所未有的发展，其意义早已超出了竞技比赛的范畴。

第九节　影响竞技项目比赛过程中优势转移的相关因素

一、第23~29届奥运会中国优秀运动员在比赛过程中优势不良转移现象概述

一般来说，竞争的胜负主要取决于运动员所具备的竞技能力。但是，纵观整个奥林匹克运动的历史及重大体育竞赛史，很多运动员最后取得的成绩与其所具备的竞赛能力并不相符，很多拥有最强竞赛实力的运动员在比赛期间往往发挥失常，最终未能取得比赛的胜利，出现所谓的“克拉克现象”。也有并不具有最强竞技能力的运动员恰恰取得了第一名，即所谓的“黑马”。这就说明，比赛最终的成败大部分是由运动员在比赛中表现的竞技能力决定的。罗纳德·克拉克是20世纪60年代世界著名的澳大利亚长跑运动员，曾先后17次（有资料为18次）创造了世界纪录，但在他参加的两届奥运会中（1964年、1968年），他均未登上冠军的宝座。后来众多学者借用克拉克的名字特指优秀运动员在重大比赛中不能正常表现出所具有的竞技能力、比赛失常的现象。有研究表明，历届奥运会比赛中有1/3以上的世界最强实力者不能登上奥运会最高领奖台。即历届奥运会比赛中最有希望夺魁的竞争者获取冠军的概率约为70%，另有30%左右的竞争者是必然要遭淘汰的。这表明比赛的最终胜利是有运动员在比赛中表现的竞技能力决定的，这也说明优势不是绝对的，受诸多因素影响，优势不是永恒的，优势的成长、发展、变化呈周期性变化规律。以下是第23~29届奥运会上中国优秀运动员优势不良转移的典型案例。

1984年第23届奥运会（洛杉矶），人们对跳高选手朱建华的参赛充满期待，因为在1983年6月到1984年6月，令人难以置信的是朱建华3次打破了跳高世界纪录，并将跳高世界纪录刷新为2.39 m，而这一届奥运会朱建华只获得第3名，冠军成绩是2.35 m，即便是在20年后的雅典奥运会，冠军成绩也只是2.36 m。朱建华因此被人们称为中国的“克拉克”，心理素质不够强、心态不够好、参赛经历不足是他发生优势不良转移的基本原因。

1988年第24届奥运会（汉城），我国举重选手何英强是大家公认的争夺冠军的种子选手，最后却因表现平平以一枚铜牌结束了比赛，赛前丢失参赛服导致其心情不畅和焦虑是他发生优势不良转移的基本原因。

1992年第25届奥运会（巴塞罗那），我国优秀跳水选手谭良德第一天预赛排名第一，在总决赛的前两轮也排名第一名，却在后面自己强项的自选动作上出现较大的失误，使他失去夺取冠军的强劲优势，屈居第二。

1996年第26届奥运会（亚特兰大），我国射击名将王义夫在决赛中一直领先排名第二的对手3.8环，却在最后一发是出现恍惚，打出了令人始料未及的6.5环，在失去明显优势的情况下，最终无奈与冠军0.1环之差憾失男子气手枪这枚宝贵的金牌。究其原因，一是由于王义夫赛前内耳道发炎引起头痛头晕和他身体本来就极度虚弱；二是由于当地的安全隐患（奥林匹克公园发生大爆炸，运动员宿舍曾8次响起火警警报）、高温高湿度的气候（38~40 ℃的高温、湿度在80%以上）及管理工作混乱、非正常舆论干扰、交通饮食等原因。

2000年第27届奥运会（悉尼），我国射击种子选手赵颖惠被认为是最有可能获得本届奥运会中国代表团首金的运动员，由于首金的巨大压力，使她在比赛中未能发挥自身的优势水平，也未能完成预期的首金任务。

2004年第28届奥运会（雅典），中国代表团射击两名选手“开门红”的双保险被打破，2000年悉尼奥运会冠军陶璐娜在本次比赛中只打出了366环的超低成绩，不仅未能进入决赛，而且在预赛的41名选手中排名倒数第三。

2008年第29届奥运会（北京），按照历年奥运会竞赛日程安排，第一枚金牌将在射击和举重两个项目中产生，杜丽作为具有绝对夺冠实力的选手，肩负着北京奥运会争夺首金的重担，至雅典奥运会射落首金之后的三年间，从世界锦标赛到世界杯凡是国际性的大赛杜丽都是以第一名的成绩实现了“大满贯”，然而正是备受人们期待的“开门红”使她承受着沉甸甸的压力，致使她在比赛中发挥失常，与首金失之交臂。

综上所述，很多优秀运动员最后取得的成绩与其所具备的竞技能力并不相符。运动员只有具备较强的竞技能力，在比赛中才有可能表现出较好的竞技状态，由于诸多因素对比赛的影响，训练中的竞技能力与比赛中的竞技能力并不是完全对等。对我国高水平运动员在最大比赛中竞技能力发生的优势转移，是大家关注的重点难点问题，也是焦点问题。田麦久于1998年指出，“影响比赛结果的基本因素是运动员所具有的竞技能力及其在比赛中的发挥、竞赛对手所具有的竞技能力及其在比赛中的发挥及运动竞赛结果的评定”。比赛过程中不可知因素、随机性因素及偶然性因素对运动员成绩影响也是目前这方面研究的共识。李益群（1990 年）、刘一民等（1999 年）、马红宇（2002 年）、张俊青（2000 年）、石岩（2004 年）及熊焰（2005 年）的研究普遍认为，比赛性质、比赛对手、场地、裁判、观众舆论、意外受伤、生病、气候、时差、海拔、饮食、旅途疲劳未完全恢复、自我管理能力等均是比赛过程中不可知因素、随机性因素及偶然性因素。不可预见并非不可控制，宋杭军等于 1996 年在《关于科学进化的自组织控制问题》中提出，“不可预见的意思仅仅在于：一个站在外面的观察者，即使他掌握了系统的某些参量，仍然不可能确定在几种替换状态中究竟哪一种将在系统内实现。但这并不意味着在系统内部一个元件不可能决定性地影响系统对未来状态的选择”。如果我们对运动员内各要素及它的环境有足够的了解，那么就能在某种范围内预测运动员竞技表现的结果或可能会出现什么样的表现过程。

二、竞技项目优势转移的心理因素

美国格鲁波先生在 1984 年奥林匹克大会上指出：“低、中级运动员心理因素对其影响占 20%，生物力学因素占 80%；而优秀运动员正好相反，心理因素影响占 80%，生物力学因素占 20%。”石岩于 2005 年对我国优势项目的调研发现，心理训练是薄弱的环节，心理能力是我国优势项目优势不良转移的主要原因。实践表明：随着竞技体育的发展，运动技术水平的不断提高，运动员之间在技术水平和身体素质上的差距越来越小，比赛在很大程度上更取决于运动员的心理素质。“克拉克现象”80%归因是心理因素，如何看待这一研究结果呢？归因是指人们对他人或自己的行为进行分析、判断和指出其行政或推论其原因的过程。通俗地讲，就是运动员对比赛结果的好与坏进行解释。在竞赛实践中，经常会出现运动员在比赛失利后将原因归为运动员自身心理问题和外界裁判员问题。一般而言，这样的归因是一种借口，是在推卸责任，对运动员今后的发展不利。出现这种频率较高的“归因倾向或归因偏差”的一个主要原因是长期以来我国体育界缺乏对运动员的归因教育和归因训练。

具备良好心理素质的人，往往比同等条件的对手获得更多的机会。心理素质取决于心理状态，当运动员处于良好心理状态时，注意力高度集中，完全沉浸在要完成的任务中，精力充沛、感觉良好。在这种状态下，运动员一般会正常或超常发挥训练水平。但在真正赛场上，大部分运动员总是会出现这样或那样的问题，最明显的表现就是他们因过度紧张产生的大脑一片空白、心虚、腿发软、尿频等一系列问题，导致在赛场上出现各种失误，不能发挥出训练水平。这种现象总是重复出现，许多优秀运动员因此与冠军失之交臂，而教练员、运动员面临这些问题时总是显得无能为力。出现这种现象的原因一方面是由竞技体育的特性造成的，即竞争激烈，而且竞技水平越高、竞争越激烈，运动员的心理压力就越大，暴露的心理问题就越多。另一方面表明运动员缺乏良好的心理状态。由此可见，在高水平竞赛中心理因素起着决定性的作用。目前乃至今后，提高比赛心理能力的心理训练在理论研究及实际应用上与技术、战术和体能等训练相比难度大、效果差。

三、竞技项目优势转移的社会环境因素

（一）裁判员

运动成绩的决定因素运动员在比赛中表现的竞技水平、对手在比赛中表现的竞技水平和比赛结果的评定行为，其中比赛结果的评定行为是指裁判员的职业素养及业务水平、成绩的评定手段和竞赛规则。裁判员在竞赛活动中既是竞赛过程的控制者，又是竞赛环境的构成者。运动成绩的评定方法不同，裁判员控制力也不同。运动成绩的评定方法主要有测量类（田径、游泳、速度滑冰、滑雪、划船、举重等）、评分类（体操、艺术体操、技巧、跳水、花样滑冰、花样游泳、马术、武术套路等）、命中类（不设防类有射箭、射击等；设防类有篮球、手球、足球、水球、曲棍球、冰球、击剑等）、制胜类（摔跤、柔道、拳击、跆拳道等）和得分类（乒乓球、羽毛球、网球、排球等）5 类。其中，在一些评分类、制胜类项目中，裁判员的“主观尺度”对竞赛过程及结果具有很大的影响。石岩在《我国优势项目高水平运动员参赛风险的识别评估与应对》中提出，体操、跳水、乒乓球、羽毛球项目参赛风险排第一位的是裁判因素。分析原因，体操与跳水属于技能主导类表现难美类项群，是闭锁性动作技能

的运动项目，按照运动成绩的评定方法，属于评分类，也就是说需要裁判员根据规则进行评分。评分类项目裁判员的主观因素对运动员比赛结果的影响是较为显著的，由于裁判员因素的不可控，使得评分类项目裁判员风险相对突出，一方面，裁判员自身对规则理解水平差异导致主观评价差异；另一方面，裁判员自身存在评判行为异化的风险。因此，首先，我们应该把握可控因素，确保运动员在比赛中正常发挥；其次，要尊重裁判、理解裁判，遭遇不公要通过正当途径维护权益。再次，有关部门要加强对裁判员聘用的管理，特别是评分类和制胜类项目，真正用制度、要求、法律、规矩约束裁判员，严肃处理操纵比赛等恶性事件，营造风清气正的竞赛氛围，打造干干净净的裁判队伍。

（二）比赛规则

规则的演变对项目发展和运动员在比赛中的发挥的影响是客观存在的。对规则的理解和把握，对竞技项目技战术的制订和竞技水平的发挥关系密切。随着竞技体育的快速发展，越来越多的项目都在较为频繁地修改和完善规则，对新规则的适应也越来越普遍和紧迫。乒乓球项目近年来规则的变化就是一个典型的案例，从 2000 年悉尼奥运会结束至今，国际乒联对乒乓球竞技带有根本性的改革主要有 4 项：一是 2000 年 10 月将乒乓球比赛中一直使用的直径 38 mm 乒乓球改为 40 mm；二是 2001 年 9 月 1 日将原来乒乓球的 21 分赛制改为 11 分；三是 2002 年 9 月 1 日实行无遮挡发球；四是 2008 年 9 月 1 日将原来使用有机胶水粘的胶皮改为无机胶水粘的胶皮。对这 4 项有可能动摇国际乒乓球竞技格局的改革，我国乒乓球队进行了一系列适应性的探索：小球改大球，在对大球击球性能的实验研究得出，重量相同（2.5 g）大球与小球相比，大球在击球的速度和旋转两个最重要的竞技要素上比小球分别下降 13% 和 21%，这一改变使乒乓球制胜因素中的速度、旋转、力量三者产生了质的变化。小球时代从根本上讲究的是速度与旋转的对抗，而且以速度优势见长。力量作为制胜的一大要素，这一矛盾并不突出，而且能够扬长避短得以制胜，而大球时代将这一矛盾明显突显。中国乒乓球队应对这一改变，一是加大力量训练的比重，更加注重体能训练；二是适当加大动作幅度，合理利用腰部及手臂的合力加强击球力量；三是注重处理好动作发力和借力的关系。专家分析无机胶水产生的影响，王励勤、李晓霞、陈玘这样身体力量突出、技术也全面的选手并不会受到禁胶令太大影响。

（三）教练员的临场指挥

教练员临场指挥水平与运动员竞技能力的发挥有很大关系。从我们所及的文献中发现，教练员的战术水平对高水平运动员发挥竞技水平的排位根据项目不同其排位不等，但均进入前 6 位。以举重项目为例，影响高水平运动员实力发挥的前 3 位因素之一是教练员临场指挥能力。在比赛实践中，教练员在临场指挥上往往表现出以下不足：一是忽视对规则的学习理解和应用，导致在战术应用上失去主动权。二是准备活动的时间和节奏把握不好，准备活动的时间应根据比赛的顺序进行，既不能过早也不能过晚，过早导致准备活动过度，过晚导致准备活动不到位。需要教练员在拿到报名成绩和体重的第一时间，即刻对赛前准备预案进行对照，迅速选取第一方案，调整训练热身活动时间和级数，有效地分配运动员的体能，逐渐按照比赛节奏调整比赛情绪，把比赛状态一步一步引导上来，把训练成绩全部发挥到比赛当中，必须充分认识到，要想制胜就必须保证成功率，要保证成功率，就必须充分地做好准备活动。北京奥运会中国女子举重参加的 4 个级别，准备活动都做到了开把重量，比赛成功率达到了 96%。三是要做好 3 次试举加重幅度的方案，教练员要根据场上可能出现的变化做好相应的加重方案，减少随意性，杜绝忽高忽低加重量，第一次试举重量最好为竞赛前最好成绩的 95%左右，第二次为 97.5%～100%，第三次为 100%或以上。中国举重教练团队曾提出“一把保成功、二把要成绩、三把上水平”的竞赛试举政策。把高开与成功率的关系、低开与出成绩的关系认识得非常清楚。四是忽视运动员心理、情绪及精神状态的变化，教练员在稳定运动员情绪、增强运动员自信心及减压方面的能力比较欠缺。举重是个人比赛项目，而战术能力主要表现在教练员的临场指挥。场上是运动员激烈竞争，场下是教练员“斗智”。从保障运动员技术水平发挥，到心理调控、伤病预防，再到临场指挥，都是依靠教练员胆识和能力，这些都是高水平教练员必须具备的能力。因此，高水平的教练员应该做到：对规则的理解和运用、把握好准备活动和比赛的时间节奏、密切关注比赛变化及应变能力、依据后场试举成绩调节战术方案、密切关注运动员心理情绪变化、加强后场及临上场的指引和鼓励、了解对手的实力信息等。

（四）观众

大量的调查研究证明，观众对于某个运动员或者运动队反映的热烈程度往往对一个运动员或运动队竞技表现起着至关重要的作用。就像我们往往比较在意“天时地利人和”，讲究的就是主场优势，主场优势首当其冲的就是观众的因素，观众为运动员提供了展示的平台，是运动员精湛技艺的欢呼者、追随者和崇拜者，为运动员营造了良好的竞争氛围和环境，是运动员自我展示、超越自我的精神助力。同样，相对于客场来讲，观众因素对运动员竞技表现的干扰也是不可忽视的。1982 年，在秘鲁举行的世界女子排球世界锦标赛的半决赛中，正处于巅峰状态的美国女排由于不适应秘鲁观众发出的震耳欲聋的虚叫声而大失水准，败给了秘鲁队，失去了问鼎世界冠军的机会。但是，并不是所有的竞技项目都有主场优势，不少项目在比赛进程中需要赛场的绝对安静。如果观众不适时宜欢呼、鼓掌，就会对运动员产生干扰。北京奥运会上，中国网球选手李娜与俄罗斯名将娜拉·萨芬娜进行单打半决赛，进入抢七阶段依旧打得难分难解，李娜在大比分 5∶4 领先、手握盘点的情况下，受到现场观众不适当不适时的呐喊噪声干扰，出现不应有的失误，情绪失控的李娜对现场为其高喊加油的观众们大喊“Shut up！”。随后她的情绪明显不稳定，以致最终 5∶7 落败，憾失争夺金牌的资格。一位参与奥运会网球比赛执法的西班牙籍裁判委婉地说：“前来观看比赛的中国观众热情的确很高，但他们似乎还没有完全了解网球的规则，其实赛场内发生喧哗的情况在其他的高级网球赛事中是非常少见的。”有报道认为，所有项目可能都有主场优势，但射击项目除外。对于射击项目来说，主场作战反而成为一种负担，总教练王义夫认为，中国射击队将面临的是主场劣势，这种劣势包括运动员内心的压力及满场汉语的干扰。从历届奥运会成绩看，东道主在射击项目上都有所下滑，“母语干扰”是个很大的挑战。1972 年奥运会在德国举行的时候，赛前被寄予厚望的 3 名德国枪手全部折戟沉沙。

显然，我们不能保证每个观众都知晓项目的特点，作为高水平运动员，重要的是去感受观众的热情和支持，而不是挑剔观众，将比赛的失误归因于他们。即便是有一些“不合时宜”的观众，由于他们深入赛场其中也会很快领悟并顺应比赛的节奏，形成正确的互动。绝大多数项目具有“主场优势”，因为观众或啦啦队对鼓舞士气、振奋精神的作用是不言而喻的。有些项目如果说没有主场优势，也是可以引导和防范的。同时，我们要认识到客场是比赛的常态，我们要主动适应它，否则只会被动挨打。我们应该针对主场、客场有可能出现的状况，提前做好心理预期和心理应对，尽快在比赛中调整心理状态。

（五）传媒及社会压力

每届奥运会的首金归属都是众多媒体关注的焦点，首枚金牌的意义往往是安定人心、鼓舞士气。根据历届奥运会赛事安排，首个产生金牌的项目最有可能的就是射击。射击成为中国代表团完成首金任务最多的项目，承担争夺首金的使命已成为射击队的光荣传统。从 1984 年许海峰为中国代表队获得第一枚奥运会金牌，便开启了中国射击队在奥运会上的辉煌历史。

人们往往习惯从狭隘的民族主义立场出发，把“胜利”看成评判运动员、教练员是非功过的唯一标准，加之信息社会一些新闻传媒的误导，在现实社会中就出现了“胜者为王，败者为寇”的倾向。尤其是在高水平的竞技运动中，运动员作为某一社会的成员必然会受到那一社会对他们的影响。适当的社会期待会使选手们感觉到社会在关心着他们，从而使他们受到鼓舞，增强信心和力量并会产生出一种自豪感和责任感。但是，在更多的场合下，社会舆论对运动员们的期待过高，致使这种不切实际的社会期待从客观上转化成了一种巨大的社会压力，而这种社会压力又作为运动员们的精神压力表现出来。超强的社会压力使他们精神过分紧张、束手束脚、反应迟钝，甚至有的选手由于承受不了这种强烈的社会压力，在比赛之前就情绪失常。

王义夫曾感叹：“首金的帽子太大了，谁戴上都会觉得晃荡。”2000 年悉尼奥运会上，我国射击选手赵颖惠被认为是最有可能获得首金牌的运动员，同样是由于心理压力过大而在比赛中表现一般，未能完成夺取首金任务。2004 年雅典奥运会，中国队首金双保险“失灵”。2008 年北京奥运会，首枚金牌本身已被赋予的使命和意义必然将浓墨重彩地记载在中国奥林匹克历史上，中国代表团的首枚金牌的任务再一次落在射击队身上，杜丽作为具有绝对夺冠实力的选手，在这个项目上出众的实力和极高的胜率，更是让外界对其拿下奥运会首金充满期待，但所有这些，都无法构成她应该夺冠的理由。

当她背负着卫冕、首金和主场作战的三重压力时，这似乎可以对她失败的表现做出解释。

对于这个问题，我们应该从两个方面进行思考：一是随着国家社会经济的不断发展和社会地位的不断提高，人们会以更加开放的心态对待竞技体育。二是竞技体育应该重视“从我做起”，关键是提高自己的综合实力。我们常常讲，没有压力就没有动力。适当的压力是实现目标的动力和定力，过大的压力反而会使运动员出现焦虑和心理问题。竞赛的魅力就在于比赛结果的不确定性，在高水平的竞技舞台上，即使是实力相当的运动员，鹿死谁手都不一定，因为比赛不是训练，比赛比的不仅仅是生理极限，更是心理极限。因此，技术成熟很重要，心智成熟也很重要，当心智成熟到能够应对外界所发生的变化时，技术就有了保障。

四、竞技项目优势转移的自然环境因素

（一）比赛日程与时间

体育竞赛日程的编排有几个原则：第一，必须要符合国际单项体育联合会的比赛规则和章程；第二，有利于运动员出成绩；第三，有利于现场观众和电视观众。除此之外，还要平衡各个方面的利益，如体育单项联合会、电视转播机构等，力争使各个项目有最好的时间和最多的观众，从而有利于项目出成绩。但又不能让项目都扎堆，寻找一个合理的平衡点也是非常不容易的。以北京奥运会赛程编排为例，北京奥运会赛程的编制工作从申奥成功就开始了，从申办成功到比赛开始的 7 年间，编制赛程的过程就是不断平衡和协调的过程。北京奥运会编排的最大难点就是游泳项目和体操项目的编排之争，而这一争是由美国全国广播公司 NBC 引起的。美国全国广播公司为了确保美国人能在本土黄金时间收看他们感兴趣的项目，买下了从 2000~2008 年所有奥运会的电视转播权，国际奥委会不得不将北京奥运会游泳比赛 32 个项目的半决赛和决赛、体操男女团体及个人全能，4 个项目的决赛放在北京时间上午 10 点开始。说起奥运会赛程，从事体育报道 21 年、采访过 4 届奥运会的新华社资深记者杨明颇有感触。1996 年亚特兰大奥运会时，他觉得时间安排让人感觉很舒服，恰如一场本土的比赛。因为美国全国广播公司 NBC 买下了奥运会转播权，所以赛程安排就很照

顾美国观众，电视黄金时段精彩连连。当然，美国队在那届奥运会上也拿到了很多金牌。北京奥运会一些项目的赛程同样因为NBC而进行了调整，像游泳决赛被安排在了上午，杨明说："这对包括美国运动员在内的所有的运动员来说，都是一个巨大的挑战。运动员往往在下午或者傍晚状态最好，这样的安排注定要给运动员带来很大的影响，除非他提早知道赛程然后照此进行训练。"最终，奥运会竞赛日程得以确定，其中游泳、体操两个项目赛程由常规的下午比赛改变为上午比赛。

为备战北京奥运会，中国游泳队从2006年就开始为2008年北京奥运会游泳项目的早上比赛开始做适应准备。但这期间的2006年的亚运会和2007年的世界锦标赛还是晚上比赛，所以中国游泳队真正适应早上训练是在2007年世界锦标赛之后。适应的过程苦不堪言，特别是刚刚开始的一个月，不适应早上五点起床、五点半训练，不适应早上的训练强度，从而导致运动员早上太早吃不下早餐，上午训练昏昏沉沉，中午筋疲力尽吃不下午饭，晚上九点又难以入睡。如此下来，营养跟不上，睡眠难以保证，训练效果甚微。在这期间的常规比赛中表现出上午的决赛成绩都不如晚上的预赛成绩，这一系列的不良反应着实让中国游泳队捏了一把汗，这些状况直至8月份中国游泳公开赛上才真正得以改进。至此，中国游泳队通过两年的努力，消除了对"早练、早赛"的恐慌，开始以正常心态面对北京奥运会。为此，中国游泳队主要有以下几个方面的应对措施：一是从思想上、心理上使运动员转变认识观念，早练早赛与晚练晚赛是长期养成的习惯而已，与对身体有没有伤害没有关系，身体不舒服只是还没有习惯；二是帮助运动员建立新的生物钟，适应新的训练习惯；三是注意早上训练的质量和强度，提高单位时间的训练效率，而不是训练时间的长度；四是同等条件下国外运动员比我们更难，他们还要倒时差，战胜自己就是战胜对手。同样，在得知奥运会决赛时间改变后，中国体操队为了适应新的比赛日程，调整过去的训练和比赛习惯，对这一时间段进行了针对性训练和比赛。目的是提高因比赛日程改变由此引起的生物节律规律被打乱时的适应能力。将上午的训练时间加量，并在上午增加了测验。2007年全国世界锦标赛暨奥运会选拔赛上，中国体操协会和组委会将赛程完全按照奥运会时间模式进行，运动员们表现正常。

人体生物节律的变化必然导致运动状态的变化，利用人体生物节律的规律性，科学地安排运动训练和适应比赛时间，可以有效地提高运动训练和竞赛水平。比赛日程和时间的改变可导致人体生物节律发生变化，控制和协调各种生物节律，生物钟就会发生紊乱，一旦生物钟发生紊乱，人体正常的生理功能、工作能力就会失控和降低。但是，生物钟又是可以调整的，它不但受到生物体内部因素的影响，而且也受外部环境因素影响。它提示我们：一是生物节律的变化必然导致人体的生理功能和训练能力下降。二是以生物节律显现的生物钟又是可以再造的，适应新的生物节律以发挥机体最大潜能，当训练节奏与人的生物节奏不同步时，应进行适应性再造。三是运动员的训练节奏与生物节奏同步时，其生理功能和训练能力最强，相反，当运动员的训练节奏与生物节奏不同步时，其生理功能和训练能力下降。四是重建训练节奏，适应新的训练节奏需要一个时间过程，应尽可能稳定避免经常性生物节奏再造，生物节奏的再造会伴随着各种生物功能和能力的下降。

（二）气候与天气

海拔的改变将导致气候的改变和空气里的氧气成分降低。所以，国内外很多运动项目都在赛前进行高原训练。德国学者从运动医学和生物科学的层面调研了高原地区（中等海拔）的地理环境与气候状况对运动员竞技状态的影响。其中，气候对运动员竞技状态的影响较大，气候构成三大要素包括气温、降水、气压和风。有研究表明，稍高的气温能使活动开的肌肉维持在特定温度，有利于运动员充分展现其运动能力。对于比赛时间较短的项目（速度力量性、复杂协调性），在稍高的气温下，运动员的成绩可能高于习惯条件下的成绩。美国优秀跳远选手鲍勃·比蒙在 1968 年墨西哥奥运会上，创造了男子跳远 8.90 m 的跨世纪纪录，这一纪录保持了 23 年之后才被打破，与其说比蒙得益于自己良好的技术条件，如调整上好的助跑距离、准确踏板，不如说他利用了墨西哥高原城市各种非常态的有利因素，如地心引力小、空气阻力小、顺风风速又正好在规则允许 2 m/s 的范围内等。如果说当年比蒙创造的 8.90 m 的超常男子跳远世界纪录是借助了当时超常的地理和气候条件，那么刘翔在瑞士洛桑田径大奖赛上创造的新的世界纪录，也同样在一定程度上得益于当时赛场的超常态气候条件。比赛当时的温度为 27 ℃，风速为顺风 1.1 m/s，这都是最适宜短跨项目运动员比赛的气温和风速，尤其对刘翔更为适宜。

五、伤病

伤病是优秀运动员竞技项目优势转移的主要致因之一，这与竞技运动竞争日趋激烈、项目特点、训练诊断和医务监督、训练强度和恢复、极限负荷的诊断与监控、创新训练方法与手段等科学化程度不高相关。训练强度与伤病是竞技体育发展的一对矛盾，也是被认为无法彻底解决的难题。运动训练的过程就是施加负荷的过程，目的是提高运动成绩，要提高运动成绩必须施加负荷，而施加负荷与运动损伤又是一对不易调和的矛盾。负荷小则训练无效，负荷大则训练危险，认识负荷对提高成绩的重要性、把握负荷不断变化的极限强度，对防止和减少伤病至关重要。这就对运动员的科学训练提出了更高的要求：一是要认识负荷的渐进性和节奏性。根据运动负荷的构成因素，处理好负荷量、负荷强度与总负荷的关系，处理好负荷的渐进性、节奏性突变性和极限性的关系。二是要认识负荷的普遍性和差异性。根据项目特点和运动员个体差异的因素，确定好运动员个体在不同训练过程中的极限负荷能力。三是要认识负荷极限强度监控与恢复。不同运动员个体的运动负荷监控指标体系，建立科学的运动负荷监控、诊断系统和诊断模型。根据连续负荷中疲劳的正常积累与过度疲劳之间的关系，将从多年到每一次课的各训练过程的负荷安排对应起来，使其相互连贯，便于诊断。正确理解负荷与恢复的关系，将大负荷训练与减量训练结合起来，形成最佳的负荷节奏，把握好运动员个体负荷的极限能力及承受极限负荷后的恢复时间和恢复方式。四是要认识负荷的对应性和延迟性。根据“对应性负荷联系”“延缓传导性联系”，进行负荷方案的最佳综合设计，把握各训练过程负荷的恢复时间、间歇时间及超量负荷时间。五是要认识负荷的规定性和多样性。竞技体育从本质上就是向人体生理极限能力和身体极限能力挑战，比赛场上的竞争就是人的生理负荷和心理负荷的竞争，训练中不断施加负荷的过程是不断提高竞技能力的内在规定性，施加大负荷强化训练不同的运动员又有不同的负荷适应性，运用多学科的科技手段，根据项目训练、比赛、个体特点等因素，正确确定训练内容、手段和方法。

刘翔正是因为伤病导致竞技优势发生变化的典型案例。2005 年的冬训，刘翔意外崴脚，之后便一直受伤病困扰，直至 2008 年北京奥运会最终因伤病退出比赛。期间，因伤放弃了2006年2月上海全国室内田径世界锦标赛、2006年3月莫斯科世界室内田径世界锦标赛、2008年5月纽约田径大奖赛、2008年6月纽约国际田联大奖赛、2008年6月美国俄勒冈州尤金市举办的尤金站国际田联大奖赛。但在2006年洛桑大奖赛上刘翔又打破并刷新了新的世界纪录，这一现象我们归因于刘翔适宜的恢复、竞技状态和运动成绩显现两年周期性、节律性变化规律，以及超常态的气候条件等。通过分析刘翔的伤病有以下几点思考：一是局部小肌肉群力量薄弱导致伤病易发；二是对伤病估计不足，导致伤病持续加重；三是多次因伤退赛，导致赛前热身赛不充分，致使竞技状态和心理状态不佳；四是2008年北京奥运会“鸟巢”9万人热切期待加上全世界数亿观众的高度关注下导致他在高压力下生理、心理系统发生紊乱，放大了伤病对他的影响。

六、对手的竞技表现

对手超常的竞技表现一方面可以带动参赛者出现好的竞技表现，另一方面增加了参赛者获胜的难度。反过来对手表现平平甚至失准的竞技表现增加了参赛者获胜的机会。因此，对手的竞技表现好坏同样影响着运动员的比赛成绩。美国著名射击运动员埃蒙斯，男子50 m运动步枪3种姿势的青年世界纪录的创造者，且在2002年ISSF世界杯决赛、2004年世界杯决赛中双双折桂。在雅典奥运会，他近乎要破获历史性的双重第一，在男子3种姿势的竞赛中，九枪过后领先第二名3环左右的优势，在最后一枪里他只要能射到8环以上便能加冕的状况下，在最后一枪鬼使神差地打到隔壁选手的靶位上，拱手将金牌送给了中国选手贾占波。4年之后的北京奥运会，埃蒙斯几乎是复制了“雅典噩梦”，九枪过后，他遥遥领先第二名3.3环。在打出最后一枪的一瞬间，埃蒙斯的枪明显颤抖了一下，4.4环！再次拱手将金牌让给了中国选手邱健，一如4年前的贾占波。刘翔在2006年7月12日瑞士洛桑田径大奖赛上勇破英国名将科林·杰克逊保持13年之久的12.91 s的男子110 m高栏世界纪录，震惊了全世界。为什么刘翔能在伤愈后不久即创造了一个新的世界纪录？分析原因认为，适宜的恢复时间、对手的强大和超常的表现、超常的气候条件等因素是刘翔创造如此高水平成绩的基本动因，其中对手竞技状态的超常表现是主要动因，这场比赛几乎每一个运动员都超常表现出了各自的竞技水平，尤其是亚军阿诺德与刘翔并驾齐驱，并以 12.90 s 的成绩也打破了 12.91 s 的世界纪录，这种你追我赶的竞争氛围极大地激发了刘翔瞬间的竞技状态。因此，对手的竞技表现同样是参赛者发生优势转移的原因之一。值得一提的是，即使是对手的竞技水平发生不良优势转移，机会也是给有准备的运动员，只有战胜自己，充分表现出自己的竞技水平，才能把握住机遇。同样，当对手的竞技表现超常发挥的时候，也是带动和激发参赛者竞技潜能的时候。

第六章 竞技运动项目优势转移的战略思考及应对

第一节　优势项目保持优势的战略思考及应对

一、优势项目应做好深化竞技体育体制机制改革的战略准备

竞技项目的核心竞争力总是与一定时期的社会和竞技体育发展、赛制改革、管理模式及项目自身资源等变量因素有关。竞技体育职业化是竞技体育发展的最高形式，是市场经济的必然产物，也是世界上体育强国的基本发展模式。随着我国市场经济的高度发展，职业化的广度和深度日益加深，将体现出越来越强大的活力，竞技体育职业化也必然是中国竞技体育发展的必经之路。虽然我国竞技体育职业化发展是渐进变革的长期过程，目前许多市场化程度较高、老百姓喜闻乐见的项目已在先行先试，并在不断完善中，而传统优势项目大都是技术难度大、对场地要求高、运动风险大、大众参与率低、市场化程度低的项目，但随着职业化体制机制的变革，竞技项目将分项目、分阶段逐步推进，优势项目也终将走向职业化道路。因此，优势项目要做好未来社会发展及体制机制改革的战略准备。优势项目同样是处在不断的动态变化之中，要不断认识发展中的竞技项目优势转移的动因或致因，研究项目优势转移的新特点、新趋势、新变化，提高保持优势及控制优势不良转移的能力，特别是体制机制的改变对市场化程度低的传统优势项目，应做好适应未来社会职业化、市场化发展做准备。

二、优势项目发展在一定时期内仍应以举国体制为主，市场化为辅

优势项目的共同特点是动作技术难、危险风险大、场地要求高、专业性强、大众参与率低、普及性差、市场化程度低。随着竞技体育职业化发展趋势，优势性项目可持续发展很大程度取决于体制机制的保障，而且这类项目占中国奥运会奖牌总数的70%，优势项目总结成功经验无一例外的重要因素是得益于举国体制，从优势项目的共同特征来看我们不难理解，因此在深化竞技体育体制机制改革中多种举措并存的发展模式非常重要。具体地说，优势项目在一定时期内仍应以举国体制为主，市场化为辅的体制机制。当然，优势项目处在一个动态发展变化中，在一定时期内市场化程度较低的项目在发展中更适合以举国体制为主的发展模式。

三、进一步提高优势项目本质特征之一的心理能力

学习和研究优势项目的成功经验，一个共识性的认识是，优势项目在专项特征的外部特征如技术、战术、体能等显性特点上都把握得非常好，同时随着科、训、医一体化训练体系落实和加强，外部特征所蕴含的生物力学、生物化学、运动生理学的本质特征也解决得比较好，而往往导致优势失去风险最大的是本质特征之一的心理能力。心理能力强弱在心理学上常用心理状态的好坏反映，心理状态是当今高水平竞技体育最关注的话题。有研究表明，心境和应激是影响运动员心理状态最典型的两种情绪状态。对运动员心理调控来改善心境和应对方式是当前心理训练有效途径和突破口。对心境和应对方式的调控各有侧重点，前者主要针对赛前训练，后者主要针对比赛的强烈应激状态，二者存在相互交叉的影响，且关系非常紧密。目前，对体育界对应对领域的研究相对较少，但心境与运动成绩/表现的关系研究由来已久，最经典的是提出了著名的冰山剖面图来描述运动员的心境与运动成绩/表现的关系。有研究发现，一些重要变量会影响心境与运动表现的关系：①运动项目的持续时间，持续时间短的项目（如体操）要比持续时间长的项目（如篮球）更容易受心境的影响。②运动项目要求的能力及条件的同质性程度，同质性

程度高的项目（如短跑主要要求速度）比同质性程度低的项目（如十项全能的多质性要求）更易受心境影响。③运动成绩评定标准自我表现定向的运动项目（如花样滑冰）要比胜败定向的运动项目（如网球）更易受心境影响。④共同训练或比赛的运动员人数，人数较少的运动项目（如个人比赛项目）要比人数较多的运动项目（如足球）更易受心境的影响。因此，运动员比赛中的心境起伏和应对能力与他们比赛中的竞技表现密切相关。通过心理调控来改善心境已有一定的研究基础，而应对方式的研究任重道远，改善心境和应对方式对于保证赛前训练及在比赛中表现出运动员的最佳竞技能力，是提高心理训练效果的有效路径。

四、进一步提高优势项目参赛风险的识别与应对

我国优势项目高水平运动员在重大比赛中面临各种各样的参赛风险，参赛风险即运动员在体育竞赛中由于各种干扰事件或突发事件，从而引发运动员比赛发挥失常的可能性。优势项目科学化训练的整体实力已达到一个特定水平，它们在决定其竞技能力的制胜因素方面基本把握得很好，往往发生风险的是细节决定成败。因此，优势项目对参赛风险的识别与应对就显得特别重要和有意义，这是保障优秀运动员已具备的高水平竞技实力能够在比赛中充分发挥出来，防止“克拉克现象”。对参赛风险识别的主要任务是寻找和发现比赛中可能出现的主要风险。而风险应对是在对参赛风险的准确识别的基础上，提前采取措施防范或降低风险影响。石岩认为，运动员参赛风险主要包括体能风险、技术风险、战术风险、比赛经验风险、心理风险、伤病风险、自我管理风险和竞赛环境风险等。竞技项目的参赛风险因项目主导因素不同而不同，因竞技水平、训练阶段不同而不同。优势项目参赛风险较大的往往并不是相对可控的技战术等风险，而是其他相对不可控的因素。做好大赛前的准备工作是我国优势项目应对参赛风险的主要内容之一和成功经验，不断加强参赛风险教育，提高风险识别与应对能力及细化应对措施是防止优势项目发生优势不良转移的主要策略。

第二节　潜优势项目获得优势的战略思考及应对

一、潜优势项目扩大“走出去、请进来”程度是快速实现突破的有效途径

潜优势项目大多是曾经在世界三大赛中取得过优异成绩的运动项目，如郑凤荣、倪志钦、朱建华的跳高世界纪录，黄志红的多次世界女子铅球冠军，女足女篮的奥运会亚军及女子马拉松、男子 110 m 栏等项目曾经的辉煌。我们在这类项目没有形成稳定的优势，主要是对项目的本质规律认识不深刻、不充分，而这类项目为我们再创佳绩提供了实践基础。加大“走出去、请进来”程度，汲取国外先进经验、集百家之长，帮助我们深刻认识项目本质规律，少走弯路，减少伤病，增强自信对实现快速突破有重要意义。近几届奥运会我国潜优势项目实现的突破也已证明，潜优势项目加大了“走出去，请进来”程度，这恰恰是我们深入认识和把握潜优势项目本质特征及规律的有力推手。无论是优秀运动员还是教练员，我们都需要引进国外先进的训练理论、训练方法，克服传统障碍，突破瓶颈。以北京奥运会为例，在北京奥运会中国代表团阵容中，有 38 名外籍教练。中国运动员在击剑、赛艇获得的金牌，在花样游泳、女子曲棍球等项目上实现了历史性突破，均与外籍教练的执教有密不可分的关系。中国击剑队聘请的法国教练鲍埃尔，被弟子仲满看作是自己夺取奥运会金牌的关键。鲍埃尔执教中国佩剑队两年来，给中国运动员带来了更先进的训练方法，为中国击剑选手实现 24 年的奥运会金牌梦指出了一条明路。中国花样游泳队的主教练井村雅代来自日本，作为世界花样游泳界的著名教练，井村雅代的到来，为中国花游队打开了视野，也突破了技术上的难关。在她的指导下，中国花游队最终在集体项目上如愿获得了 1 枚奖牌。而女子曲棍球更是充分说明由外教多年系统化训练逐步由薄弱项目向优势项目的转变。同样，2012 年奥运会游泳比赛中中国队取得总成绩第二。5 块金牌中的 4 块由年轻的叶诗文和孙杨包揽，并打破两项世界纪录。这两名运动员都在澳大利亚接受最好的教练员训练。田径

新一代跳远运动员李金哲跟随洛伦·西格雷夫在美国训练，以 8.34 m 跳出年度最好成绩。

二、深入认识潜优势项目的本质特征

按照本书对“潜优势项目”的界定：“在一个奥运会 4 年周期中的世界级三大赛事（奥运会、世界锦标赛和世界杯总决赛）中，运动成绩有明显进步，已达到较高水平，并在这些比赛中获得过奖牌项目，有发展潜力的奥运会项目”。男子跳高世界冠军、女足和女篮奥运会亚军、女子蹦床奥运会冠军、男子 110 m 栏奥运会冠军等，许多潜优势项目都曾经取得过好成绩，但都没有真正形成长期的优势项目。这说明我们对这些潜优势项目的本质特征及制胜规律还缺乏系统的、稳定的、深入的认识。竞技项目特征按照竞技能力的构成及表现可分为体能特征、技能特征、战术能力特征、心理能力特征和智能特征，竞技运动项目的特征分为一般特征、项群特征和专项特征 3 个层次。一般特征与项群特征着重从基础和宏观角度概括多个项目或一类项目的一般共性，从总体和方向上为运动训练提供目标和依据。专项特征是一个具体运动项目的特有特点，从本质上、个性上对专项训练进行指导。把握项目的本质特征是一个项目成为优势的内在依据，不同的本质特征为不同的运动项目提供不同的训练方法和手段。相似的运动项目因为本质特征不同有不同的训练方法和手段。深刻认识潜优势项目本质特征，明确其具体的训练方法和手段是潜优势项目向优势良性转移的根本途径。

三、开发适合亚洲人形态学、生理学、心理学特征的潜优势项目

我国潜优势项目大多符合亚洲人种族特征，如表现难美类项目中的蹦床、艺术体操、花样滑冰，隔网对抗类项群的网球项目、对抗性项群中的摔跤、击剑等。对技巧性、灵活性、协调性要求很高的技能类项目，适合亚洲人种族的项目，我们要继续发展它，这是我们的优势，在我国易于组织队伍，能迅速而稳定地提高竞技水平。我国的传统优势项目的特征，刘翔、刘子歌等运动员的突破，充分凸显出种族优势，为中国竞技体育持续发展指引出一条“技术流”

之路。北京奥运会中国蹦床队在如此短暂的时间取得的辉煌成绩，更是凸显种族优势，这是世界其他体育强国难以追赶的优势，就像我国运动员无法比美国、牙买加等国短跑运动员选手跑得一样快，我们的优势也是得天独厚。因此，发挥亚洲种族优势，是我们短期内发展优势和扩大优势的有效路径。

四、优先发展与我国优势项目同项群的潜优势项目

田麦久在项群理论研究中指出，处在同一个项群的各运动项目之间有着非常密切的联系，主导运动员竞技能力和决定运动成绩的因素高度相似，负荷内容、量度、训练方法、手段等基本相似。因此，处在同一项群的潜优势项目，具有很好的发展条件。借鉴和移植优势项目先进的训练理论与实践方法，可以优先取得进步。像表现难美性、表现准确性及隔网对抗性 3 个项群是我国最具优势的项群，是与之相关的项群项目可以得到优先发展的依据和措施。实践也反复证明，项群训练理论为我们研究、揭示与优势项目具有共同特点项群的内部训练规律提供了极为重要的先决条件。为我们宏观管理竞技人才的合理流动提供科学的理论依据和实践经验。北京奥运会中，中国蹦床队在短期内取得的辉煌成绩，就是得益于同项群体操的实践基础或人才流动。

五、技术性较强的体能项目是潜优势项目向优势项目转移的基础和突破口

我国运动员在绝对速度、绝对力量等方面与欧美选手相比有较大的差距，但在协调性、灵巧性等方面，有着得天独厚的优势。我国能在奥运会赛场上争取奖牌或金牌的田径项目，基本都是技术性比较强的体能主导类项目，如跨栏、标枪、三级跳远、跳高、撑竿跳高等都对技术要求较强，属于技术含量比较高的项目，在这些项目上，我国选手都曾经达到过世界一流水平。刘翔在 2004 年雅典奥运会的突破应该给中国田径带来启示，技术性较强的体能项目可以通过技术去弥补人种、力量、速度等因素所带来的差异，从而取得优异成绩。由此，通过掌握比欧美选手更好的技术或不断发展技术含量高的项目来作为突破口是有效的，也是我们应长期努力的。

六、提高潜优势项目教练员执教水平

我们从潜优势项目发展应具备的 11 个重要因素排序（表 6-1）中可以看出，提高教练员训练水平（对规律的认识和把握）、队伍管理和训练方法的创新是潜优势项目向优势良性转移的前 3 位动因。现代科学训练的发展趋势告诉我们，单靠知识结构单一的教练员，已很难适应现代科学训练的高标准要求。多学科综合人才结构的教练团队的组建和投入是实现潜优势项目快速发展的有效途径，组建以教练员为核心的“主教练负责制”，其中包括运动训练学、运动心理学、运动生物力学、运动营养学、运动医学等多学科专门人员组成，团队成员各自从不同的角度为实施科学训练进行监控。

表 6-1　潜优势项目发展应具备的 11 个重要因素排序

影响因素	平均得分	排序	每个因素总分
提高教练员训练水平	10.73	1	12
领导重视	8.70	8	12
坚持“三从一大”训练	8.90	8	12
加强经费投入	9.02	6	12
提高运动员文化水平	9.25	3	12
加强队伍管理	9.55	2	12
技术创新	8.97	6	12
训练方法创新	9.36	3	12
强化竞争机制	9.12	5	12
选材准确	8.86	8	12
成立科研攻关组	8.60	11	12

潜优势项目在单位时间内控制完成训练任务的百分比相对低于优势项目的基本判断是有充分理由的，其中最重要的理由还是来自训练计划的合理性问题、运动员训练水平的起点与发展潜力的训练控制、教练员控制运动员因自身条件状况不足从而达不到在训练中和谐统一的问题、对训练气氛的把握以及对训练理念与方法的认识与创造性地应用等问题，这些问题归根结底还是教练员执教水平问题。全面提高教练员执教水平，除了具有奉献精神、精通

专项训练理论与方法之外，还必须理解运动人体科学、社会学、心理学、管理学等社会科学知识，并将这些知识贯穿在自己的工作中，与训练和竞赛相结合，转化为自己的执教能力。作为潜优势项目来说，重要的是提高教练员包括观察分析能力及对信息的正确感知并予以系统分析判断；计划组织能力及预测能力、确定目标任务能力，合理安排计划训练计划与内容的能力；学习能力及对新事物的接受能力，包括创新的训练方法、手段的应用，先进理论的引入等。

第三节　薄弱项目向优势项目转移的战略思考及应对

一、高度关注薄弱项目的战略制订，制订新一轮“119 工程”发展战略，加大对“119 工程”奖励力度

中国竞技体育的快速发展得益于成功的体育发展战略。体育发展战略在不断调整和完善的过程中，经历了传统项目与奥运会项目的矛盾、全运会项目与奥运会项目的矛盾、地方利益与国家利益的矛盾。当发展战略调整到与这些矛盾协调统一之后，各省市才逐步真正贯彻竞技体育奥运会发展战略。1996 年，在亚特兰大奥运会上，中国竞技体育发展实现了飞跃性的提升和发展，这得益于战略性调整的成功。

国家体育总局提出的“119 工程”发展计划，认为我国在未来的竞技体育发展中必须突破这一瓶颈，这些项目上不去，不能成为真正的竞技体育强国。我国薄弱项目大多数项目属于“119 工程”。“119 工程”指的是金牌数量较多的 3 个基础大项田径、游泳和水上项目（赛艇、皮划艇、帆板帆船），其金牌数分别是 46 枚、32 枚和 41 枚，总数为 119 枚。这 3 个项目金牌数占奥运会 300 多枚金牌的 1/3，是名副其实的奥运会金牌大户，具有广泛的影响。在奥运会上，素有“得田径、游泳者得天下”，因为这两个大项所设奖牌众多。而这些项目又不像集体项目深受群众喜闻乐见、容易开展普及，但这些项目形成的优势也不像

集体项目有那么多不确定因素。长期以来，中国体育军团在这类项目整体表现为弱势。因此，从体育强国的战略布局、竞技体育发展的基础项目及中国国情等多因素综合分析，对薄弱项目进行新一轮的战略制订，制订新一轮“119 工程”发展战略，加大对“119 工程”奖励力度。例如，为这些项目奥运会金牌升值、加分和加大扶持及重视青少年队伍建设等。重点项目实行优先发展，先行先试，加大体制机制创新，加大扶持力度。要有“十年磨一剑”的定力，才能厚积薄发。

二、学习和借鉴优势项目的成功经验，提高薄弱项目训练科学化水平

训练科学化中的“化”字具有名词和动词的双重词性，田麦久认为，当“化”字表示一个运动过程时，指要求我们采用科学的理论、方法和先进技术组织实施并有效地控制运动训练全过程，进而实现理想目标的动态进程；当“化”表示一个特定水平时，它意味着人们已经能够成功地将科学的理论、方法及先进技术应用于运动训练活动的各个方面并能有效地控制运动训练的全过程。优势项目训练科学化整体实力已达到一个特定水平，优势项目经过几十年的发展，形成了一整套系统工程体系，在项目制胜规律的认识与把握、训练活动的组织与控制、训练计划的制订与实施、训练后的恢复与营养、训练方法的选择与创新及队伍的教育管理与组织文化等方面都积累了丰富的经验，构筑起一整套继承与发展的训练、比赛机制，形成了各自独特的项目文化和历史的沉淀，应该得到很好的发掘和借鉴。余良华认为，优势项目之所以能具备优势，是不断学习的结果。落后的项目之所以长期落后，第一是学习的精神和程度还不够，对竞技项目本质的认识、制胜规律的理解还不够深入和透彻，从而导致训练和管理的效率低。如同引进外教，可以对我们的学习进行有益的补充，但部分项目以此替代了自身的学习，这就不是“他山之石，为我所用”的真正含义。薄弱项目和落后项目要从根本上提升科学化训练水平，借鉴、学习和采用优势项目的成功方法和经验，这是最为快捷、简单和有效的途径之一。

三、认识竞技项目优势发展的一般规律，把握薄弱项目优势发展的本质特征及个性规律

事物发展的一般规律客观存在于竞技项目发展之中，表现出竞技项目优势发展的一般特征及规律。例如，竞技项目优势转移的相对性与动态性、周期性与节奏性、渐变式与突变式、自组织形成与发展、相互迁移、个体与群体相互作用等。竞技项目优势发展都必须遵循的普遍规律如训练学理论、体制机制、战略制订、种族特征及竞争异化等，相对于薄弱项目而言，这些竞技项目优势发展的一般规律和普遍规律，是薄弱项目优势发展赖以存在的环境和条件，是薄弱项目发展的前提，而薄弱项目各个项目的本质特征及规律是薄弱项目发展的关键和制胜要素。薄弱项目既要认识和把握竞技项目优势发展的一般规律和普遍规律，又要不断探索各个薄弱项目优势发展的本质特征及个性规律。这是薄弱项目所处的认识水平和实践局限决定的。薄弱项目全面系统地认识规律、把握管理是薄弱项目优势发展的理性思考和思想基础。

四、后备人才业余训练阶段依托体教结合，专业训练阶段依托国家队和职业队

竞技水平与后备人才相辅相成，薄弱项目竞技水平现状很难使后备人才数量和质量处于一个良性循环之中。调研中发现，基础业余体校呈萎缩状态，越是薄弱项目后备人才越是不足。普遍存在八大难点问题：生源不足、管理混乱、资金紧缺、急于求成、选材无序、输送不畅、奖励难兑、安置太难。以足球为例，国家体委、教育部、共青团中央1980年1月17日《关于在全国中、小学生中积极开展足球活动的联合通知》明确提出，学校足球比赛按3个年龄组进行：12岁以下组参加“萌芽杯”；14岁以下组参加“幼苗杯”；16岁以下组参加“希望杯”。各城市须有30所以上学校参赛，每个城市的冠军队入围全国比赛。三杯赛吸引了全国大约1 000所学校，可谓声势浩大。然而没几年，或因为学足球费用昂贵，或因为前途黯淡，或因为文化素质差，或因为技术水平和综合素

质皆无口碑等，三杯赛迅速萎缩直至消失，学校足球自此后再无突破。折射出的是中国足球后备培养、选拔和实际水平的窘迫现状。中国足球青少年后备人才在急剧萎缩。北京奥运会后，基本确定了青少年足球回归举国体制的发展思路。足球回归举国体制主要是指青少年足球培养模式的变化，通过各地方体育局和足球管理中心的力量重新打好青少年足球的基础，找回一些在专业体制训练下的优势。同时，在回归举国体制之余，还要坚持“两条腿走路”，即地方足协和俱乐部都要抓好青少年足球的培养。各地中小学有计划、有比例创建足球特色学校，试点先行。把校园足球作为扩大足球人口规模、夯实足球人才根基、促进青少年健康成长的基础性工程。以扶持特色带动普及，完善考试招生政策，激励学生长期积极参加足球学习和训练，满足特长生在升学录取时在一定范围内合理流动，明确他们的发展环境和求学路径，增加家社会的认同和支持，解决学生、家长和学校的后顾之忧。让足球回归校园、回归金字塔人才培养体系，才是中国足球的重生之路。全面恢复停办已久的“萌芽杯”“幼苗杯”“希望杯”三大学校杯赛。同时，运会足球比赛中设立了 U20 和 U16 两个组别。U20 的比赛，实行团体冠军等于两块金牌的老计分办法；新增加的 U16 的比赛，实行冠军算两块金牌、亚军算 1 块金牌、季军算 0.5 块金牌的新计分办法。此举就是希望从战略上加以引导，把“足球要从娃娃抓起”这句话变成现实。

要想从根本上解决这一问题，非一日之功，摒弃短期功利思想，从基础抓起、从娃娃抓起、从学校抓起，要有十年磨一剑、卧薪尝胆的精神。从国家层面到教育部、国家体育总局、大中小学深度融合，形成一条主线。国家主导宏观调控，体育系统与教育系统深度融合，学校试点与普及，制订长期的竞赛体制，净化比赛环境，加大政策引导与扶持，推进学校体育人才系统成长与输送。业余训练阶段依托“体教结合”以校园环境为主。专业训练阶段依托社会力量办体育，国家队、职业队、俱乐部及国际化的培养模式，以体育环境为主，社会联合培训各尽其才。无论专业提高阶段是在省专业队、国家队、职业队或俱乐部，全国体育院校和全国普通院校特招政策应成为九年义务教育之后高水平运动员升学的两大主渠道，让他们真正成为有文化、有素养、有专长的在校学生。国家导向，学校重视，家长愿意，学生有明确的发展路径，完善后备人才“体教结合”培养体系。

五、提高薄弱项目教练员执教水平

与潜优势项目相比，导致薄弱项目落后或停滞不前的因素很多。潜优势项目的教练员群体更多地局限在看问题的视野、观念、方法和学习能力等方面，而薄弱项目除此以外还局限在对超越自己的困惑。我国竞技体育特有体制模式和历史发展背景下，逐步形成了以优秀的退役运动员为主体的教练员队伍。孙汉超教授于2004年对我国一、二、三线田径教练员队伍的调查表明："93%的教练员拥有大专以上学历。88%的一线教练员为健将或国际健将，8%为一级运动员，4%为二级运动员。"这说明我国教练员的运动经历和学历并不低，同时要意识到不能唯文凭教育，要培养教练员终身学习和科学训练的意识。运动训练理论与方法及多学科知识相对匮乏制约了其深刻认识和把握项目特征和训练规律。国家体育总局科研所陈小平认为，"当前我国运动训练存在的三大主要问题之一，是运动训练的主导——教练员基础理论知识不足以支持训练实践"。同时，他对体能类项目教练员运动训练知识点需求调查结果表明，教练员对运动训练理论关键知识点的需求非常大（表6-2）。

表6-2　体能类项目教练员运动训练知识点需求调查结果

	运动训练理论关键知识点
1	肌肉运动时的三大能量供应系统及其之间的关系
2	不同负荷下集体的疲劳程度及其恢复时间
3	训练量和强度的关系
4	有氧和无氧能力在全年训练负荷中的比例和关系
5	力量和耐力的增长与清退
6	赛前训练的时间、负荷和减量模式
7	运动疲劳的检测控制
8	板块训练
9	高原训练的时间、量与强度关系和高原训练后竞技状态的变化
10	间歇训练方法的生理学机制及其应用
11	运动的经济性

这些教练员虽有专项体验，而较之优势项目金牌教练对专项的体验又没有

那么深刻，训练工作长期停留在对过去较低水平经验的循环，对训练、竞赛的指导多停留在现象和形式上，很难涉及本质，从而导致训练经验难以复制和推广，表现在培养出一个世界冠军，却难以培养出一批高水平运动员的现象。这种无规律可循的状态，说到底还是对训练规律认识不清，把握不了训练的制高点。加之成绩一直不理想，各方面工作以重点项目为发展战略，在科、训、医一体化训练及方法、手段创新等，都使教练员水平没有处在不断提高的发展态势上。

六、重视运动队管理及项目文化建设

优势项目在运动队管理方面体现出来的优良的训练比赛作风 、思想政治教育、训练比赛程序化等先进的项目文化是优势项目保持优势的重要保障。薄弱项目竞技水平处于劣势有诸多原因，但管理松懈是其中的原因之一。加强运动队管理，着力提高管理水平和项目文化建设，要充分认识到抓队伍建设与抓专项水平同等重要。教练员往往容易厚此薄彼，一方面是重视不够，另一方面是能力不足。提高管理水平不是简单地把运动员管死 、管严 、封闭训练，而是学习和把握管理过程中的基本规律和一般方法，意识到这一点，你会发现产生的效果是十分惊人的。通俗地讲，管理就是跟一群志同道合的人一起完成一个理想。学术上讲，管理是指决策、计划、组织、领导、控制、协调的过程。教练员对运动员的管理就是实施好训练比赛的决策、计划、组织、领导、控制及协调的过程。教练员管理的核心是运动员，管理的本质是提高运动成绩。具体地讲，决策就是选主意、出主意，是教练员观察、分析、判断及选择和运用原理、方法、手段、战术的能力。计划就是教练员做好多年训练计划、年度训练计划、周训练计划、日训练计划、课训练计划及参赛各个环节的系统安排。组织就是教练员团队的分工、合作、协同的过程。领导就是领方向、领队伍，是教练员对运动员进行指挥、引领、沟通、激励的过程。控制就是教练员对运动员训练比赛可能出现的各种状况做到凡事心中有数，凡事都在掌控之中。协调就是教练员要善于协调与运动员之间的关系、与主管部门的关系、运动员与运动员之间的关系、运动队与运动队之间的关系及与运动队相关者的关系。提高运动队的管理水平，着力落实在提高训练比赛中的决策、计划、组织、领导、控制、协调的能力上。在此基础上，形成运动队的整体精神和共同的价值观。

第四节 竞技体育优势转移的战略思考及应对

一、我国竞技体育体制机制的战略思考及应对

（一）渐进变革是中国竞技体育发展基础

在体制改革的方式上，有激进式和渐进式两种。体制变革不是人为选择的结果，而是社会公共选择的结果，是各国特定的社会经济、政治、文化状态决定的。通常说来，改革方式越激进，遇到的社会阻力越大，但在政局不稳定、社会经济已经发生重大危机、社会状况恶化、较多人的既定利益受到损坏等多种因素就会造就激进改革的大环境。中国的体制是渐进式的，因为这是最容易为中国民众所包容的所接受的长期的体制变迁。在一定意义上可以说，渐进而有节奏的持续性变革，是中国能够维系过去 30 年快速发展的最大智慧之处。今天世界在变，许多国家为适应世界的变化自身也在变，许多原先采用计划经济体制的国家，纷纷走向市场经济发展的道路，而且不同程度地从一个封闭的经济体变为一个开放的经济体。不过，同样是转型国家，发展过程中所走的具体道路是不一样的，推动发展的动力也大不相同。我们找回历史绝非重演历史，富强、先进（包括科技和制度上的先进）、融入世界将是中国今后又一个 30 年的必经之路。但有一点是可以肯定的，中国过去 30 年巨大发展得益于不断地变革体制。既然体制的渐进变革改变了中国的命运，那这种变革就会继续下去。渐进变革是中国发展基础，必然也是中国竞技体育发展基础。北京奥运会让全世界看到了中国的精彩之处，也让中国有了近距离全面接触世界的机会。然而，如同中国的发展是经历了许多个春秋一般，世界也不是在一天之内发现了中国的成就。继续推进渐进式的变革，并坚持继续适应世界的变化，中国会以逐渐强盛的国家地位融入世界，世界也会更加容纳强盛起来的中国，中国竞技体育也必然顺应其中、受益其中。

（二）竞技体育的发展与国家经济发展水平和市场经济发展进程紧密相关

竞技体育的发展与国家经济发展的水平和市场经济的发展进程紧密相关。随着市场经济的发展和国家经济水平的提高，现阶段发展竞技体育的举国体制将逐步向以社会化体制为主转移，这是未来我国竞技体育发展的必然趋势。而这一逐步转变应力争在20~30年后初步完成。一些竞技体育发达国家所走过的弯路是我们的前车之鉴。东京奥运会后日本的经济有了飞速的发展，成为经济大国，于是匆忙将竞技体育推向社会，从而致使日本的竞技体育水平从20世纪80年代开始迅速下滑，1982年亚运会的领先位置被中国取代，1988年亚运会第二的位置又被韩国取代。1991年苏联解体后，俄罗斯将所有运动队都推向市场。然而，只有少数职业化程度高、商业化程度强的项目，市场可以解决，大多数项目市场是无法解决的，还是要靠政府的支持。老的体制进行解体，新的市场经济的条件又不成熟，必然会导致国家的竞技体育和群众体育都大滑坡，至今俄罗斯也未能完全复苏。

（三）现阶段以举国体制为主的竞技体育体制仍将是我国最有效的体制

我国竞技体育体制改不改的问题主要有3种观点，第一种观点认为这种模式成本高、效率低，主张2008年奥运会之后开始终结；第二种观点认为这既是我们的优良传统、有效模式的概括，又是具有凝聚力、动员令的作用，主张继续沿用；第三种观点认为一是要坚持，二是要完善。本研究对专家与学者的调查结果也表明（表6-3），95%的专家学者一致认为，“以举国体制为主逐步向以社会化体制为主转化”。

在我国还是发展中国家、市场经济还不完善、奥林匹克运动仍然存在下去的情况下，我国现行的、经多年不断完善的发展的我国竞技体育的举国体制，不仅很好地完成了它既定的阶段战略目标，而且在2008年奥运会后的很长一段历史时期里，仍将是适合我国国情和最有效发展我国竞技体育的体制。从我国竞技体育基础、经济实力强弱、民族情感诉求等方面分析国情，应该说举国体制不但符合当时的国情，而且也基本符合我国现在乃至今后很长一段历史时期的国情。我国优势项目和潜优势项目保持优势、其他项目向优势转化与举国体制密切相关。

表 6-3 我国竞技体育举国体制的调查结果

调查选项	专家、学者选择百分比
A. 尽快变举国体制为“社会化市场经济体制”	5%
B. 仍然保持原举国体制不变	0
C. 逐步由以举国体制为主，向以社会化市场经济体制为主转化	95%

（四）逐步构建由举国体制与社会化体制相结合的混合型竞技体育机制

在正确处理好国家办体制与社会化体制关系的基础上，逐步构建一个符合我国国情的，由国家办体制与社会化体制相结合的新一轮的混合型竞技体育机制。这种新的举国体制包括两种类型，一种是以国家投入为主的举国体制，另一种是以社会投入为主的举国体制。我国竞技体育的举国体制将由现行的国家投入为主的举国体制，逐步向以社会化投入为主的举国体制，应力争在未来20~30年初步完成这一转变。

（五）对奥运会项目、非奥运会项目分别采用以国家投入为主的举国体制或以社会投入为主的举国体制

体制改革的前提是立足于国情,任何盲目照搬都不可取，许多人把“美国模式”视为竞技体育发展的成功典范，它的突出特点就是社会办体育，主要通过3条途径实现，即职业体育、学校体育和私人俱乐部。职业体育有奥运会上的梦八队 NBA 精英，学校体育有奥运会一人勇夺 8 金的菲尔普斯，俱乐部有奥运会体操名将约翰逊、柳金等，但“美国模式”也不是谁都可以模仿的，必须要有较长时间的发展和良好的社会基础，渐进变革是我国竞技体育体制变革的基本方式。为更好地与奥运会接轨，保证“奥运会战略”的实现，实现我国竞技体育的发展。以奥运会项目为主的全运会体制应以国家投入为主的举国体制完成，同时逐步向社会投入为主的举国体制转移，而非奥运会项目和大众竞技体育项目的发展，则可采用以社会化投入为主的举国体制来完成。我国现行的奥运会项目和非奥运会项目的情况见表 6-4。

表 6-4　我国现行的奥运会项目和非奥运会项目情况

项目类别	项目数（项）	百分比（%）	训练人数（人）	百分比（%）
项目总数	59	100	246 153	100
其中奥运会项目数	31	52.54	223 192	90.67
其中非奥运会项目数	28	47.46	22 961	9.32

（六）构建既符合国情，又符合以社会化为主体的我国职业俱乐部体制

目前的职业俱乐部大多是计划经济体制向市场经济体制转型过程中的产物，因而在经营管理上自然地体现出政府意志和离开市场法则的运行模式。构建既符合国情又符合以社会化为主体的职业俱乐部体制。采用分时期、分阶段、又独立又合作的多种培养方式。即运动员培养的中前期由俱乐部来执行，运动员培养的后期或高水平阶段主要由国家来投入。越是高水平的运动员，训练投入会越来越大，而俱乐部的力量往往有限。这一体制使运动员一旦达到特定水平则可以选择跟省队和国家队进行合作，以联合的方式共同培养。同时加强职业的宏观管理及保证职业体育的整体利益等，逐步建立和完善中初级训练系统的国家与社会结合的管理体制，逐步确立以国家（含地方）投入为主的国家优秀运动队与以社会投入为主的俱乐部并存的优秀运动队训练管理体制（表 6-5）。

表 6-5　我国竞技体育职业化发展进程的调查结果

调查选项	专家、学者选择百分比
A. 加速职业化进程	75%
B. 仍然保持原职业化发展速度	0
C. 暂时控制我国职业体育的发展进程	20%
D. 取消职业化体制	5%

二、我国竞技体育竞赛体制的战略思考及应对

（一）全运会体制“功大于过、利大于弊”，其作为我国竞技体育最高组织形式的地位不容改变

我国竞技体育现行的竞赛体制是以全运会为核心的竞赛体制。调研认为，虽

然全运会体制暴露出许多弊病，但从确立我国全运会体制以来我国竞技体育所取得的巨大成绩看，全运会体制仍然是我国竞技体育发展的主战场和最高组织形式，对其的总体评价应该是“功大于过、利大于弊”。我国全运会体制在与奥运会体制不断衔接过程中，完成了全运会改在奥运会之后举行、完成了全运会项目与奥运会项目全面对接、完成了奥运会成绩带入全运会成绩等重大改革。我国竞技体育竞赛体制从全运模式到奥运会模式的改革与完善，极大地推动了我国竞技体育的发展。从而使中国奥运会军团在短短几十年间的金牌及奖牌稳居前三甲位置，特别是北京奥运会上实现了无数个历史性的突破，达到了金牌榜名列第一的空前发展。当然，不可否认随着计划经济向市场经济的转型，我国全运会体制必然出现与市场经济不相适应的问题和矛盾。如同我们之前一直坚持的渐进变革所取得的成绩一样，新一轮的改革也势在必行。

从表 6-6 中可以看出，第 1~4 届全运会上运动员在田径、游泳等 7 个项目共超创世界纪录 16 人次，而第 5~8 届全运会上共超创世界纪录 65 人次，也就是说，进入“奥运会模式”后的 4 届全运会，比未进入“奥运会模式”的前 4 届创世界纪录人次增加 49 人次。

表 6-6　我国运动员在第 1~8 届全运会上超创世界纪录情况　（单位：人次）

届次	田径	游泳	举重	射击	射箭	蹼泳	航海模型	共　计
第 1 届		1		1				
第 2 届			3	3	2			
第 3 届				6				16
第 4 届								
第 5 届	2		1					
第 6 届	1		3	1		4	8	
第 7 届	10				2	5	6	65
第 8 届		2						
合　计	13	3	7	11	4	29	14	81

全运会竞赛体制与我国竞技体育发展所处的小环境和国际竞技体育发展所处的大环境相符,竞技体育在当今世界的较量中以其强势的影响力发挥出标杆效应，其影响的深度和广度远远大于体育本身，体育被社会的、经济的、政治的、传媒的力量不断影响，已经成为快速提升国家形象的重要途径，奥林匹克是竞技体育在世界最高舞台展开竞技的组织形式。几乎没有一个国家不想参与其中，中国作为一个人口大国、体育大国，更加希望通过世界最高竞技舞台展现我们的大国形

象和大国地位，奥运会是世界竞技体育的最高组织形式，全运会是中国竞技体育的最高组织形式。只要奥运会存在，全运会的地位就不容改变，全运会等同于中国的奥林匹克，全运会是保持和提高我国竞技体育在国际上优势地位的根本保障，很难想象在一个新的体制还没有形成和建立之前，如果取消全运会我国竞技体育将会滑落到何种境地，长期形成并逐步完善的训练体系、竞赛体系、三级人才培养体系及各省市竞技体育的动力和压力将一瞬间随之消失，形成一个体制不容易，往往需要十几年或几十年，一旦被毁掉再想恢复就难上加难，苏联已有前车之鉴。只要奥林匹克运动存在，全运会体制仍必须保留，并与其接轨。

（二）全运会体制暴露出的弊端并非我国独有，通过体制机制的完善逐步进行治理是可行的

全运会体制的诸多弊端，如假球、黑哨、兴奋剂等现象并非全运会体制独有，其在历届奥运会和各单项组织举办的世界锦标赛等重要的国际比赛中屡见不鲜。但奥运会却越办越兴旺，并没有任何国家或国际体育组织因此而提出取消奥运会和各种单项国际比赛。但国际奥委会对这些违背奥林匹克精神的现象所做的坚持不懈的斗争从未停止过。同样，我国也加大了对竞技体育中违反奥林匹克精神的斗争力度，建立了国际上为数不多的兴奋剂检测中心，加大了检测力度，严肃了相关规定，并取得了明显效果。我国雅典和北京奥运会军团在旗帜鲜明地反兴奋剂斗争中取得了历史上参加奥运会的最佳成绩。从历届全运会看，我国运动员成绩一年比一年好，参赛项目也越来越“干净”。这表明，全运会中暴露出的弊端，通过管理机制的完善逐步加以治理是完全可行的。

（三）坚持和完善与奥运会接轨的全运会竞赛体制

我国以“奥运会战略”为总体方向来发展我国竞技体育的战略思想，其中竞赛体制是影响最大、最具有明显杠杆作用的竞技体育体制。在举国体制的总体体系中，我国一直坚持以全运会体制作为我国最主要的发展竞技体育竞赛体制。虽然全运会体制还存在着需要进一步完善和改革之处，但是全运会体制仍然具有很强的生命力。因此，应该坚持和完善与奥运会接轨的全运会竞赛体制。当年城运会确定的初衷主要是为培养我国竞技体育后备人才提供平台，其前身为全国青年运动会，恢复和完善这一竞赛体制，一是与国际竞赛体制接轨，国家比赛设置“青运会”对应于“青奥会”；二是城运会与全运会意义和作用几乎相同，浪费资源，意义不大。

本研究对专家与学者的调查结果也表明，100%的专家学者都一致认为，应保留与奥运会接轨的全运会体制，但应通过改革进一步完善（表 6-7）。

表 6-7　我国竞技体育竞赛体制改革的调查结果

调查选项	专家、学者选择百分比
A. 尽快取消全运会（含省运会）体制	0
B. 仍然保持传统的以全运会为核心的竞赛体制，不必做任何改革	0
C. 保留与奥运会接轨的全运会体制，但应通过改革进一步完善	100%

徐本力教授 2008 年提出了与奥运会相对应的我国竞赛体系（表 6-8），“目前我国竞技体育举国体制的国内竞赛体系是由全运会（夏季）、全运会（冬季）、城运会（原全国青年运动会）、全国单项运动竞赛及全国残运会、特运会和大学生运动会、中学生运动会及农运会构成。国际竞技体育赛事由夏季奥运会（成年）和夏季青奥会（亚运会）、冬季奥运会（亚冬会）、东亚运动会、各种国际单项比赛及国际残奥会、特奥会和世界大学生运动会、世界中学生运动会等竞赛体系”。我们从中进一步认识到坚持和完善与奥运会接轨的竞赛体制的必要性。

表 6-8　与奥运会相对应的我国“专业竞赛体系”构想

我国竞赛体制				奥委会竞赛体制
综合类运动会	全运会	夏季全运会	成年组	夏季奥运会
			青年组	青年夏季奥运会
		冬季全运会	成年组	冬季奥运会
			青年组	
	全国残疾人运动会			残疾人奥运会
	全国特殊人运动会			特殊人奥运会
	全国大学生运动会			全国大学生运动会
	全国中学生运动会			全国中学生运动会
	—			洲际和地区运动会（亚运、东亚运）
	解放军运动会			国际军事运动会
	全国职工运动会			—
	全国农民运动会			—

（续表）

	我国竞赛体制	奥委会竞赛体制
单项赛事	全国单项世界锦标赛（奥运会及非奥运会项目）	世界单项世界锦标赛
	全国单项杯赛（奥运会及非奥运会项目）	世界单项杯赛
	全国单项职业联赛	国际单项职业比赛

资料来源:徐本力，2008年。

（四）逐步建立国家宏观控制与社会体育组织承办相结合的竞赛体制，重大赛事采用主、辅城市协同承办

奥运会是奥林匹克运动的最高组织形式,全运会是中国奥林匹克运动的最高形式，与世界奥林匹克运动相对应的有奥运会、青奥会、特奥会、残奥会等，相对于中国来说即全运会、青运会、特奥会、残奥会等赛事，由国家体育部门主办，而大学生运动会和中学生运动会由国家教育部门主办，而全民健身赛事主要由社会组织承办。这种体制既能实现“全运会战略”与“奥运会战略”对接，又能保持和完善我国竞技体育体制系统化、可持续发展（含选材、训练、竞赛和管理体制），还能使全运会成为一个展示我国系统化竞技体育发展成果的盛会。在此基础上，我国逐步加大多元化体育组织承办竞赛的比例与投入。通过走社会化、产业化和商业化的运作来筹集资金。国家提供相应的法规保证，对全运会期间的筹资过程、场馆建设与经营管理等予以必要的政策保证，这样做的结果也可为国家节省大量的投入。

我国全运会、青运会等重大赛事与奥运会、青奥会等接轨，以一个城市作为主承办城市，周边几个城市作为协办城市，这样既减轻了主承办城市的负担，又充分利用了其他协办城市的资源；既提高了赛事承办的质量又调动了各城市参与的积极性；既弘扬了竞技体育文化，又加快了各城市精神文明和物质文明建设。奥运会赛事从1960年罗马奥运会开始，各举办国就开始将部分比赛项目分散到主办城市以外的3~6个城市中，直至现在，这种形式仍然存在。一个事物长期存在并且不断发扬光大自然有其存在的价值和理由，学习和借鉴奥运会赛事的承办办法，除了我们所认识到的优越性之外，为我国再次申办奥运会增添了信心，减轻了压力。

（五）通过承办中大型国际赛事全面提升我国体育事业及国家政治、经济、社会的优势地位

从历届奥运会可以看出,哪个国家承办了奥运会，哪个国家的竞技体育就会出现一次飞跃。历届奥运会中已举办两届以上奥运会（夏季）的国家及其承办城市情况见表6-9。他们在本国举办的那届奥运会中取得的成绩，都是他们参加历届奥运会中成绩最好的一届。如同日本和韩国一样，中国更是如此，北京奥运会中中国代表团所取得的辉煌成绩也充分地证明了这一点，并出现许多历史性突破，竞技体育实力大大提升，是我国1932年第一次参加奥运会以来的11届奥运会中成绩最好的一届。我国竞技运动项目全面优势地位已初步确立。应该说，北京奥运会成绩是我国竞技体育发展历史上的一次新的里程碑，完全改变了奥运会第一集团中国、美国、俄罗斯三国竞技体育的传统格局。很显然，如果不是承办北京奥运会，我国竞技体育不可能如此快速、全面地得到发展。北京奥运会承办对主办城市北京及所有协办城市在政治、经济、社会和体育事业的综合效益十分巨大。国际奥委会主席罗格在对2008年北京奥运会的总结会上表示，将永远对北京举办了“真正无与伦比的奥运会”心存感激。他说：“北京奥运会和残奥会是奥林匹克历史上的一个重要里程碑，为北京、中国和奥林匹克运动留下了影响深远的遗产。”再次申办奥运会等重大国际体育赛事不仅可行的而且是我国政治、经济、社会和体育事业发展的重要战略措施之一。

表6-9　历届奥运会中已举办两届以上奥运会（夏季）的国家及其承办城市

国家	第1次			第2次			第3次			第4次			合计（次）
	年份	城市	届次	年份	城市	届次	年份	城市	届次	年份	城市	届次	
希腊	1896	雅典	1	2004	雅典	28							2
法国	1900	巴黎	2	1924	巴黎	8							2
英国	1908	伦敦	4	1948	伦敦	14	2012	伦敦	30				3
美国	1932	洛杉矶	10	1904	圣路易	3	1984	洛杉矶	23	1996	亚特兰大	25	4
德国	1936	柏林	11	1972	慕尼黑	20							2
澳大利亚	1956	墨尔本	16	2000	悉尼	26							2
中国	2008	北京	29										1
苏联	1980	莫斯科	23										1

北京成功地举办了历史上最成功的一次奥运会，为我国再次申办奥运会提供了坚实的基础。承办两次以上奥运会的国家大都是经济、社会和竞技体育较为发达和承办能力较强的国家，中国政府高度重视社会和谐稳定、经济高速发展、竞技体育水平迅速提升。再次通过申办奥运会等重大国际赛事全面提升我国政治、经济、社会及体育事业的优势地位是完全有必要的。

本研究对专家与学者的调查结果也表明（表6-10），73%的专家学者认为，从总体看，承办国内外大型赛事虽有利有弊，但利大于弊，只要条件允许，应主动承办，但也要适度掌握，要视国家、地方和承办城市的具体情况和条件而定。

表 6-10　承办国内外大型赛事是否对我国竞技体育的发展有利的调查结果

调查选项	专家、学者选择百分比
A. 将有利于提高我国竞技体育的整体水平，有利于竞技项目优势的良性转移，应尽量多承办一些此类赛事，只要有机会就要全力争取，有条件上，没条件创造条件也要上	27%
B. 虽有好处，但投入大，效益一般，劳民伤财，弊大于利，应尽量少办或不办	0
C. 从总体看，承办国内外大型赛事虽有利有弊，但利大于弊，只要条件允许，应主动承办，但也要适度掌握，要视国家、地方和承办城市的具体情况和条件而定	73%

三、我国竞技体育训练体制的战略思考及应对

（一）现行的三级训练体制存在横向结构上的“独家经营”和纵向结构上的“功能紊乱”

运动成绩提高的基础是对运动员进行长期、系统和科学的训练，良好的竞技体育训练体制是保证这一训练实践活动得以实现的基本条件。我国传统的竞技体育训练体制曾为我国竞技运动水平的提高和竞技运动项目优势地位的确立做出了重要的贡献。我国的优秀运动员和奥运会选手基本上是通过这一人才训练网培养出来的，但是，随着现代训练的发展和我国国情的变化，这些训练体制的可行性、科学性和合理性也出现了一些不尽人意之处，需要通过深化改革进一步完善。我国现行的三级训练体制（图6-1）存在以下几方面问题：一是横向结构上的“独家经营”，缺乏竞争机制。现行的三级训练体制，实际上是一个

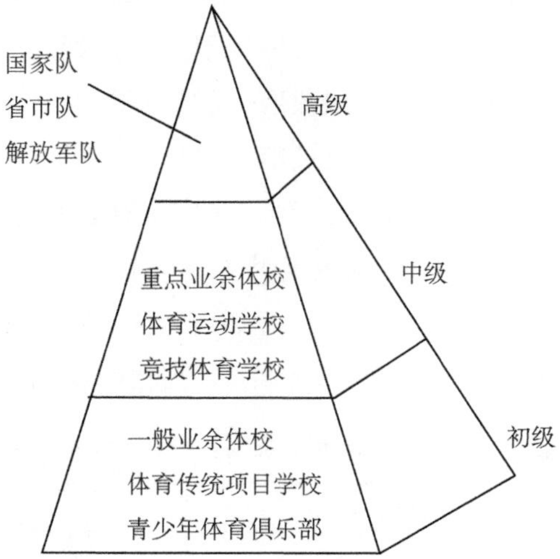

图6-1　我国竞技体育的三级训练体制

单一的纵向训练系统。基本不存在系统与系统之间的横向竞争，削弱了各省的积极性及系统本身向前不断发展的生命力。相反却由于选拔制度等的不合理，反而激发了本系统内各子系统之间的越位，而忽视了各自系统的本职任务，从而造成了整个系统在一级子系统缺乏竞争，导致了层次上的混乱和功能上的缺位。二是纵向结构上的功能紊乱，造成拔苗助长现象普及。现行的三级训练体制中的二级和三级训练子系统，属于基础训练阶段，其主要任务是为一级训练系统打基础。但三级和二级业余训练系统在选拔和输送中，主要还是看专项成绩，使基础训练阶段过早进行专门化训练。同样，以专项成绩作为输送运动员和评价基层教练员业绩的做法导致教练员拔苗助长、急功近利。从而使青少年运动员由于身体素质全面发展薄弱，导致发展后劲不足，且容易出现伤病，从而丧失了三级训练固有的纵向训练的基础性、系统性和阶梯性功能。

（二）保留和进一步改革现行的单项协会训练管理体制

我国现行的单项协会体制是我国根据自己的国情和与奥运会相应的项目训练管理体制接轨的一种单项训练管理体制。近年来，在实践中也进行了一些改革，因此，我国这一单项训练管理体制对我国竞技运动训练水平的提高和在国际竞技运动项目优势地位的确立曾经起到了较好的作用。在对专家学者调查中，有55%的专家学者认为，这一体制利大于弊，应该加以保留。但是，这一体制在我国当前由计划经济向市场经济转轨的时期，也表现出许多与市场经济不适应的地方。因此，在一定程度上对我国竞技体育的进一步发展也产生了一定的负面作用。在本研究的调查中也有45%的专家学者认为，现行的单项协会体制利弊相当，可以保留，但应进行职能的转移等改革（表6-11）。

表6-11 现行单项协会体制对发展我国竞技体育作用的调查结果

调查选项	专家、学者选择百分比
A. 利大于弊，应保留	55%
B. 利弊相当，可以保留，但应进行职能转移等改革	45%
C. 弊大于利，应取消，用社会化体制取代	0

（三）建立常设国家集训队与临时国家集训队体制相结合的国家单项集训队体制

为了备战国际重大比赛，尤其是奥运会比赛，我国竞技运动项目尤其是奥运会项目和传统的优势项目，基本上都是以常设国家集训队的体制组队，进行常年的系统训练。这种常设国家集训队体制对提高运动训练水平有着重要的作用，它可以举全国之力保证国家最优秀的运动员在一起集中训练，有利于运动员提高技战术和相互之间的磨合及训练、竞赛和管理。但不利于发挥地方的积极性和地方的竞技运动项目的优势，缺乏竞争机制，也不利于利用社会力量发展竞技体育。因此，在计划经济向市场经济转轨的时期，会出现一些不适应市场经济的现象。组建临时国家集训队，将有利于发挥国家与地方的积极性和地方在部分竞技项目上的优势地位。

如何将常设国家集训队与临时国家集训队体制相结合，形成一种混合型的、新的国家单项集训队体制。对专家学者的调查也表明，对取消国家常设集训队，改为以地方队竞争代表国家常设集训队参加重大比赛，赛前成立国家临时集训认的调查选项，无一人选择，也有13%的专家学者认为，仍然应该保持传统的国家常设集训队体制，不必做任何改变和改革。但调查结果表明，87%的专家学者认为，我国应确立以国家常设集训队为主，并将部分项目放到有条件、有优势的地方承办，赛前成立国家临时集训队的训练体制。这种体制有利于发挥两种训练体制各自的优点，又有利于防止各自存在的不足之处（表 6-12）。

表 6-12　现行各单项国家常设集训队的训练管理体制的调查结果

调查选项	专家、学者选择百分比
A. 应尽快取消国家常设集训队，改为以地方队为主取代国家常设国家队，重大比赛前成立国家临时集训队	0
B. 仍然保持传统的国家常设集训队体制，不做任何改变或改革	13%
C. 改为以国家常设集训队为主，部分项目放到有条件、有优势的地方承办，赛前成立国家临时集训队	87%

（四）进一步推进职业化进程，构建和完善我国竞技体育“专业-业余-职业”并存的多元化竞技体育训练体制

国际竞技体育出现了职业、专业和业余并存的新格局。自从篮球职业运动员被率先允许进入奥运会之后，奥运会的职业化进程和职业化与奥林匹克运动业余性的矛盾得到了很大的缓解，越来越多的职业运动员开始逐渐进入世界三大赛事。职业化的训练体制也逐渐与专业训练和业余训练体制融合在一起，构成了一种新的“专业-业余-职业”并存的、多样化的国际竞技体育训练体制的新格局。

四、我国竞技体育项目布局的战略思考及应对

（一）合理的项目布局是我国竞技体育快速发展的经验之一

我国竞技体育运动水平在 20 年时间里获得了迅猛的发展，已跻身于世界竞技体育强国之列。成功经验之一就是正确合理的项目布局，有效地利用了有限的资源，形成了一批稳定的优势项目。1979 年，我国恢复了在国际奥委会的合法地位之后，我国竞技体育运动的决策组织机构，根据我国竞技体育的发展状况及经济发展水平，提出了“重点发展优势运动项目”的战略，并组织专家、学者对我国重点竞技项目的设置与布局进行研究。1980 年、1984 年、1988 年分别确定了 13、16、18 个重点项目，并对这些项目在全国各省市的重点布局做出了统一规划。这一战略对我国竞技运动水平的提高起到了重要作用，取得了巨大成功。

（二）重视“篮、排、足”三大球及群众喜闻乐见的集体项目的战略规划和战略布局

近几届奥运会虽然中国代表团的奖牌数量稳定在第一军团前 3 名的位置，但社会影响大、群众喜闻乐见的集体项目在总体上与世界强队相比还缺乏竞争力，有些项目还存在相当大的差距。篮球、排球、足球，我们简称“三大球”，社会影响广泛、群众喜爱度高，对提高人民群众身体素质、丰富文化生活，对实现我国由体育大国向体育强国迈进具有重要意义。为此，做好战略规划和战略布局非常重要。一是战略规划与筑牢基础相结合。强化顶层设计，加强战略研究，努力夯实人口基础、设施基础、管理基础和文化基础。二是举国体制发展模式与市场化相结合。充分发挥社会主义制度的优越性，整合资源，全盘考虑，保证战略的科学制定与合理实施，合理布局，理顺关系，保障重点。充分发挥市场机制作用，激发活力，实行政府、企业、个人多元投资，创造公平环境、鼓励平等竞争。三是“三大球”发展与校园体育相结合。深化学校体育改革，把校园篮球、排球、足球作为发展“三大球”的人才基础，作为提高学生体质健康的基础项目。建立健全青少年竞赛体系、完善竞赛结构、扩大竞赛规模、增强竞赛种类、稳定竞赛制度、明确人才输送路径。四是行风治理与法治治理相结合。一方面，加强思想道德教育和职业道德教育，培养爱国奉献、团结拼搏的作风，重视运动员作风和意志品质的锤炼。另一方面，不断完善相关法律法规和体育规范，打牢治理的制度基础，完善法治教育体系和执法监督体系，营造公正透明的健康法治环境。

（三）重点发展竞技体育第一大项和基础大项的田径项目

把田径项目作为重点发展的战略思考有以下几点理由。一是田径是竞技体育的第一大项和基础大项，是奥运会的金牌大户，是所有竞技项目提高专项能力所必需的身体素质、身体功能、身体形态的基础条件。二是田径作为我国潜优势项目的重要组成部分，有像郑凤荣、倪志钦、朱建华的跳高世界纪录，黄志红的多次世界女子铅球冠军，女子马拉松、男子110 m栏等项目曾经的辉煌，为这些项目优势良性转移提供了实践基础。三是田径曾涌现出世界级的顶级教练，如把朱建华带上世界之巅的胡鸿飞及刘翔的教练孙海平。为这些项目再次成为优势提供智力支持。四是对制约我国当前田径发展的主要矛盾认识清楚。

迄今，作为潜优势项目的田径优势小项没有哪个可以反复拿到好成绩。这一方面表明我们对这些项目的本质特征理解不够深入，同时，我们也应该意识到以往对项目规律的认识、辨别和判断需要重新定位，不断革新和完善。2012年奥运会备战重点运动员训练工作会议上，国家体育总局田径运动管理中心前主任罗超毅指出，训练规律的学习、探索和创新是制约中国田径运动全面提升的瓶颈，与会专家反映最为突出的问题是尖子队员很难找到高水平的教练员。

（四）以奥运会项目、影响大的项目、灵巧及技术性强的项目和女子项目为重点进行布局

我国发展竞技体育的主要目的在于在国际比赛中取得好的成绩，为国争光，并为体育运动在群众中的普及与发展起到推动性作用。它所取得的效益是不可限量的。为国争光，能够将中国推向世界，让世界认识中国，从而为中国打开世界的大门，促进中国的经济发展和政治的稳定；推动体育运动在群众中普及与发展，能够增强人民体质，发展体育产业，为我国的经济建设服务。因此，在决定各项目的发展地位时，要考虑到各项目本身所带来的有形效益和无形效益。项目的布局首先要考虑“奥运会战略”的需要，我国的政治经济条件及各种社会和生态条件。同时要处理好几个关系：一是“全运会战略”与“奥运会战略”的关系；二是各省市重点项目的布局与全国重点项目布局的相互关系；三是奥运会项目、民族项目和传统项目之间的关系。

（五）进一步实现“全运会战略”向奥运会项目布局靠拢

我国竞技体育受到国家和省（直辖市）两级体育管理部门不同战略思考的影响，在项目布局上形成多战略方向的现状。我国“奥运会战略”“全运会战略”“省运战略”之间缺乏有效的组织和协调，各种战略偏离总目标的情况比较严重。国家体育总局竞技体育管理部门最重要的任务是推进我国奥运会争光计划，着眼点是如何在奥运会上取得优异成绩，因此对于项目布局的考虑主要基于我国运动员在该项目上是否在世界竞技体育舞台上有竞争力。而省（自治区、直辖市）一级的竞技体育管理部门面临的最重要任务是组织本省（自治区、直辖市）运动员参加全运会，这关系到各省（自治区、直辖市）的竞技体育在全

国的排位，受到各省（自治区、直辖市）的极大重视。因此，各省（自治区、直辖市）的竞技体育项目的布局主要从“全运会战略”考虑，以在全运会上取得好成绩为主要目的，与国家的“奥运会战略”并不完全一致。刘庆山等于2006年在对广东、辽宁、江苏、山东、北京、上海等102所重点竞技体育后备人才培养基地和体育运动学校的调查显示：培养省级专业运动员还是大家普遍认同的目标，然后是培养国家级专业运动员。而“省运战略”更是以争夺省内名次为出发点，与奥运会、“全运会战略”相差甚远。

研究我国运动项目布局，不可回避的问题是国家的“奥运会战略”和各省（直辖市）的“全运会战略”的冲突。由于我国政治和经济体制的特点，各省（直辖市）重视全运会成绩是必然的，也是无可厚非和可以理解的。但这不等于二者是完全不可调和和互相冲突的。正如国家体育总局也出台了一些政策加以完善，如奥运会奖牌带入全运会等，就是要让各省（直辖市）重视奥运会成绩，为奥运会多做贡献。在项目布局上，国家体育总局同样可以制订特殊的政策引导各省（直辖市）从“全运会战略”向“奥运会战略”靠拢。完善相应的配套政策，在认真总结经验和调查研究的基础上，建立、健全有利于重点项目布局健康发展，适应社会主义市场经济体制的相关政策、制度，进行有效的宏观调控，协调其中的各种关系，充分发挥引导和保障作用，实现“全运会战略”向奥运会项目布局靠拢。

（六）优先发展适合种族特征的运动项目

人类由于种族的不同，在生理结构上也有着明显的差别。亚洲人适合技巧性和灵敏性的项目。我们在选择项目时要考虑不同人群的生理结构差异，选择技术性强的项目优先发展。在竞技体育的不同项目中，该项目所需要的运动技术和身体素质对运动成绩的贡献率是不一样的。以短距离跑项目为例，100 m跑和跨栏对技术的要求就有很大的差别，跨栏项目对技术的要求远高于100 m跑，其运动技术的含量对成绩的决定作用就高于100 m跑，因此刘翔能够战胜众多身体素质强于自己的欧美运动员。对于中国人来说，我们在某些体能素质上与欧美运动员和非洲运动员相比有差距，这是客观存在的。但是，我们在灵活性、协调能力等方面有自己的优势，如果能够发挥我们的优势，在一些技术性较强的项目中仍然可以取得优异的成绩。技术性强的项目有击剑、射箭、蹦床、艺术体操、游泳、花样游泳、帆船、帆板、竞走、跨栏、跳高、撑竿跳高、三级跳远、跆拳道、柔道、摔跤等，这些项目都是可以优先考虑集中力量发展的项目。

（七）继续大力发展女子项目，确立“保女优势，以女促男，男女均衡”的战略布局

长期以来，我国女子体育为我国竞技体育做出了巨大的贡献。由于女子项目成绩突出，因而对女子项目一直给予了极大的关注和重视，参加有组织训练的女运动员人数众多，这是国外女子项目无法比拟的优势。在优势项目中，女子项目的优势更明显，在潜优势项目中，女子项目的潜力更突出，在薄弱项目中，女子项目也有不俗的表现。此外，女子项目还是奥运会增项的主要来源，2000 年奥运会增加的有女子举重、跆拳道、撑竿跳高、链球和水球等项目。2012 年伦敦奥运会女子拳击成为正式比赛项目。今后，我们应继续发挥举国体制的优势，在项目布局上继续重视保持和进一步提高女子项目的优势地位，促进女子项目水平的进一步提高。但是，一个国家竞技运动优势提高，最终还是要靠男女项目的整体实力水平的全面提高，由于不少优势项目中，女子项目进一步提升的空间已很小，因而仅靠女子项目提升实力最多只能起到保特优势的作用。相比之下许多男子项目仍有较大的提升优势的空间，因此对男子项目也要尽力发展，提升实力，确立“保女优势、以女促男、男女均衡”的发展战略布局思想。

五、我国竞技体育“投入与产出”的战略思考及应对

（一）由国家投入为主的“单向投入”体制逐步转向国家、社会等“多向投入”新体制

项目的投入对一个项目的发展和项目优势的确立非常重要，因而对每一个竞技运动项目投入的大小、投入的方向和投入的方式都将对带项目的发展起到重要的作用，必须认真地加以考虑。竞技体育是一个在人力、物力、财力和科技上需要给予巨大投入的领域，目前我国已由国家投入为主的“单向投入”体制逐步转向国家、社会等“多向投入”新体制。不同的发展时期应有不同的投入战略，现阶段我国竞技体育投入战略应结合我国国情多因素兼顾并以加大科技投入为主的投入策略。提高选材的科学性、提高训练的科学性、提高后备的

成材率等，以求较好的产出效益。逐步走出过去凭经验选材、凭经验实施训练、凭经验指挥比赛等低产出效益阶段。

（二）现代竞技体育的投入与产出具有系统性、渐进性和突变性的递进关系

事物发展是个连续的、渐进的、动态的变化过程，只有量的积累达到某一特定程度和水平才会产生质的突变。竞技体育的投入与产生的效益也是如此，在多年系统训练的初级阶段和专项基础训练阶段，对运动员实施了长期的、系统的、大量的训练投入，但这一阶段并不是运动员出现最好成绩的阶段。只有到了高水平训练阶段的中后期才以突变式地方式开始出现高水平运动成绩，直至高水平训练阶段相对稳定后才达到最高成绩。如果竞技训练只顾眼前效益，而不顾长远的投入与产出效益的辩证关系，那种过早给予专项训练投入，并试图在少年时期就达到最高成绩的人，往往站不到世界竞技体育最高舞台上。这一规律反映了现代竞技体育的投入与产出具有系统性、渐进性和突变性的递进关系，也提示我们一些项目长期处于落后状态应考虑“从娃娃抓起”，加大基础投入，形成良性循环。

（三）女性运动员投入的产出效益远远高于男性运动员

不容置疑，我国竞技体育的发展呈现“风先飞”的态势。究其原因是多方面的，有历史原因、社会制度原因、竞技体育体制原因等，但中国传统文化思想对中国女性的价值观和人格的影响，值得我们思考和研究。以儒家思想为代表的中华民族精神的影响下，造就了她们坚忍不屈、忍辱负重、乐于奉献、团结协作等高尚情操，女性的性别特征及交往方式和工作方式使她们更讲究共同性、包容性和团队精神，更容易服从指挥、遵守纪律，更容易与队友和教练员沟通。这些品质与现代竞技体育提倡的顽强拼搏、乐于奉献、团结协作高度契合，从而使得她们最终在竞技体育领域成就卓著，也使她们的社会地位和社会价值实现了妇女解放。长此以往的良性循环使得女性运动员投入的产出效益远远高于男性运动员。

（四）从“奥运会战略”的需要出发，加大对奥运会重点项目的投入

影响投入的因素虽然很多，但对这些因素进行综合分析，其重点因素便清晰可见。我国发展竞技体育所确立的各种体制都是围绕“奥运会战略”展开的，因此，在投资体制上，必须与“奥运会战略”相对应。从“奥运会战略”思考加大对奥运会项目，尤其是优势项目进行重点投入，以保持其已有的优势水平和在国际竞技体育中的优势地位。基于此，对其他有较大发展前景的“潜优势项目”和有可能迅速提高的“薄弱项目”给予一定的投入保证。只有形成这样一种综合投入体制，我国竞技体育项目的优势地位才能不断地提高，并保持相对的稳定性。

田径是基础项目，田径和水上项目小项很多，对我国竞技体育在奥运会上的整体优势及我国实现体育强国的目标来说，影响极大。而集体大球类项目受到各国的普遍关注，影响力很大，对我国实现体育强国也起到举足轻重的作用。而这些项目大多是我国的“潜优势项目”“薄弱项目”，除个别项目外，绝大多数的项目是“薄弱项目”。因而，应该对这些项目加大投入的力度。

本研究的调查结果也表明（表 6-13）：有 67%的专家、学者认为，田径、水上、大球类集体项目等既重要又薄弱的项目，应对其加大投入。也有 23%的专家、学者认为应对影响力较大，且较薄弱的大球类集体项目加大投入。

表 6-13　从“奥运会战略”考虑，应重点加大投入的项目调查结果

调查选项	专家、学者选择百分比
A. 田径、水上等基础项目	10%
B. 影响力较大且较薄弱的大球类集体项目	23%
C. 田径、水上、大球类集体项目等既重要又薄弱的项目	67%
D. 羽毛球、乒乓球等 7 个我国现有的优势项目	0
E. 拳击、蹦床等我国现有的潜优势项目	0
F. 平均分配投入，不设重点投入项目	0

（五）加大田径、体操等基础性竞技项目的投入以促进各运动项目优势的良性转移

田径、体操项目都是对其他竞技体育项目具有基础性作用和良性转移作用的体育竞技项目，研究调查结果表明：62%的专家学者认为，仍应以田径为基础项目，体操仅作为优势项目大力发展（表 6-14）。

表 6-14 对强化基础性项目以促进各项目优势良性转移的调查结果

调查选项	专家、学者选择百分比
A. 将田径和体操项目均作为基础性项目大力发展	18%
B. 以田径为主基础项目，以体操为辅基础项目，加以重点发展	20%
C. 仍以田径为基础项目，体操仅作为优势项目大力发展	62%

（六）兼顾多种因素综合评定确定项目投入体制

影响和决定项目投入的重点方向、项目投入的大小和投入的方式因素有很多，必须全面考虑，才能使国家的投入对发展竞技运动项目，提高项目的水平和在国际上的优势地位起到更大的效果。众所周知，我国为发展足球，提高足球竞技运动水平投入非常之大，但是投入的效果却不尽人意，甚至令人寒心。相比之下，对中国女足的投入却比男足的投入少得多，但是女足运动员依靠自己顽强奋斗的精神和高度的责任感，在极其困难的条件下全力拼搏，取得了令国人满意的成绩，曾取得过奥运会的亚军。近年来，女足水平虽有所反复，但是仍保持一定的优势。由此看出，我们对项目的投入既要考虑到项目的重要性、项目在奥运会中的影响力，也要考虑项目在我国的普及、群众关注程度、我们在开展这个项目的基础和对该项目投入的产出效益等因素，我们必须建立一个根据多种因素综合分析来确定投入体制。

研究的调查结果也表明：有 69%的专家、学者认为，项目投入的大小不应完全依据项目已有的优势程度确定，而应依据对多种因素综合分析后确定。但也有 31%的专家学者认为，只需要根据该项目优势程度确定，也即对优势项目投入最大，潜优势项目其次，薄弱项目投入最小（表 6-15）。

表 6-15 确定项目投入大小的依据调查结果

调查选项	专家、学者选择百分比
A. 只根据该项目优势程度确定，即优势项目投入最大，潜优势项目其次，薄弱项目最小	31%
B. 不完全依据项目优势程度确定，而应依据对多种因素综合分析后确定	69%

六、我国竞技体育职业化发展的战略思考及应对

（一）职业化是世界上通行的竞技体育发展模式，是市场经济的必然产物

竞技体育职业化是竞技体育发展的最高形式，也是市场经济的必然产物，也是世界上体育强国的基本发展模式。目前，全世界开展职业体育的国家约占总数国家的1/3，最具代表性是欧洲的五大足球职业联赛和美国的四大职业联赛（篮球、橄榄球、棒球、冰球）。对职业化或体育职业化的理解，很多学者提出了自己的见解，如李建军认为，“职业化是使自己创造的体育价值完成交换，从体育市场获得收入，并以此维持自身的生存与发展。”郑理认为，“职业化是相对于业余体育而言，是指体育选手由业余体育向职业体育发展的过程。体育职业化是指运动员以体育为谋生手段，如领取工资和奖金的社会劳动方式”。杨桃源认为，“职业化的本质就是确定一种职业关系”。有专家认为，“职业化或商业化，其实就是市场化”。张子沙等认为，“所谓竞技体育职业化指的是，在商品经济充分发展与体育文化市场不断扩大的条件下，自觉地运用价值规律，利用高水平竞技体育的商品价值和文化价值，参与社会商业活动和社会文化活动，使竞技体育成为高级运动员赖于获取高额生活收入来源的工作，并为社会提供体育商业和体育文化服务的一种体育商品化、集团化和社会化活动。就其实质，它是竞技能力潜在的社会价值与文化价值在实行体育商业服务和体育文化服务过程中所产生的价值交换或价值转移。高度的商业性与文化性是竞技体育职业化的本质特征。”刘德佩将H·N·巴诺马廖夫的观点译为：“职业体育具有自己的特征，体育职业化的标准在于运动员与雇主之间存有一种劳动关系，以契约或其他法律文件形式将雇主和运动员之间的这种关系固定下来，并得到确认。这种特征是界定职业体育的主要依据。”以上这些研究，体现出社会发展到较高阶段时职业化各个方面的具体表现。为我们深入认识竞技体育职业化奠定了理论基础和战略视角。随着我国市场经济的高度发展，职业化的广度和深度日益加深，将体现出越来越强大的活力，竞技体育职业化也必然是中国竞技体育发展的必经之路。

（二）转轨时期的市场经济是职业化竞技体育滋生腐败的根源

市场机制带来的经济快速增长也是日益增长的腐败的根源。Rona Tas 认为，

“计划体制的惯性和市场体制的举步维艰使得计划与市场并存，这反而赋予了行政部门相对于计划经济时期更大的行政处理权，而且这种处理权更具灵活性且不易监控”。竞技体育职业化说到底就是市场化的过程，竞技体育职业化出现的问题实际上只是我国转轨时期市场经济不成熟的一个缩影。

我们从观察腐败深层机制的微观视角——政府与企业的交换关系中，可以清楚地认识腐败发生的深层根源及竞技体育职业化腐败发生的深层根源。“信息、权利、制度和地位”是转型时期政府和企业交换的 4 种基本模式和核心资源。“信息”在市场经济秩序尚未建立，大部分经济资源尚由国家控制，经济活动是否合规也难以判断，一切依靠政府政策加以界定，及时掌握政策信息尤为重要。“权利”即自由裁量权是一种不受强制羁束的决定权力，或虽有羁束限制，但在实施的时间、方法和程度的载量让渡于决定者。“制度”作为一种行为规则，同样在转型时期使政府仍拥有广泛的法定权力，这些权力的行驶赋予了政府异乎寻常的影响力。“地位”及政治身份认定是政府的一项重要资源。使政府在市场监管、市场垄断及强制性权力等方面的先天性优势。

历史与现实深刻表明，那种寄希望于政府和企业的互为补充来规范其间互动、弥补对方不足的观点存在诸多缺陷。金太军认为，“政府与企业的‘互补论’内在地排除了外部强制约束的可能，不仅不能规范政府和企业的互动行为，弥补对方不足，反而会强化交换动机，巩固政商关系，形成政经一体化，腐化政府官员，损害政府公信力，扭曲市场经济的正常秩序。因而，借助外在于政府和企业的社会力量，特别是成熟的社会组织和普通的社会公众。打破政府和企业持久交换结成的藩篱，才能较有效地规范政府和企业的交换行为”。这预示着政府和企业交换的规范化道路任重道远，同样也预示着中国竞技体育职业化道路任重道远。

（三）中国足球职业化出现的问题

人们常说，“一条鱼病了，是鱼的问题，一池子鱼病了，就是水的问题”，中国足球职业化历尽坎坷，是转型时期市场机制不完善导致的。中国足球职业化出现的问题，很多专家、学者从不同的角度或层面指出了同一个问题，即市场化条件下的体制机制问题。熊晓正认为：“职业化足球是世界上通行的足球发展模式，中国足球目前面临的矛盾是体制冲突，仍然按照行政管理的方式管理市场化的职业足球，而没有按照市场模式去管理。”郎效农说：“目前我国足球运动管理混乱和绩效不佳的被动局面虽然有着多方面的原因，但以足球管理中心取代中国足协，以行政管理取代法治化、制度化和民主化管理，是其中最根本的体制性原因。如果中国足球的管理体制没有一个与时俱进的质的发展和进步，仅仅靠走马换灯般地变换掌门，永远不会给我们带来新的更大的希望。”刘孝五直陈当今制约中国足球发展的三大瓶颈问题：一是国有垄断企业进入足球市场，导致市场门槛提高，逼退了大批民营企业，使得市场没有公平竞争；二是我们自己的职业联赛没有引进博彩竞猜，使得国人对其关注度始终无法提高，足球市场不断缩小；三是体制问题，现在中国足协既是一个民间组织又是一个政府机构，这样的“一套人马、两块牌子”的体制成为中国足球落后的根源所在。钟秉枢认为，“足球职业化改革出现的问题，不是职业化道路的错，而是在职业化道路发展过程中对一些问题的认识有偏差，对包括俱乐部在内的不同利益主体尊重不够”。

（四）中国足球坚持走职业化道路，在法律、社会、上级部门和市场四重力量交错作用和约束下健康发展

足球是我国最早实行职业化的竞技运动项目，许多问题亟待解决，但也为我国的职业化进程积累了许多有价值的经验和教训。刘广迎在《黑白足球：关于中国足球问题的思考》中指出，中国足球必须坚决走职业化、市场化道路。而我国的足球在管理体制上始终没有解决以政代企问题。足球投资者不是把足球作为一个产业来做，而主要是作为企业品牌营销的手段，寻求政府及社会支持的策略。中国足球职业化的道路必须解决以下几个问题：第一，如何探索一条适合中国国情的足球职业化道路和尽快形成一个适合我国国情的足球职业化训练、管理和竞赛体制；第二，足球职业化的进程不仅要解决职业化管理体制，还必须十分重视对职业运动员的职业道德的教育；第三，足球俱乐部是一个具有商业性质的竞技体育体制，在职业俱乐部训练管理上，要按照市场模式管理市场化的职业体育，脱离近乎计划经济管理体制的干预；第四，中国足球应围绕三大体系的开展建设，以职业联赛为核心的市场体系建设、以青少年为核心的足球人才培养体系建设、以职业道德为核心的足球文化建设；第五，法律、社会、上级政府和市场，这四重力量交错作用，形成合力加大对“假、赌、黑”异化现象的约束和限制，改善足球环境。

（五）加快竞技体育职业化进程，特别是群众喜闻乐见、市场化程度高的基础项目

《国务院办公厅关于加快发展体育产业的指导意见》中提出，要坚持“政企分开、政事分开、政社分开、营利性与非营利性分开原则，充分发挥市场在体育资源配置中的基础性作用，消除和防止对体育市场资源的限制和垄断”。“四分开”应该作为包括足球联赛在内的职业体育改革方向。“四分开”为加快竞技体育职业化进程提供了指导意见。本研究对专家学者调查结果也表明：75%的专家学者认为，我国竞技体育可持续发展，应加速我国职业化进程。随着我国市场经济的高度发展，市场经济秩序越来越规范，加快竞技体育职业化进程，可以分项目、分阶段、分重点依次推进。一是市场化程度高、群众喜闻乐见的项目先行先试，例如，“篮球、排球、足球”三大项、乒乓球、羽毛球、网球、游泳等项目。二是探索适合中国国情的职业化道路以及相匹配的职业化训练、管理和竞赛体制。三是在职业化训练管理上，要按照市场模式管理市场化的职业体育。四是加强以职业联赛为核心的市场体系建设。五是把运动项目作为一个产业来做，而不是主要作为企业冠名创品牌的营销手段。六是重视对职业运动员的职业道德的教育。七是运用法律、社会、政府和市场多重力量治理我国竞技体育环境。

（六）高度重视优秀运动员的职业道德教育

运动员职业道德是指其所从事的竞技体育活动所要求的行为准则和道德规范。不但是竞技体育行业对社会所承担的道德责任和义务，而且是社会道德在其职业生活中的具体化表现。例如，运动员职业特点要求的公平竞争、尊重裁判、尊重对手、顽强拼搏等优秀品质。优秀运动员是展现体育精神、传播体育精神、弘扬体育精神的形象大使。足球运动是观众最多、最激动人心和最具魅力的竞技体育项目，也是我国最早走职业化道路的项目，但国人对中国足球和足球职业化的反映总体趋势是非常不满意的。足球进入职业化以来，主要由企业对职业俱乐部的进行管理，而企业更多的是从经济效益去考虑其管理体制的改革，对运动员的职业道德没有明确的规范和约束力。我们在计划经济条件下形成的一套优秀运动员教育体制，由于职业化俱乐部的出现，受到极大的冲击，运动员的文化教育和思想政治工作几乎处于无人问津的状态。在市场经济条件下，体育行业的职业道德教育更是要通过法律其弘扬职业道德的约束力和规范作用。我们应加强规则意识、提高道德素养。制订职业运动员规则规范和行为规范，用法规的硬约束承担职业责任。同时，要抓好行业内的职业道德教育，提高运动员文化修养和道德水平，端正行业风气。通过道德评价的力量，严厉谴责和处罚违反职业道德原则的不良行为，摆正运动员在个人利益和社会利益的关系中的位置。

七、我国竞技体育优势发展的人类学思考及应对

（一）种族生物学特征及运动能力的差异客观存在

竞技体育优势发展有鲜明的种族特征，不同的种族有不同的体质、功能及运动能力，一般来讲，欧美（白种人）在体格和体能上有更大优势；亚洲人（黄种人）在灵巧和智慧上有先天优势；非洲人（黑种人）在奔跑能力上有不可替代的优势。英国格拉斯哥大学对超过 200 名牙买加运动员进行研究分析后发现，他们的运动天赋与其生理特征有密切的关系。例如，他们血液中的荷尔蒙含量比白种人和黄种人高出 3%~19%，相当于天生含有“兴奋剂”，并且血液中的红细胞也比其他人种每立方毫米高出 100 万~150 万，这显示出他们相对其他人种来说能够更快地从疲劳中恢复。英国格拉斯哥大学还发现，70%的牙买加运动员拥有一种与瞬间速度有关的肌肉纤维，就是这种纤维可以使运动员跑得更快。而在澳大利亚运动员中，这个比例仅为 30%。有研究表明，黑人运动员的机体组织进行无氧呼吸的百分比较高，因为在短距离赛跑中不需要更多的氧，黑人具有某些天生的解剖优点，黑人脚底的屈肌强度是 150~200 kg，而白人只有50 kg 左右，自然其弹跳力比白人高 3~4 倍。历届奥运会上牙买加运动员非凡的奔跑能力，再次印证英国格拉斯哥大学的研究及种族特征。

（二）种族文化差异背景下体育认知不同，应加强中西方文化交融与借鉴

由于地理环境和社会经济条件的差别，西方社会形成了与东方截然不同的传统文化和民族性格。西方体育是在工业社会背景下成长起来的，这就决定了人们之间必须要共同参与、相互交流、竞争合作、彼此开放。西方体育文化以“主动、外向、竞争”为其基本的特征。根本特点是竞争，主张公平竞争，以

“争”为贵，崇尚个人精神和颂扬个人优胜者。西方体育源于古希腊，在古希腊有关跑步运动的名言：“如果你想健壮，跑步吧！如果你想健美，跑步吧！如果你想聪明，跑步吧！”深刻反映了古希腊人对跑步功能的认识，也鲜明地表明了古希腊人的基本运动形态——跑、跳、投等显示外力的“体能类”运动项目，强调“力”“美”。

我国民族传统体育是在农业社会背景下发展起来的，这种以自然经济和自给自足的农耕生活，使得人们相互交流与合作较少，处在一种隔离、封闭的环境中。中国传统体育以“主静、向内、防守”的基本特征，根本特点是以和为贵，重视和谐。在中国人看来，世界冠军的取得不仅是运动员个人拼搏的结果，更是大家“共同努力”的结果。中国体育中从不以跑、跳、投这种方式进行比赛，就像西方体育见不到中国体育——如引导、气功、太极、武术等方面的特质。这些典型项目的目的是修身养性，重视的是内外、神形、动静和刚柔之间的和谐，需要较高的技巧性，讲究的是“艺”。

（三）优先发展适合亚洲人种族特征的技能类项群

亚洲人适合技巧性和灵敏性的项目，正如我国传统优势项目如体操、乒乓球、羽毛球、跳水等无一不是有着“巧”的天赋。中国是亚洲地区获得奥运会金牌最多的国家，但我们在田径、游泳等体能类项群上不占优势，韩国、日本是亚洲两个体育强国，他们也与中国一样，几乎不能在奥运会上或国际顶级单项比赛上触及像田径、游泳等体能类项目的金牌。这一现象并不能从经济发达与否获得圆满解释，却更符合其民族的种族特征与背景。1964 年东京奥运会日本所获得的 16 枚金牌，与目前中国境况相对一致，在田径、游泳等基础大项上，收获极其有限。中国运动员在奥运会上的成绩，更为鲜明地表现出亚洲人的种族特征，这一特点与欧美形成很大差别。分析近 7 届中国参加奥运会获得金牌的项目特点可以看出，中国的优势项目大都是轻巧、单人且体能消耗不太大的技能类项群，总的趋势是集中在非对抗性的运动项目，也包括一些对抗性较小、对抗形式比较间接的项目。

（四）体能类项群中“技术流项目”是我国竞技体育优势拓展的方向

以技术型为主的体能类项目，是我国竞技体育优势拓展的方向。近年来，中国在游泳、110 m栏等体能类项目的异军突起，除了训练方法、手段创新，仍然绕不开种族优势。在中国游泳奥运会冠军榜上，多数金牌是来自技术较复杂的蛙泳和蝶泳，如100 m蝶泳的钱红、100 m蛙泳的罗雪娟、200 m混泳的林莉和北京奥运会200 m蝶泳的刘子歌等。而在自由泳和仰泳这些相对简单的泳姿上，尤其是短距离上依然难以突破。同样，110 m栏也是在体能类项群中技术要求很高的项目，刘翔的突破进一步证明中国竞技体育优势发展的方向及“技术流项目”是奥运会金牌新的增长点，技术性强的体能类项目如游泳、花样游泳、帆船、帆板、竞走、跨栏、跳高、撑竿跳高、三级跳远、跆拳道、柔道、摔跤等，这些项目可以优先考虑集中力量发展。

（五）我国南北区域特色鲜明，优先发展南北方各自优势项目

中国南北方体质差异，虽然不像世界五大洲之间差异显著，但同样表现出竞技项目各自鲜明的特点。南方人的身高相对较矮小，北方人的身材相比较高大。北方区域的优势项目主要集中在田径、水上项目、摔跤、柔道、自行车等，表现出以体能类项目为主的特点；南方区域的优势项目主要集中在跳水、体操、蹦床、游泳、羽毛球等，表现出以技能类项目或体能类技术流项目为主的特点。可见，我国南北区域特色鲜明，需要从宏观上进行战略思考及合理布局。优先发展南北方各自优势项目，先各自扬长，再共同补短。打造各省人才流动机制和跨项选材机制，遵循项群训理论与同项群项目优先发展的规律，遵循项群训练理论与同项群跨项选材规律，遵循项群训练理论与同项群训练方法的移植、创新及发展规律，避免青少年后备人才流失和浪费，提高竞技项目投入与产出效益。

八、我国竞技体育深化改革的重点任务和重要举措

（一）坚持创新发展，着力创新训练体制机制

构建以国家投入为主的训练体制、以社会投入为主的训练体制、以国家与社会混合式投入的训练体制三者并存的发展模式。市场化程度较低的传统优势项目继续保留以国家投入为主的训练体制，如举重、跳水、体操等项目，并逐步向以社会投入为主的训练体制的转变，力争在20~30年完成这一转变。市场化程度较

高的、群众喜闻乐见的竞技项目，不断完善以社会投入为主的训练体制，并制订好长远的发展规划。随着竞技体育社会化、职业化进程的不断深入，充分发挥地方积极性和社会力量办体育是竞技体育发展趋势。以国家与社会混合式投入的训练体制是转型时期既符合国情又符合社会化为主体的职业化竞技体育发展方向，其培养过程采用分时期、分阶段、又独立又合作的混合式培养方式，即运动员培养的中前期由俱乐部来执行，后期或高水平阶段主要由国家来投入。越是高水平的运动员，训练投入越大，俱乐部的力量往往有限。这一体制使运动员一旦达到特定水平则可以选择与省队和国家队进行合作，以联合的方式共同培养。同时加强职业的宏观管理及保证职业体育的整体利益等，逐步建立和完善中初级训练系统的国家与社会结合的管理体制，逐步确立以国家（含地方）投入为主的国家优秀运动队与以社会投入为主的俱乐部并存的优秀运动队训练管理体制。

建立常设国家集训队与临时国家集训队体制相结合的国家单项集训队体制。为了备战国际重大比赛，尤其是奥运会比赛，我国训练体制基本上都是以常设国家集训队的形式，进行常年的系统训练。这种常设国家集训队体制对提高运动训练水平有着重要的作用，它能够保证全国最优秀的运动员在最优越的资源环境中集中训练，有利于运动员技战术的提高、磨合和管理，但不利于地方和社会力量办体育的积极性。建立常设国家集训队与临时国家集训队体制相结合的单项集训队体制，形成一种动态的、混合的、多样的国家单项集训队体制，有利于发挥国家的顶层优势和地方及社会办体育的积极性。

（二）坚持协调发展，着力处理好专业训练与文化教育的关系

谋求竞技运动与竞技教育自身的融合。现代奥林匹克运动的倡导人、法国教育家顾拜旦主张“谋求把体育运动与文化教育融合起来，创造一种在努力中求快乐、发挥良好榜样的教育价值，尊重基本功德原则为基础的生活方式，通过体育运动来教育青年，从而为建立一个和平美好的世界做出贡献”。奥林匹克精神、奥林匹克主义、奥林匹克宪章均是将身、心和精神方面的各种品质结合起来，奥林匹克运动揭示的是对青年人的教育过程。体育对促进人的身体、心理和社会适应有特殊的教育意义，体育所具有的热血运动、超常体验、即时评价、规则要求的特质等决定了其对心理的促进；体育所具有的与集体六大要素高度契合的领导核心、共同的目标、共同的活动、士气、责任分担等决定了体

育对社会适应的促进。谋求竞技运动与竞技教育自身的融合，变单纯的竞技训练为竞技与教育于一体的竞技教育，是实现运动员专业训练与全面发展的内因和根本途径。

谋求体育部门与教育部门体制机制融合。国家体育总局在《2001—2010年体育改革与发展纲要》中指出，国家青少年业余训练要回归教育，优秀运动队逐渐向“校园化”过渡的竞教结合的思想。然而，多少年来，由于缺乏配套的体制机制，体教结合的实质性推进非常缓慢。实践运行中多是体育部门希望教育部门解决运动员退役后的就学和安置问题，并没有从真正意义上融合。体教结合的初衷是倡导我国各级竞技体育和教育部门联合，共同对三级竞技体育人才培养系统进行教育管理，打破体育部门独家办体育的模式，提高竞技体育后备人才社会化的综合素质。探讨中一种理解是体育与教育结合，即专业训练与学校教育、文化学习相结合，以体为主。另一种是学校与体育结合，即学校承担训练任务，以教为主。前者呼声较高，主要认为后者短期内办竞技体育的条件远未成熟，专业运动员转向学校还不具备专业训练的条件。例如，保障训练竞赛的运作机制、竞赛制度、教练员编制、场地器材、后备人才培养体系、社会力量支持等。深化体教结合应谋求体育部门与教育部门体制机制融合，共同对三级竞技体育人才培养系统进行全程教育，打破体育部门独家办体育的模式，提高竞技体育后备人才全面发展的综合素质。现阶段的体教结合应建立体育部门与教育部门配套的体制机制，按照教育规律对不同年龄、不同阶段的运动员（业余体校、专业队、国家队）进行系统的文化知识学习，同时提高科学训练效率，保障体与教双向发展，做到“就学、就训、就业”三落实。运动员的文化教育和职业教育必须与运动生涯同步完成，而不是在退役后才开始。同时，体教结合也有利于后备人才源源不断。推进体教结合的深度融合：一要坚持竞技体育可持续发展以人为本，满足运动员生存需求与精神需求并重；二要运动员应该坚持九年义务教育，业余阶段以学为主，专业阶段以体为主；三要解决好文化学习与训练的矛盾，强化科学训练，提高训练效率，合理分配时间；四要提高优秀运动员免试、降分上大学比例，严肃杜绝上学不就学的现象；五要各地区中小学有计划创办体育特色学校，试点先行，为深化体教结合、学校培养竞技人才积累经验；六要切实提高运动员文化教育程度和综合素质，提高社会适应能力。

（三）坚持绿色发展，着力治理和净化体育竞赛人文环境

回归竞技体育的本质，树立正确的政绩观。体育竞赛是运动员展现运动魅力的舞台，体育竞赛环境是竞赛活动赖以其中的环境，有自然环境和社会人文环境。随着社会和市场经济及现代竞技运动的快速发展，体育竞赛越来越频繁和激烈，人们参与体育竞技的需求发生变化，竞技体育异化现象日趋严重，如篡改年龄、操纵比赛、服用兴奋剂、假球黑哨、体育暴力等，严重污染着体育竞赛人文环境。需要明确的是，人们往往把竞争中出现的异化现象归因与竞技运动竞争的本身，这实际上是一种理论的倒错，竞争并不是竞技运动产生异化的原因，商品化、手段化才是竞技运动产生异化的间接和根本原因。竞技运动的竞争是在竞技体育精神，竞技运动规则的制约下，在公平公开的条件下进行正当竞争。公平竞争是竞技体育的本质，竞技若失去公平竞争也就失去了正义、失去了价值。比赛的一个重要功能就是产生使大家认可的冠军，我们要做的是让荣誉变得更加纯洁，建立一个更健康更纯净的比赛，过去我们确实放大了金牌的功能，赋予了金牌太多非体育的东西，从而导致金牌产生的环境和过程让腐败给破坏了。随着社会大环境治理的常态化制度化，竞技体育小环境也必将应势而为，这正是竞技体育回归体育本质，树立正确政绩观的时代特征。

形成法治、社会、政府、市场四重力量共同监督与惩治。一般性异化概念告诉我们，竞技运动的异化结构客观存在，这一异化结构既是竞技运动社会形成和发展的动力，又反过来支配它们的行为和态度。因此，异化不是体育特有，而是社会问题，体育异化不是中国特有，而是全球性的难题。“假球、黑哨、赌球”被称为是为足球“三毒”，世界知名足球联赛都曾深受其害，纵观德国、英格兰、西班牙、意大利的足球历史，他们的成功经验告诉我们：足球水平与治理足球“三毒”成正比，治理足球“三毒”不仅是足球行业的事情，而应受社会和司法部门的共同监督和惩治。从本质上讲，“假球、黑哨、赌球”是违法行为，靠行业本身是无法约束的，要形成法治、社会、政府、市场四重力量共同监督与惩治。坚定治理决心、强化治理手段，制定竞技运动中的各项法制法规，加大执法力度，形成高压态势，坚持治理常态化、制度化。

（四）坚持开放发展，着力加大“走出去、请进来”，目的是“他山之石，为我所用”

体育作为对外开放的重要窗口，是全面提升我国政治、经济、社会及体育事业国际地位的重要战略。竞技体育比任何一个领域更具有开放性和无国界性。现代奥林匹克面向一切国家、地区和民族开放，并在世界各地轮流举行，它超越了政治、宗教、肤色、种族和语言的界线，使全球成为一个地球村，大家在一起同场竞技，相互交流，取长补短，极大地带动和提升了各国的竞技体育水平。在中国，体育是对外开放的重要途径，从乒乓外交到北京奥运会，体育让世界了解中国，让中国走向世界，极大地提高了中国的国际地位和话语权。北京夏季奥运会成为奥运会历史上一个重要里程碑，再次承办北京冬季奥运会是我国全面提升政治、经济、社会及体育事业发展的重要战略之一；是推进社会和谐稳定、经济快速发展、竞技水平快速提升的重大举措。

“走出去、请进来”是潜优势项目和薄弱项目实现快速突破的有效途径。无论是北京奥运会38名外籍教练员“请进来”实现的突破，还是姚明、易建联、王治郅、刘翔、叶诗文、孙杨、李京哲等优秀运动员“走出去”所取得的辉煌，都有力证明了“走出去、请进来”是我国竞技体育快速发展的有效途径。国外的先进理念、先进技术、先进方法，以及国外社会力量办体育、学校力量办体育等都有值得我们学习和借鉴的重要方面。随着我国开放发展，越来越多的外国教练员和技术人员与我们合作，越来越多的我国优秀教练员和运动员走出国门，这是一种进步，有力推动我国竞技运动项目，但是，由于我国较为保守的体制因素，这个变化比较缓慢。我们应该以更加开放的心态加大“走出去、请进来”力度，推动我们深入认识项目的本质规律，突破瓶颈。但“走出去、请进来”的根本目的并非一味地依靠别人、依赖别人，落脚点是快速提升后备人才质量。“刘子歌模式”既是学人所长，以我为主。也是敢于否定过去的一些经验，从理念、技术、方法、手段等快速实现“本土化”。同样，刘翔的训练模式也是背着行囊闯天下，“走出去是为了更好地走出去”。为优秀运动员打开世界的大门，在交流学习中汲取先进经验，集百家之长，提高训练手段，提高自信心，走自己的路，摸索出适合中国运动员的训练方法和训练体系。

（五）坚持共享发展，着力增进竞技体育文化与全社会共享

从竞技体育文化的物质、精神、制度三个层面增进与全社会共享。体育的物质文化通过有形的身体形态、动作技能、运动器材、运动场馆等，使参与者在参与过程中掌握运动技能、提高运动水平、享受运动环境、满足休闲需求、促进身心健康等方面增进与全社会共享；体育精神文化通过体育习俗、体育价值取向、体育情感、体育精神和价值规范等体现，使参与者在对人和社会的竞争、公平、享受和发展需要的满足上，培养符合时代要求的精神品格和现代人的精神活动需要等方面增进与全社会共享；体育的制度文化通过行为规范和体育行为标准的规定，包括国家为发展体育事业而创制的一系列体制、机制、制度、法律和俗规等内容，特别是为发展学校体育、群众体育及全民健身，而创制的一系列政策法规等方面增进与全社会共享。

从体育推动社会政治、经济、环境大发展增进竞技体育与全社会共享。重大国际体育赛事是体育文化的集中体现，对一个国家政治、经济、社会和体育事业的发展会产生巨大的综合效益。体育被社会的、政治的、经济的、传媒的力量不断影响，关系日益密切，已经成为快速提升国家形象的方法之一。北京奥运会对我国经济发展不仅产生了明显的近期效益，而且还必将产生长期的、可持续发展的经济效益。经济学家的研究成果显示，北京奥运会产生的间接经济影响约 2 500 亿元，加上产生的直接经济影响约 3 467 亿元，其带来了约 6 000 亿元经济影响。北京奥运会共完成了包括各种体育设施、市政建设及绿化、信息和交通在内的共 142 个重点建设项目，使北京的城市现代化的水平大大提高，加速了城市的现代化和国际化进程。在经济发展、城市建设、社会进步和人民生活改善等方面均实现了突破性的发展。

主要参考文献

鲍明晓. 2003. 体坛热点解读[M]. 北京:人民体育出版社.

曹景伟, 袁守龙, 席翼, 等. 2004. 运动训练学理论研究中的中国流[J]. 体育科学, 24(2):29-32.

陈小平. 2005. 当代运动训练热点问题研究[M]. 北京:北京体育大学出版社.

过家兴. 1986. 运动训练学[M]. 北京:北京体育学院出版社.

季浏. 1996. 体育社会心理学[M]. 上海:华东理工大学出版社.

李益群, 谢亚龙. 2002. 体育博弈论[M]. 北京:北京体育大学出版社.

列·巴·马特维耶夫. 1997. 竞技运动理论[M]. 姚颂平译. 上海:华东理工大学出版社.

刘建和. 1990. 运动竞赛学[M]. 成都:四川教育出版社.

刘建和. 1997. 关于运动竞赛的系统研究[J]. 成都体育学院学报,4:11-16.

刘建和. 2001. 运动竞赛的复杂性:复杂科学新视野[J]. 成都体育学院学报, 27(6):58-60.

吕树庭. 1995. 体育社会学教程[M]. 北京:高等教育出版社.

马红宇. 2005. 易地参赛环境及运动员的适应性调节[M]. 北京:北京体育大学出版社.

马启伟, 陈小容. 1994. 竞技体育创新原理[M]. 北京:北京体育大学出版社.

马启伟, 张力为. 1998. 体育运动心理学[M]. 杭州:浙江教育出版社.

茅鹏. 1994. 运动训练新思路[M]. 北京:人民体育出版社.

石岩. 1999. 射箭射击运动心理学[M]. 北京:人民体育出版社.

石岩. 2005. 我国优势项目高水平运动员参赛风险的识别与应对[M]. 北京:北京体育大学出版社.

宋继新. 2003. 竞技教育学(修订本)[M]. 北京:人民体育出版社.

孙汉超, 秦椿林. 1999. 体育管理学[M]. 北京:人民体育出版社.

孙汉超. 2004. 中国奥运会“金牌增长点”困区的研究[M]. 北京:人民体育出版社.
田麦久，石岩，黄竹杭，等. 2007. 论我国2008年奥运会潜优势项目的确定与超常规发展策略[J]. 北京体育大学学报,12:6-13.
田麦久，武福全. 1988. 运动训练科学化探索[M]. 北京:人民体育出版社.
田麦久. 1998. 项群训练理论[M]. 北京:人民体育出版社.
田麦久. 2000. 运动训练学[M]. 北京:人民体育出版社.
田麦久. 2003. 我国重点竞技项目设置与布局的宏观决策 [M]. 北京:北京体育大学出版社.
席焕久. 2001. 体育人类学[M]. 北京:北京体育大学出版社.
谢亚龙，王汝英. 1992. 中国优势竞技项目制胜规律[M]. 北京:人民体育出版社.
徐本力，董国珍，田麦久，等. 1999. 运动训练学[M]. 北京:人民体育出版社.
徐本力，李福，郑重光，等. 1991. 对运动员竞技能力的生物节奏特征及其在训练中应用的研究[J]. 体育科学，11(5):31-36.
徐本力. 1993. 现代周期理论的形成与发展[J]. 体育科学，13(3):44.
徐本力. 2001. 21世纪中国竞技体育[M]. 北京:北京体育大学出版社.
许永刚，孙民治. 2006. 中国竞技体育制度创新[M]. 北京:人民体育出版社.
杨桦，池建. 2006. 竞技体育实战制胜案例[M]. 北京:北京体育大学出版社.
杨桦. 2006. 竞技体育与奥运备战重要问题的研究[M]. 北京:北京体育大学出版社.
余良华，魏旭波，方家明. 2004. 青少年男子体操运动员动作技能形成的训练学基础探析[J]. 北京体育学院学报，27(4):551-554.
郑旗. 李吉慧. 2000. 现代体育科学研究的理论与方法[M]. 北京:人民体育出版社.
中共中央文献编辑委员会. 1986. 毛泽东著作选读(上)[M]. 北京:人民出版社.
钟秉枢，于立贤，董进霞，等，2002. 我国竞技体育职业化若干问题的研究——兼论深化我国运动项目管理体制改革[J]. 北京体育大学学报，25(2):145-147.
钟秉枢. 2003. 社会转型时期我国竞技体育后背人才培养及其可持续发展[M]. 北京:北京体育大学出版社.
周爱光. 1999. 竞技运动异化论[M]. 广州:广东高等教育出版社.